Das Buch

Völlig abgeschottet von der Welt leben die Lisbon-Schwestern im Haus ihrer Eltern. In Abständen dringt ein Signal äußerster Verzweiflung nach außen: Innerhalb nur eines Jahres begeht eine nach der anderen Selbstmord. Warum? Jeder Versuch der aus der Ferne beobachtenden Nachbarjungen, die tödliche Isolation der Mädchen zu durchbrechen, treibt die Katastrophe ein weiteres Stück voran ... »Eugenides ist ein magischer, hypnotischer Erzähler.« (Jay McInerney)

Der Autor

Jeffrey Eugenides wurde 1960 in Detroit geboren und lebt heute in New York. Sein Debütroman erregte weltweit Aufsehen und gewann u. a. den Aga-Khan-Preis für Literatur 1991.

Jeffrey Eugenides:
Die Selbstmord-Schwestern

Roman

Deutsch von Mechthild Sandberg-Ciletti

Deutscher
Taschenbuch
Verlag

Ungekürzte Ausgabe
August 1995
Deutscher Taschenbuch Verlag GmbH & Co. KG,
München
© 1993 Jeffrey Eugenides
Titel der amerikanischen Originalausgabe:
›The Virgin Suicides‹ (Farrar, Straus and Giroux, New York)
© 1993 der deutschsprachigen Ausgabe:
Deutscher Taschenbuch Verlag GmbH & Co. KG,
München
Die deutsche Erstausgabe erschien 1993 im Byblos Verlag,
Berlin
Umschlagbild: PEDO
Gesetzt aus der Sabon 10/11˙
Satz: KCS GmbH, Buchholz/Hamburg
Druck und Bindung: C. H. Beck'sche Buchdruckerei,
Nördlingen
Printed in Germany · ISBN 3-423-12041-X

I

An dem Morgen, an dem schließlich die letzte Lisbon-Tochter ihren Selbstmordversuch unternahm – Mary diesmal, mit Schlaftabletten wie Therese –, wußten die Sanitäter schon genau, wo die Schublade mit den Messern war, wo der Gasherd und wo im Keller der Balken, an dem man sich aufknüpfen konnte. Wie immer viel zu langsam, unserer Meinung nach, stiegen sie aus dem Rettungswagen, und der Dicke murmelte tonlos: »Das ist hier nicht das Fernsehen, Leute. Schneller geht's nun mal nicht bei uns.« An den Büschen vorbei, die ins Monströse gewuchert waren, trug er das schwere Atemgerät über den verwilderten Rasen, der vor elf Monaten, als die Geschichte begonnen hatte, zahm und akkurat gepflegt gewesen war.

Cecilia, die jüngste, erst dreizehn, war die erste gewesen. Sie hatte sich wie eine Stoikerin im Bad die Pulsadern aufgeschlitzt. Und als die Sanitäter sie im rosafarbenen Wasser liegen sahen, mit den gelben Augen, die aussahen wie die einer Besessenen, und dem kleinen Körper, von dem der Geruch einer reifen Frau ausging, waren sie über ihre tiefe Gelöstheit so erschrocken, daß sie erst einmal wie hypnotisiert stehenblieben. Aber dann stürzte schreiend Mrs. Lisbon herein, und die Realität des Raums setzte sich wieder durch: Blut auf der Badematte; Mr. Lisbons Rasierapparat im rot marmorierten Wasser in der Toilettenschüssel. Die Sanitäter holten Cecilia aus dem warmen Wasser, das den Blutfluß beschleunigte, und legten ihr einen Druckverband an. Das nasse Haar fiel ihr den Rücken hinunter, und ihre Extremitäten waren schon blau. Sie sagte kein Wort, aber als sie ihr die Hände auseinanderzogen, fanden sie das Lackbildchen der

Jungfrau Maria, das sie an ihren knospenden Busen gedrückt hielt.

Das war im Juni, in der Eintagsfliegenzeit, wenn unser Städtchen alljährlich in der Schlacke dieser kurzlebigen Insekten versinkt. In Wolken steigen sie von den Algen im verschmutzten See auf und verdunkeln die Fenster, überziehen Autos und Straßenlampen, pflastern die städtischen Hafenanlagen und hängen sich girlandenartig in die Takelage der Segelboote, fliegender Abschaum von ewig gleicher brauner Allgegenwart. Mrs. Scheer, die ein paar Häuser weiter wohnt, erzählte uns, sie habe Cecilia am Tag vor ihrem Selbstmordversuch noch gesehen. Das Mädchen stand in dem altmodischen Hochzeitskleid mit dem abgetrennten Saum, das sie immer anhatte, am Bordstein und musterte einen Thunderbird, der völlig von Fliegen eingehüllt war. »Am besten holst du einen Besen, Kind«, riet Mrs. Scheer. Aber Cecilia fixierte sie nur mit ihrem übersinnlichen Blick. »Sie sind tot«, sagte sie. »Sie leben nur vierundzwanzig Stunden. Sie schlüpfen aus, vermehren sich, und dann krepieren sie. Sie kommen nicht mal zum Fressen.« Dann tauchte sie die Hand in die schaumige Fliegenmasse und schrieb ihre Initialen hinein – C. L.

Wir haben versucht, die Fotografien chronologisch zu ordnen, obwohl das nach so vielen Jahren schwierig war. Einige sind unscharf, aber dennoch aufschlußreich. Beweisstück Nr. 1 zeigt das Haus der Familie Lisbon kurz vor Cecilias Selbstmordversuch. Es wurde von einer Immobilienmaklerin aufgenommen, Miss Carmina D'Angelo, die Mr. Lisbon beauftragt hatte, das Haus zu verkaufen, da es für seine große Familie zu eng geworden war. Das Schieferdach hatte, wie die Aufnahme zeigt, noch nicht begonnen, seine Schindeln abzuwerfen, die Veranda war noch sichtbar über dem Gras, und die Fenster wurden noch nicht mit Klebekrepp zusammengehalten. Ein komfortables Haus in der Vorstadt. Im rechten Fenster des ersten Stockwerks ist eine verschwommene Silhouette zu sehen, die Mrs. Lisbon als die Mary Lisbons identifizierte. »Sie hat sich immer die Haare toupiert, weil sie fand, sie seien zu dünn«, erinnerte sie sich Jahre später, wie ihre Tochter während ihrer kurzen Erdenzeit ausgesehen hatte. Auf dem Foto fönt sich Mary gerade das Haar. Ihr Kopf scheint in Flammen zu stehen, aber das ist eine optische Täuschung. Es war der dreizehnte Juni, achtundzwanzig Grad Außentemperatur bei strahlender Sonne.

Als sich die Sanitäter überzeugt hatten, daß der Blutstrom zu einem Rinnsal gedrosselt war, legten sie Cecilia auf eine Krankentrage und trugen sie aus dem Haus. Sie sah aus wie eine kleine Kleopatra auf einer kaiserlichen Sänfte. Zuerst sahen wir den langen Sanitäter mit dem Wyatt-Earp-Schnurrbart herauskommen – den wir »Sheriff« nannten, nachdem wir ihn infolge dieser häuslichen Tragödien näher kennengelernt hatten. Dann erschien der Dicke, der das hintere Ende der Bahre trug. Er stieg vorsichtig durch das Gras, den Blick auf seine Schuhe aus dem Polizeifundus gesenkt, als hielte er nach Hundescheiße Ausschau; später, als wir mit dem Ablauf etwas besser vertraut waren, wußten wir, daß er den Blutdruckmesser im Auge behielt. Schwitzend und schwankend bewegten sie sich auf den ratternden, lichterblinkenden Wagen zu. Der Dicke stolperte über ein einsames Krockettor. Rachsüchtig trat er danach; das Törchen sprang aus dem Rasen, wirbelte eine Humusfontäne auf und fiel klirrend auf die Auffahrt. Derweil stürzte Mrs. Lisbon mit Cecilias Flanellnachthemd im Schlepp auf die Veranda hinaus und stieß einen langen Klageschrei aus, der die Zeit stillstehen ließ. Auf dem grell leuchtenden, überbelichteten Rasen unter den schütter werdenden Bäumen erstarrten die vier Gestalten zum lebenden Bild – die zwei Sklaven, die das Opfer zum

Altar emporhoben (die Trage in den Wagen hoben), die Priesterin, die die Fackel schwang (mit dem Flanellnachthemd wedelte), und die benebelte Jungfrau, die sich mit einem unirdischen Lächeln um die bleichen Lippen auf ihren Ellbogen aufrichtete.

Mrs. Lisbon fuhr hinten im Rettungswagen mit. Mr. Lisbon folgte unter Beachtung der Geschwindigkeitsbegrenzung im Kombi. Zwei der Lisbon-Töchter waren verreist, Theresa war in Pittsburgh auf einem wissenschaftlichen Kongreß, Bonnie in einem Musik-Camp, wo sie Flöte lernen wollte, nachdem sie das Klavier (zu kurze Finger), die Geige (Schmerzen am Kinn), die Gitarre (Schmerzen an den Fingern) und die Trompete (geschwollene Oberlippe) aufgegeben hatte. Mary und Lux waren, als sie die Sirene hörten, sofort von der Gesangsstunde bei Mr. Jessup, der gegenüber wohnte, nach Hause gerannt. Als sie in das überfüllte Badezimmer stürzten, waren sie beim Anblick Cecilias mit blutbespritzten Unterarmen und in heidnischer Nacktheit so entsetzt wie ihre Eltern. Draußen umarmten sie einander auf dem Flecken ungemähten Rasens, den Butch, der bullige Junge, der ihn samstags immer mähte, übersehen hatte. Auf der anderen Straßenseite kümmerte sich eine Wagenladung Männer von der Parkverwaltung um einige unserer sterbenden Ulmen. Mit heulender Sirene entfernte sich der Rettungswagen. Der Botaniker und seine Leute senkten ihre Insektizidspritzen und sahen dem Wagen nach. Als er verschwunden war, begannen sie wieder zu spritzen. Die stattliche Ulme, auf Bild eins noch im Vordergrund zu sehen, ist seither dem Ulmensplintkäfer zum Opfer gefallen und mußte gefällt werden.

Die Sanitäter brachten Cecilia ins Bon-Secours-Krankenhaus Ecke Kercheval und Maumee. Auf der Unfallstation beobachtete Cecilia die Bemühungen um ihr Leben mit gespenstischer Distanziertheit. Ihre gelben Augen zwinkerten nicht, und sie zuckte nicht einmal zusammen, als man ihr eine Spritze in den Arm stieß. Dr. Armonson nähte die Verletzungen an ihren Handgelenken. Fünf Minuten nach der Transfusion erklärte er sie außer Lebensgefahr. Er faßte ihr freundlich unters Kinn und sagte: »Was tust du überhaupt hier, Kindchen? Du bist ja noch nicht einmal alt genug, um zu ahnen, wie hart das Leben mal wird.«

Und an dieser Stelle lieferte Cecilia in mündlicher Form das, was man als ihren Abschiedsbrief bezeichnen könnte, ganz sinnlos im übrigen, da sie ja leben würde. »Offensichtlich«, sagte sie, »waren Sie nie ein dreizehnjähriges Mädchen, Doktor.«

Die Lisbon-Mädchen waren dreizehn (Cecilia), vierzehn (Lux), fünfzehn (Bonnie), sechzehn (Mary) und siebzehn (Therese). Sie waren klein, mit runden Pos unter den Jeans und runden Wangen, die die Weichheit der rückwärtigen Partien in Erinnerung riefen. Wenn wir sie sahen, wirkten ihre Gesichter auf uns stets unanständig entkleidet, so als wären wir es gewöhnt, nur verschleierte Frauen zu sehen. Niemand konnte verstehen, wie Mr. und Mrs. Lisbon es geschafft hatten, so schöne Kinder hervorzubringen. Mr. Lisbon war Mathelehrer an der High-School. Er war dünn, jungenhaft, selbst fassungslos über sein graues Haar. Er hatte eine hohe Stimme, und als Joe Larson uns erzählte, wie er geweint hatte, als später Lux nach ihrem Selbstmordversuch ins Krankenhaus gebracht wurde, konnten wir uns den Klang seines Mädchenweinens leicht vorstellen.

Wenn wir Mrs. Lisbon sahen, hielten wir vergeblich nach einem Anzeichen der Schönheit Ausschau, die sie einmal ausgezeichnet haben mußte, das lieblos geschnittene Stahlwollhaar und die Bibliothekarinnenbrille widersetzten sich stets unseren Bemühungen. Wir sahen sie nur selten, morgens, wenn sie, voll angekleidet, obwohl die Sonne noch nicht aufgegangen war, aus dem Haus trat, um die taufeuchten Milchflaschen hereinzuholen, oder sonntags, wenn die Familie in ihrem furnierten Kombi zur katholischen Paulskirche am See fuhr. An diesen Morgen gab Mrs. Lisbon sich königlich eisig. Ihre gute Handtasche unter dem Arm, suchte sie im Gesicht jeder Tochter nach Spuren von Schminke, ehe sie ihr erlaubte, sich in den Wagen zu setzen, und es war nichts Ungewöhnliches, daß sie Lux mit dem Befehl ins Haus zurückschickte, eine weniger offenherzige Bluse anzulegen. Wir gingen alle nicht zur Kirche und hatten daher viel Zeit, sie zu beobachten: die beiden Eltern farblos wie Negative und dann die fünf funkelnden Töchter, deren schwellendes Fleisch die selbstgeschneiderten Kleider voller Spitzen und Rüschen zu sprengen drohte.

Nur ein einziger Junge war je ins Haus gelassen worden. Peter Sissen hatte Mr. Lisbon beim Bau eines Modells des Sonnensystems in der Schule geholfen und war dafür von Mr. Lisbon zum Abendessen eingeladen worden. Er erzählte uns, die Mädchen hätten ihn dauernd unter dem Tisch getreten, aus sämtlichen Richtungen, so daß er nicht sagen konnte, welche von ihnen es gewesen war. Sie warfen ihm mit ihren fieberglänzenden blauen Augen lächelnde Blicke zu und zeigten dabei ihre zu eng stehenden Zähne, der einzige Schönheitsfehler, den wir je an den Lisbon-Mädchen entdecken konnten. Lediglich Bonnie bedachte Peter Sissen nicht mit heimlichen Blicken und Tritten. Sie sprach nur das Gebet und verzehrte, in die Frömmigkeit einer Fünfzehnjährigen versunken, schweigend ihr Essen. Nach dem Essen bat Peter Sissen, die Toilette benutzen zu dürfen, und da sich Therese und Mary kichernd und tuschelnd in der unteren aufhielten, mußte er nach oben, in die der Mädchen, gehen. Später berichtete er uns von Schlafzimmern voll zusammengeknüllter Höschen; von Stofftieren, die in Leidenschaft zu Tode gedrückt worden waren, von einem

Kruzifix, über dem ein Büstenhalter hing, von Himmelbetten hinter Gazewolken und den Körpergerüchen dieser vielen jungen Mädchen, die alle zusammen in dieser Enge zu Frauen heranreiften. Im Badezimmer, wo er den Wasserhahn aufdrehte, um die Geräusche seiner Suche zu kaschieren, entdeckte Peter Sissen unter dem Waschbecken in einem Socken Mary Lisbons geheimes Kosmetikarsenal. Tuben mit Lippenstift, Make-up und Puder, und das Enthaarungswachs, das uns verriet, daß sie einen Schnurrbart hatte, den wir nie bemerkt hatten. Tatsächlich erfuhren wir erst, wessen Make-up Peter Sissen gefunden hatte, als wir zwei Wochen später Mary Lisbon auf dem Pier sahen, mit knallrotem Mund, dessen Farbton dem seiner Beschreibung entsprach.

Er registrierte Deos und Parfums und Rubbelschwämme zum Abschrubben toter Haut, und mit Überraschung, da wir geglaubt hatten, bei Mädchen seien abendliche Spülungen so üblich wie das Zähneputzen, hörten wir, daß es nirgends eine Spülvorrichtung gab. Doch unsere Enttäuschung war schon in der nächsten Sekunde vergessen, als Sissen uns von einer Entdeckung berichtete, die unsere kühnsten Vorstellungen übertraf. Im Mülleimer hatte ein Tampax gelegen, rot befleckt, noch frisch vom Körperinneren eines der Lisbon-Mädchen. Sissen sagte, er hätte es uns mitbringen wollen, es sei gar nicht widerlich, sondern richtig schön, man müsse es sehen wie ein modernes Gemälde oder so was, und dann erzählte er uns, im Schrank habe er zwölf Packungen Tampax gezählt. Erst da hatte Lux an die Tür geklopft und gefragt, ob er ins Klo gefallen sei, und er hatte ihr schleunigst geöffnet. Ihr Haar, das sie beim Essen mit einer Spange getragen hatte, fiel ihr offen über die Schultern. Sie trat nicht gleich ins Badezimmer, sondern sah ihm in die Augen. Dann drängte sie sich mit ihrem Hyänenlachen an ihm vorbei und sagte: »Hast du's endlich?

Ich brauch hier was.« Sie ging zum Schrank, blieb stehen und verschränkte die Hände auf dem Rücken. »Ich wär gern allein, wenn du nichts dagegen hast«, sagte sie, und Peter Sissen rannte mit rotem Kopf die Treppe hinunter, und nachdem er sich bei Mr. und Mrs. Lisbon bedankt hatte, machte er sich davon, um uns zu erzählen, daß eben jetzt, in diesem Moment, da die Fliegen den Himmel verdunkelten und die Straßenlampen angingen, Lux Lisbon zwischen den Beinen blutete.

Als Paul Baldino die Geschichte Peter Sissens hörte, schwor er, er werde auch in das Haus der Familie Lisbon hineinkommen und noch viel unvorstellbarere Dinge sehen als Sissen. »Ich schau den Mädchen beim Duschen zu«, gelobte er. Schon mit vierzehn hatte Paul Baldino den Gangsterwanst und die Killervisage seines Vaters, Sammy »the Shark« Baldino, und all der Männer, die in dem großen Haus mit den zwei steinernen Löwen an der Treppe ein- und ausgingen. Er bewegte sich mit der trägen Arroganz der Großstadträuber, die nach Eau de Cologne rochen und manikürte Nägel hatten. Wir hatten einen Heidenrespekt vor ihm und seinen beeindruckenden schwabbeligen Vettern, Rico Monollo und Vince Fusilli, und das nicht nur, weil sein Haus immer wieder mal in der Zeitung abgebildet war oder wegen der kugelsicheren schwarzen Limousinen, die lautlos die geschwungene Auffahrt mit den aus Italien importierten Lorbeerbäumen heraufrollten, sondern wegen seiner dunklen Augenringe, seiner Mammuthüften und seiner glänzend geputzten schwarzen Schuhe, die er sogar beim Baseballspiel trug. Er hatte sich schon früher auf verbotenes Terrain gewagt, und wenn auch die Berichte, die er mitbrachte, nicht immer zuverlässig waren, waren wir doch beeindruckt von seinem spähcrischen Mut. In der sechsten Klasse, als die Mädchen alle in die Aula mußten, weil ihnen ein besonderer Film gezeigt werden sollte, war es Paul Baldino gewesen, der sich heimlich dort eingeschlichen und in der alten Wahlkabine versteckt hatte, um uns erzählen zu können, worum es ging. Wir standen füßescharrend draußen auf dem Spielplatz und warteten auf ihn, und als er endlich kam und dabei auf einem Zahnstocher kaute und mit dem goldenen Ring an seinem Finger spielte, waren wir atemlos vor Spannung.

»Ich hab den Film gesehen«, sagte er. »Ich weiß jetzt, worum's geht. Das müßt ihr hören! Wenn Mädchen ungefähr zwölf werden« – er neigte sich nahe zu uns –, »fangen ihre Titten zu bluten an.«

Obwohl wir inzwischen gescheiter geworden waren, flößte Paul Baldino uns immer noch Furcht und Respekt ein. Seine Nilpferdhüften waren noch massiger geworden, und die Schatten unter seinen Augen hatten sich zu einem Farbton aus Asche und Schlamm verdunkelt, so daß er wie ein Verwandter des Leibhaftigen aussah. Um diese Zeit ungefähr tauchten die Gerüchte über den Fluchttunnel auf. Einige Jahre zuvor war hinter dem Stacheldrahtzaun um das Baldino-Grundstück, das von zwei weißen Schäferhunden bewacht wurde, eines Morgens eine Gruppe Arbeiter erschienen. Sie hängten Zeltplanen über Leitern, um sich nicht bei der Arbeit zuschauen zu lassen, und nach drei Tagen, als sie die Zeltplanen abnahmen, stand dort mitten auf dem Rasen ein künstlicher Baumstamm. Er war aus Beton, mit einem Anstrich, der Baumrinde vortäuschte, einem falschen Astloch und zwei abgehauenen Ästen, die mit der Inbrunst von Amputationsstümpfen zum Himmel wiesen. In der Mitte des Baums war eine dreieckige Öffnung mit einem Metallgitter.

Paul Baldino behauptete, es sei ein Gartengrill, und wir glaubten ihm. Aber mit der Zeit fiel uns auf, daß er nie benutzt wurde. In den Zeitungen stand, der Einbau des Grills habe 50 000 Dollar gekostet, aber nicht ein einziger Hamburger oder Hot dog wurde je darauf bereitet. Bald ging das Gerücht um, der Baumstumpf sei ein Fluchttunnel. Er führe zu einem Versteck am Fluß, wo Sammy the Shark ein schnelles Motorboot liegen habe, und die Arbeiter hätten die Zeltbahnen nur aufgehängt, um die Grabungsarbeiten geheimzuhalten. Und ein paar Monate, nachdem der Klatsch begonnen hatte, tauchte Paul Baldino plötzlich aus der Kanalisation in den Kellern aller möglichen Leute auf. Mit einem grauen Staub überzogen, der wie freundliche Scheiße roch, kam er in Chase Buells Haus zum Vorschein; er zog sich in Danny Zinns Keller hinauf, diesmal mit Taschenlampe, Baseballschläger und einer Tüte mit zwei toten Ratten; und schließlich landete er auf der anderen Seite von Tom Faheems Boiler, den er dreimal klirrend anschlug.

Uns erklärte er jedesmal, er habe die Hochwasserrohre unter seinem eigenen Haus erforschen wollen und sich dabei verirrt, aber allmählich kam uns der Verdacht, daß er im Fluchttunnel seines Vaters spielte. Als er damit angab, daß er den Lisbon-Mädchen beim Duschen zuschauen würde, waren wir alle überzeugt, daß er bei den Lisbons eindringen würde wie in die anderen Häuser. Wir haben nie genau erfahren, was passierte, obwohl die Polizei Paul Baldino über eine Stunde lang verhörte. Er erzählte ihnen nur, was er auch uns erzählte. Er sagte, er sei in das Kanalrohr unter seinem eigenen Keller gekrochen und sei losmarschiert, immer ein paar Schritte auf einmal. Er beschrieb den überraschenden Umfang der Rohre, die Kaffeebecher und Zigarettenstummel, die die Arbeiter liegengelassen hatten, und die Kohlezeichnungen nackter Frauen, die Höhlenmalereien ähnelten. Er berichtete, er habe den Weg durch die Rohre ganz beliebig gewählt, und unter den Häusern habe er riechen können, was die Leute oben gerade kochten. Schließlich war er durch den Gully im Keller der Lisbons an die Oberfläche gestiegen. Nachdem er sich gesäubert hatte, suchte er im Erdgeschoß nach menschlicher Gesellschaft, aber es war niemand zu Hause. Rufend ging er durch die Zimmer. Er stieg die Treppe in den ersten Stock hinauf. Hinten im Korridor hörte er Wasser rauschen. Er näherte sich der Tür zum Badezimmer. Er behauptete steif und fest, er habe geklopft. Und dann erzählte Paul Baldino, wie er ins Badezimmer getreten war und Cecilia gefunden hatte, nackt, mit bluttriefenden Handgelenken, und nach dem ersten Schrecken hinuntergerannt war, um sofort die Polizei zu alarmieren, wie sein Vater ihm das beigebracht hatte.

Die Sanitäter entdeckten das Lackbildchen natürlich zuerst, und in diesem kritischen Moment steckte es der Dicke einfach ein. Erst im Krankenhaus dachte er daran, es Mr. und Mrs. Lisbon zu geben. Cecilia war da schon außer Gefahr, und Mr. Lisbon dankte dem Sanitäter, daß er seiner Tochter das Leben gerettet hatte. Dann drehte er das Bild herum und las, was auf der Rückseite stand:

Die Jungfrau Maria ist in unserer Stadt erschienen, um einer zerfallenden Welt ihre Friedensbotschaft zu bringen. Wie in Lourdes und Fatima hat die Heilige Jungfrau sich Menschen wie Ihnen gezeigt. Wenn Sie nähere Informationen wünschen, rufen Sie 555 – MARY.

Mr. Lisbon las den Text dreimal. Dann sagte er niedergeschlagen: »Wir haben sie getauft, wir haben sie konfirmiert, und jetzt glaubt sie an diesen Mist.«

Es war die einzige Gotteslästerung, die er sich während des ganzen Unglücks erlaubte. Mrs. Lisbons Reaktion bestand darin, das Bild in ihrer Faust zusammenzuknüllen (es hat überlebt, wir haben eine Fotokopie hier).

Unsere Lokalzeitung brachte keine Meldung über

den Selbstmordversuch; der Herausgeber, Mr. Baubee, war der Meinung, eine so deprimierende Nachricht passe nicht zwischen den Bericht über den Blumenumzug der Juniorenliga auf der ersten Seite und die Fotos strahlender Bräute auf der letzten. Der einzige Artikel von Informationswert in dieser Ausgabe betraf den Streik der Totengräber (die Leichen häuften sich, eine Einigung war nicht abzusehen), aber der stand auf Seite vier unter den Ergebnissen der Schülerliga.

Nach ihrer Heimkehr sperrten Mr. und Mrs. Lisbon sich und die Mädchen in ihrem Haus ein und verloren nicht ein Wort über das Geschehene. Erst als Mrs. Scheer nicht locker ließ, sprach Mrs. Lisbon von »Cecilias Unfall« und tat so, als hätte sich ihre Tochter bei einem Sturz verletzt. Sachlich und genau, jedoch von Blut schon gelangweilt, schilderte uns Paul Baldino, was er gesehen hatte, und ließ keinen Zweifel daran, daß Cecilia selbst Hand an sich gelegt hatte.

Mrs. Buck fand es merkwürdig, daß der Rasierapparat in der Kloschüssel gelandet war. »Wenn man sich die Pulsadern in der Badewanne aufschneidet«, sagte sie, »würde man dann den Rasierapparat nicht einfach auf die Seite legen?« Das führte zu der Frage, ob Cecilia sich die Pulsadern in der Wanne geöffnet hatte oder noch auf der Bademmatte stehend, die voller Blut war. Paul Baldino hatte keine Zweifel. »Sie hat's auf dem Klo getan«, sagte er. »Dann ist sie in die Wanne gestiegen. Mann, die hat das ganze Bad vollgespritzt.«

Cecilia blieb eine Woche unter Beobachtung. Aus den Krankenhausunterlagen geht hervor, daß ihre rechte Pulsader völlig durchtrennt war, weil sie Linkshänderin war, der Schnitt im linken Handgelenk jedoch nicht so tief gegangen war, so daß die Unterseite der Arterie unversehrt geblieben war. Die Verletzungen waren mit vierundzwanzig Stichen in jedem Handgelenk genäht worden.

Immer noch in dem alten Hochzeitskleid kam sie wieder nach Hause. Mrs. Patz, deren Schwester Pflegerin im Bon-Secours-Krankenhaus war, erzählte, Cecilia habe sich geweigert, ein Anstaltshemd anzuziehen. Sie habe ihr Hochzeitskleid verlangt, und Dr. Hornicker, der Krankenhauspsychologe, habe es für das Beste gehalten, ihr ihren Willen zu lassen. Sie kam bei einem Gewitter nach Hause. Wir waren drüben bei Joe Larson, als der erste Donnerschlag krachte. Unten schrie Joes Mutter, wir sollten die Fenster zumachen, und wir rannten sofort zu den Unseren. Draußen war eine tiefe Stille. Ein Windstoß packte eine Papiertüte, sie flog wirbelnd zu den unteren Ästen eines Baums hinauf. Dann entlud sich die Stille in strömendem Regen, der Himmel wurde schwarz, und die Lisbons glaubten, sie könnten sich in ihrem Kombi unter der Finsternis vorbeischmuggeln.

Wir riefen Joes Mutter. Sekunden später hörten wir ihre schnellen Schritte auf der mit Teppich bespannten Treppe, und sie kam zu uns ans Fenster. Es war Dienstag, und sie roch nach Möbelpolitur. Gemeinsam sahen wir zu, wie Mrs. Lisbon mit einem Fuß die Wagentür aufstieß, dann ausstieg und dabei ihre Handtasche über den Kopf hielt, um nicht naß zu werden. Geduckt und mißmutig öffnete sie die hintere Tür. Es schüttete. Mrs. Lisbon fiel das Haar ins Gesicht. Endlich zeigte sich Cecilias kleiner Kopf. Vom Regen verschleiert, mit seltsamen Stoßbewegungen wegen der Schlingen, die ihre beiden Arme fesselten, schob sie sich in die Höhe. Es dauerte eine Weile, ehe sie genug Dampf aufbrachte, auf die Füße zu kommen. Als sie endlich herausstolperte, hob sie beide Schlingen wie Stoffflügel in die Höhe, und Mrs. Lisbon faßte sie am linken Ellbogen und führte sie ins Haus. Inzwischen brach der Regen aus allen Wolken, und wir konnten nicht mehr über die Straße sehen.

In den folgenden Tagen sahen wir Cecilia häufig. Sie

saß auf der Vordertreppe des Hauses, zupfte rote Beeren von den Büschen und aß sie oder färbte sich mit ihrem Saft die Handflächen. Immer hatte sie das Hochzeitskleid an, und ihre nackten Füße waren schmutzig. Nachmittags, wenn die Sonne in den Vorgarten schien, schaute sie den Ameisen zu, die in den Rissen im Bürgersteig wimmelten, oder sie lag rücklings im gedüngten Gras und starrte zu den Wolken hinauf. Immer war eine ihrer Schwestern bei ihr. Therese nahm naturwissenschaftliche Bücher mit auf die Treppe hinaus, studierte Fotografien des Weltraums und sah jedesmal auf, wenn Cecilia zum Rand des Gartens abschweifte. Lux breitete Badetücher aus und sonnte sich, während Cecilia mit einem Stock arabische Muster auf ihr Bein kratzte. Manchmal aber rückte Cecilia auch ganz nahe an ihre Hüterin heran, legte ihr die Arme um den Hals und flüsterte ihr ins Ohr.

Jeder hatte eine Theorie darüber, warum sie versucht hatte, sich das Leben zu nehmen. Mrs. Buell meinte, die Eltern seien schuld. »Das Mädchen wollte nicht sterben«, erklärte sie uns. »Sie wollte nur raus aus diesem Haus.« Mrs. Scheer fügte hinzu: »Sie wollte raus aus diesem Dekor.« An dem Tag, an dem Cecilia aus dem Krankenhaus zurückkam, gingen die beiden Frauen zum Zeichen ihrer Anteilnahme mit einem Kuchen hinüber, aber Mrs. Lisbon leugnete jedes Ungemach. Wir fanden Mrs. Buell stark gealtert und dick bis zur Unförmigkeit; immer noch schlief sie von ihrem Mann, dem Christlichen Wissenschaftler, getrennt. In hohe Kissen gebettet, trug sie auch jetzt noch bei Tag die perlmuttschimmernde Sonnenbrille mit Gläsern wie Katzenaugen und klapperte wie immer mit den Eiswürfeln in dem hohen Glas, von dem sie behauptete, es enthielte nur Wasser; aber ein neues Fluidum nachmittäglicher Trägheit ging von ihr aus, ein Hauch von Seifenoper. »Kaum kamen Lily und ich mit dem Kuchen, hat diese Frau die Mädchen hinaufgeschickt. ›Er ist noch warm‹, haben wir gesagt. ›Essen wir doch ein Stück zusammen‹, aber sie hat den Kuchen einfach genommen und in den Kühlschrank gestellt. Direkt vor unserer Nase.« Mrs. Scheer hatte es anders in Erinnerung. »Ich sag's nicht gern, aber Joan steht seit Jahren unter Alkohol. In Wahrheit hat sich Mrs. Lisbon sehr höflich bei uns bedankt. Es schien alles in bester Ordnung zu sein. Ich habe sogar überlegt, ob es nicht vielleicht stimmte, daß das Mädchen nur ausgerutscht war und sich dabei verletzt hatte. Mrs. Lisbon hat uns auf die Veranda hinausgebeten, und wir haben jede ein Stück Kuchen gegessen. Joan ist dann irgendwann verschwunden. Vielleicht ist sie nach Hause gegangen, um einen zu heben. Wundern würde es mich nicht.«

Mr. Buell fanden wir ein paar Türen von seiner Frau entfernt in einem Schlafzimmer mit Jagdmotiven. Auf dem Bord stand ein Foto seiner ersten Frau, die er liebte, seit er von ihr geschieden war, und als er vom Schreibtisch aufstand, um uns zu begrüßen, war er immer noch von der Schulterverletzung gebeugt, die der Glaube niemals ganz geheilt hatte. »Es war wie alles andere in unserer traurigen Gesellschaft«, sagte er zu uns. »Sie hatten keine Beziehung zu Gott.« Als wir ihn an das Lackbildchen der Jungfrau Maria erinnerten, meinte er: »Von Jesus hätte sie ein Bild bei sich haben sollen.« Unter den vielen Falten und den buschigen weißen Augenbrauen konnten wir das gutaussehende Gesicht des Mannes erkennen, der uns vor so vielen Jahren beim Football-Training beigebracht hatte, wie man einen guten Paß wirft. Mr. Buell war im Zweiten Weltkrieg Pilot gewesen. Nachdem er über Burma abgeschossen worden war, hatte er seine Männer auf einem Zweihundert-Meilen-Marsch durch den Urwald in Sicherheit geführt. Danach nahm er nie wieder irgendein Medikament, nicht mal Aspirin. Einmal brach er sich im Winter beim Skilaufen die Schulter und ließ sich gerade noch zu einer Röntgenaufnahme überreden, zu mehr aber auch nicht. Seit dieser Zeit stöhnte er beim Tackling, harkte die Blätter einhändig zusammen und schleuderte Sonntag morgens die Pfannkuchen nicht mehr so tollkühn in die Höhe. Sonst aber hielt er sich tapfer und pflegte uns stets milde zu korrigieren, wenn wir den Namen des Herrn mißbrauchten. Die Schulter hatte sich in der Geborgenheit seines Schlafzimmers zu einem anmutigen kleinen Buckel zusammengezogen. »Es macht einen traurig, an diese Mädchen zu denken«, sagte er. »So eine Verschwendung jungen Lebens.«

Am populärsten war damals die Theorie, die Dominic Palazzolo die Schuld gab. Dominic war der Einwandererjunge, der bei Verwandten wohnte, bis seine Eltern sich in New Mexico eingelebt hatten. Er war der erste Junge in unserem Viertel, der eine Sonnenbrille trug, und hatte sich bereits innerhalb einer Woche nach seiner Ankunft verliebt. Das Objekt seiner Begierde war nicht Cecilia, sondern Diana Porter, ein Mädchen mit kastanienbraunem Haar und einem Pferdegesicht, das allerdings ganz hübsch war. Sie wohnte in einem efeubewachsenen Haus am See. Unglücklicherweise bemerkte sie Dominic gar nicht, wenn der durch die Zaunlücken spähte, während sie auf dem Lehmplatz verbissen Tennis spielte oder Nektar schwitzend im Liegestuhl am Pool lag. In der Gruppe beteiligte sich Dominic Palazzolo nicht an Gesprächen über Baseball oder die Schulbusbeförderung von Schwarzen in weiße Schulen, weil er nur wenige Worte Englisch sprach, aber alle paar Minuten warf er den Kopf zurück, so daß sich in seinen dunklen Gläsern der Himmel spiegelte, und sagte: »Ich liebe sie.« Und jedesmal, wenn er es sagte, war er ganz erstaunt über die tiefschürfende Erkenntnis, die er da von sich gab, ungefähr so, als hätte er eben eine Perle ausgespien. Anfang Juni, als

Diana Porter zum Urlaub in die Schweiz abreiste, war Dominic untröstlich. »Scheiß auf die Heilige Mutter«, sagte er unglücklich. »Scheiß auf Gott.« Und zum Beweis seiner Verzweiflung und der Echtheit seiner Liebe stieg er auf das Dach des Hauses seiner Verwandten und sprang hinunter.

Wir sahen ihm zu. Wir beobachteten Cecilia Lisbon, die von ihrem Vorgarten aus zusah. Dominic Palazzolo mit seiner engen Hose, seinen Tippelbruderstiefeln und seiner Haartolle ging ins Haus, wir sahen ihn an dem Panoramafenster unten vorbeigehen, und dann erschien er an einem der oberen Fenster, mit einem seidenen Taschentuch um den Hals. Er kletterte auf den Sims und schwang sich auf das flache Dach hinauf. Oben sah er zart, krank und reizbar aus, wie wir das von einem Europäer erwarteten. Er wippte auf Zehenspitzen an der Dachkante wie ein Kunstspringer und flüsterte »Ich liebe sie« vor sich hin, als er an den Fenstern vorbei in die wohlgeordneten Büsche des Gartens fiel.

Er tat sich nicht weh. Nach dem Sturz stand er auf, er hatte ja seine Liebe bewiesen, und ein paar Häuser weiter erwachte nun, wie manche behaupteten, die Liebe Cecilia Lisbons. Amy Schraff, eine Klassenkameradin Cecilias, sagte, in den letzten Wochen vor den Ferien habe sie nur noch von Dominic geredet. Anstatt für die Prüfungen zu lernen, schlug sie in den Studierstunden im Konversationslexikon alles über Italien nach. Sie gewöhnte es sich an, »Ciao« zu sagen und kurz in der katholischen Paulskirche am See zu verschwinden, um sich Weihwasser auf die Stirn zu spritzen. Selbst an heißen Tagen, wenn man im Speisesaal in der Schule an den Dämpfen des Kantinenessens fast erstickte, nahm Cecilia unweigerlich Spaghetti mit Fleischklößchen, als könnte sie Dominic Palazzolo näher sein, wenn sie das gleiche aß wie er. Als ihre Verliebtheit in höchster Blüte stand, kaufte sie das Kruzifix, das Peter Sissen im Schmuck des BHs gesehen hatte.

Die Anhänger dieser Theorie wiesen stets auf eine zentrale Tatsache hin: In der Woche vor Cecilias Selbstmordversuch war Dominic Palazzolo von seinen Eltern nach New Mexico beordert worden. Bei der Abreise sagte er Gott noch einmal mit allem Nachdruck, daß auf ihn zu scheißen sei, denn New Mexico war ja noch weiter entfernt von der Schweiz, wo in dieser Minute Diana Porter unter sommerlichen Bäumen lustwandelte und sich unaufhaltsam immer weiter von der Welt entfernte, in die er als Eigentümer einer Teppichreinigungsfirma eintreten würde. Cecilia hatte ihr Blut ins Badewasser verströmt, sagte Amy Schraff, weil die alten Römer das getan hatten, wenn das Leben unerträglich wurde, und weil sie glaubte, wenn Dominic auf dem Highway inmitten von Kakteen davon hörte, werde er erkennen, daß sie es war, die ihn liebte.

Der Bericht des Psychologen machte den größten Teil der Krankenhausunterlagen aus. Nach seinem Gespräch mit Cecilia stellte Dr. Hornicker die Diagnose, ihr Selbstmordversuch sei ein Akt der Aggression gewesen, der durch die Unterdrückung adoleszenter libidinöser Triebe ausgelöst worden war. Bei drei unterschiedlichen Tintenklecksen hatte sie »eine Banane« gesagt. Sie hatte außerdem »Gefängnisgitter«, »einen Sumpf«, »einen Afro« und »die Erde nach der Atombombe« gesehen. Auf die Frage, warum sie sich das Leben nehmen wollte, erwiderte sie nur: »Es war ein Irrtum«, und sagte keinen Piep mehr, als Dr. Hornicker weiterbohrte. »Trotz der Schwere der Verletzungen«, schrieb er, »glaube ich nicht, daß die Patientin ihrem Leben wirklich ein Ende setzen wollte, Ihre Tat war ein Hilfeschrei.« Er setzte sich mit Mr. und Mrs. Lisbon zusammen und empfahl ihnen, die Zügel lockerer zu lassen. Er meinte, es würde Cecilia guttun, »wenn sie außerhalb des strengen Reglements der Schule einen sozialen Freiraum hat, in dem Interaktionen mit männlichen Jugendlichen ihres Alters möglich sind. Mit ihren dreizehn Jahren sollte es Cecilia erlaubt sein, Make-up zu benutzen wie die anderen Mädchen ihres Alters, damit sie sich zugehörig fühlen kann. Die Nachahmung von Gruppenbräuchen ist ein unentbehrlicher Schritt auf dem Weg zur Individuation.«

Von dieser Zeit an traten bei den Lisbons Veränderungen ein. Beinahe jeden Tag, auch wenn sie nicht auf Cecilia aufpaßte, breitete Lux ihr Badetuch im Garten aus und sonnte sich in dem Badeanzug, der den Scherenschleifer so hinriß, daß er ihr ganz umsonst eine fünfzehnminütige Demonstration gab. Die Haustür war immer offen, weil ständig eines der Mädchen hinein- oder herauslief. Einmal, als wir vor Jeff Maldrums Haus Fangen spielten, sahen wir eine Gruppe Mädchen in seinem Wohnzimmer Rock and Roll tanzen. Sie bemühten sich mit großer Ernsthaftigkeit, die Schritte zu lernen, und wir entdeckten staunend, daß Mädchen tatsächlich zum Spaß zusammen tanzten. Aber Jeff Maldrum klopfte solange an die Scheiben und machte Schmatzgeräusche wie beim Küssen, bis sie die Jalousie herunterließen. Ehe sie verschwanden, sahen wir noch Mary Lisbon hinten beim Bücherschrank, in einer Blue Jeans mit Schlag und einem gestickten Herzen auf dem Hintern.

Es gab andere wundersame Veränderungen. Butch, der bei den Lisbons den Rasen mähte, durfte jetzt auf ein Glas Wasser ins Haus und brauchte nicht mehr draußen aus dem Hahn zu trinken. Verschwitzt, mit nacktem, tätowiertem Oberkörper marschierte er schnurstracks in die Küche, in der die Lisbon-Mädchen lebten und atmeten, aber wir fragten ihn nie danach, was er gesehen hatte, weil uns seine Muskeln und seine Armut unheimlich waren.

Wir nahmen an, Mr. und Mrs. Lisbon seien sich über die neue weiche Linie einig, aber als wir Jahre später mit Mr. Lisbon zusammentrafen, erzählte er uns, daß seine Frau dem Psychologen nie zugestimmt hatte. »Sie hat nur eine Zeitlang nachgegeben«, sagte er. Mittlerweile geschieden, lebte er allein in einem Ein-Zimmer-Apartment, dessen Boden mit den Spänen seiner Holzarbeiten bedeckt war. Geschnitzte Vögel und Frösche drängten sich auf den Regalborden. Wie Mr. Lisbon erklärte, hatte er an der Strenge seiner Frau schon lange seine Zweifel gehabt, da er im Grunde genau wußte, daß Mädchen, denen man das Tanzen verbot, allenfalls Ehemänner mit unreinem Teint und Hühnerbrust heimbrachten. Außerdem ging ihm allmählich die Ausdünstung dieser vielen eingesperrten Mädchen auf die Nerven. Manchmal hatte er das Gefühl, in der Voliere im Zoo zu leben. Wo er ging und stand, fand er Haarnadeln und flusige Kämme, und da die Frauen so stark in der Überzahl waren, vergaßen sie, daß er ein Mann war, und unterhielten sich in seiner Gegenwart ganz ungeniert über ihre Menstruation. Cecilia hatte gerade ihre Periode bekommen, am selben Monatstag wie die anderen Mädchen, deren Mondrhythmen genau übereinstimmten. Diese fünf Tage im Monat waren die schlimmsten für Mr. Lisbon, der Aspirin verteilen mußte wie Brot beim Entenfüttern und Heulkrämpfe wegen eines im Fernsehen getöteten Hundes beruhigen mußte. Während ihrer Regel, erzählte er, hätten die Mädchen ihre Weiblichkeit auf dramatische Weise an den Tag gelegt. Sie waren apathischer, schwebten wie Schauspielerinnen die Treppe hinunter und sagten dauernd augenzwinkernd: »Die Tante ist zu Besuch.« Manchmal schickten sie ihn abends los, ihnen Tampax zu besorgen, nicht nur eine Packung, sondern gleich vier oder fünf, und die jungen Verkäufer mit ihren Bleistiftbärtchen pflegten dreckig zu grinsen. Er liebte seine Töchter, sie waren ihm teuer, aber er sehnte sich von Herzen nach ein paar Jungen.

Das war der Grund, weshalb Mr. Lisbon eine Woche nach Cecilias Heimkehr seine Frau überredete, den Mädchen zu erlauben, die erste und einzige Party ihres Lebens steigen zu lassen. Wir alle erhielten an Ballons, die in Leuchtschrift unsere Namen trugen, selbstgemachte Einladungen aus Buntpapier. Unsere Verblüffung darüber, in ein Haus eingeladen zu werden, das wir bisher nur in unseren Badezimmerphantasien besucht hatten, war so groß, daß wir unsere Einladungen miteinander vergleichen mußten, ehe wir es glaubten. Es war erregend zu erfahren, daß die Lisbon-Mädchen unsere Namen kannten, mit ihren zarten Stimmbändern ihre Silben artikuliert hatten, daß sie im Leben der Mädchen Bedeutung besaßen. Sie hatten über der richtigen Schreibweise grübeln und unsere Adressen im Telefonbuch nachschlagen oder mit Hilfe der an die Bäume genagelten Nummernschilder überprüfen müssen.

Als der Abend der Fete heranrückte, hielten wir nach Anzeichen entsprechender Vorbereitungen im Haus Ausschau, sahen aber nichts. Der gelbe Backsteinbau sah immer noch aus wie ein kirchliches Waisenhaus, und die Stille im Garten war ungebrochen. Es raschelten keine Vorhänge, und es kam auch kein Lieferwagen mit Riesensandwiches und Trommeln voller Kartoffelchips.

Dann war der Abend da. In blauen Blazern und Khakihosen, Ansteckschlipse um den Hals, gingen wir den Bürgersteig vor dem Lisbon-Haus entlang wie so oft zuvor; diesmal jedoch bogen wir in den Gartenweg ein, stiegen die Stufen zwischen den Töpfen mit roten Geranien hinauf und läuteten. Peter Sissen hatte sich zu unserem Anführer gemacht und sah sogar leicht angeödet aus, als er mehrmals sagte: »Wartet nur, ihr werdet Augen machen.« Die Tür wurde geöffnet. Im

Schatten über uns nahm Mrs. Lisbons Gesicht Form an. Sie bat uns herein, wir kamen uns gegenseitig in die Quere, als wir durch die Tür drängten, und kaum hatten wir den Schlingenteppich im Vorsaal betreten, da wußten wir, daß Peter Sissens Beschreibungen des Hauses hinten und vorn nicht stimmten. Nicht schwüles weibliches Chaos empfing uns, sondern ein sauber aufgeräumtes, nüchternes Haus, in dem es schwach nach Popcorn roch. Eine Stickerei mit den Worten »Segne dieses Haus« hing gerahmt über dem Türbogen, und rechts davon, auf einem Bord über dem Heizkörper, bewahrten fünf Paar bronzierter Babyschühchen für alle Zeiten die Erinnerung an das wenig aufregende Säuglingsalter der Lisbon-Mädchen. Das Eßzimmer war voller Möbel im Kolonialstil. An einer Wand hing ein Gemälde, das die Pilgerväter beim Rupfen eines Truthahns zeigte. Das Wohnzimmer hatte einen orangefarbenen Spannteppich und ein braunes Kunstledersofa. Neben Mr. Lisbons Schwingsessel mit Trittbrett war ein kleiner Tisch, auf dem das halbfertige Modell eines Segelschiffs ohne Takelage stand. Die vollbusige Seejungfrau vorn am Bug war übermalt.

Wir wurden nach unten in den Hobbyraum geführt. Die Treppe war steil, die Stufen waren mit Metallstreifen eingefaßt, und je tiefer wir stiegen, desto heller wurde es, als näherten wir uns mit jedem Schritt dem weißglühenden Erdkern. Als wir die letzte Stufe erreichten, war das Licht blendend hell. An der Decke summten Neonröhren; Tischlampen brannten überall, wo Platz für sie war. Das grün-rote Linoleumschachbrett leuchtete unter unseren sauber geputzten Schuhen. Die Bowle auf dem Klapptisch spie Lava. Die getäfelten Wände blitzten, und in den ersten Sekunden waren die Lisbon-Mädchen nur ein heller Lichtfleck wie eine Gruppe Engel. Dann jedoch hatten sich unsere Augen an das Licht gewöhnt und offenbarten uns etwas, was uns bisher nie aufgefallen war: Die Lisbon-

Mädchen waren ganz unterschiedliche Menschen. Wir sahen, daß sie nicht fünf Kopien mit dem gleichen blonden Haar und den gleichen runden Wangen waren, sondern Einzelwesen, die sich sehr wohl voneinander unterschieden und deren Persönlichkeiten begannen, ihre Gesichter zu wandeln und ihnen neuen Ausdruck zu geben. Wir sahen sofort, daß Bonnie, die sich jetzt als Bonaventure vorstellte, den fahlen Teint und die scharfe Nase einer Nonne hatte. Ihre Augen tränten, und sie war einen Kopf größer als ihre Schwestern, was vor allem an der Länge ihres Halses lag, der eines Tages in einer Schlinge hängen würde. Therese Lisbon hatte ein volleres Gesicht, Wangen und Augen einer Kuh, und kam uns auf zwei linken Füßen entgegen, um uns zu begrüßen. Mary Lisbons Haar war dunkler, ihr Haaransatz lief in der Mitte der Stirn spitz zusammen, und sie hatte Flaum auf der Oberlippe, was vermuten ließ, daß ihre Mutter das Enthaarungswachs entdeckt hatte. Lux Lisbon war die einzige, die mit unserem Bild von den Lisbon-Mädchen übereinstimmte. Sie strahlte Gesundheit und Übermut aus. Ihr Kleid saß eng, und als sie uns die Hand gab, kitzelte sie uns mit einem Finger verstohlen die Handflächen und lachte merkwürdig rauh dazu. Cecilia hatte wie immer das abgeschnittene Hochzeitskleid an. Es war ein Zwanzigerjahrekleid. Es hatte Pailletten auf dem Mieder, das sie nicht ausfüllte, und irgend jemand, entweder Cecilia selbst oder die Leute im Second-Hand-Laden, hatte den unteren Rand des Kleides mit Zickzackschnitten abgetrennt, so daß es oberhalb von Cecilias rotgescheuerten Knien endete. In diesem formlosen Sack von einem Kleid saß sie auf einem Barhocker und starrte in ihr Bowleglas. Sie hatte sich die Lippen mit roter Kreide angemalt und sah aus wie eine geisteskranke Nutte, aber sie tat so, als sei kein Mensch da.

Wir hielten uns tunlichst von ihr fern. Man hatte ihr die Verbände abgenommen, aber sie trug eine ganze

Kollektion Armbänder, um die Narben zu verstecken. Keines der anderen Mädchen hatte auch nur ein einziges Armband an, wir vermuteten daher, daß sie ihre alle Cecilia gegeben hatten. Die Armreifen waren mit Tesafilm an der Unterseite von Cecilias Handgelenken festgeklebt, damit sie nicht verrutschen konnten. Das Hochzeitskleid hatte Speiseflecke aus dem Krankenhaus, gekochte Möhren und rote Bete. Wir holten uns unsere Bowle und stellten uns auf der einen Seite des Raums auf, während die Lisbon-Mädchen auf der anderen blieben.

Wir waren noch nie auf einer Party gewesen, die unter Aufsicht stattgefunden hatte. Wir waren die Partys gewöhnt, die unsere älteren Brüder veranstalteten, wenn unsere Eltern verreist waren: dunkle Zimmer, die unter dem Ansturm der Leiber erzitterten, wüste Musik, Bierfässer auf Eis in der Badewanne, Tumult in den Gängen, zerschlagene Wohnzimmerkunst. Das hier war etwas ganz anderes. Mrs. Lisbon füllte Gläser mit Bowle auf, während wir Therese und Mary beim Dominospiel zusahen, und Mr. Lisbon drüben auf der anderen Seite seinen Werkzeugkasten öffnete. Er zeigte uns seine Ratschen und schwang sie in der Hand, daß sie rasselten; er zeigte uns ein langes spitzes Rohr, das er seinen Fräser nannte; ein anderes voller Spachtelmasse nannte er seinen Schaber; von einem dritten, mit gegabeltem Ende, sagte er, es sei sein Hohlmeißel. Seine Stimme war ehrfürchtig gesenkt, während er von diesen Instrumenten sprach, aber er sah uns kein einziges Mal an, sondern nur die Werkzeuge, über die er der Länge nach mit den Fingern hinstrich oder deren Schärfe er mit dem empfindlichen Ballen seines Daumens prüfte, der unter dem Druck weiß wurde. Eine einzige steile Falte grub sich in seine Stirn, und die Lippen in seinem nüchternen Gesicht wurden feucht.

Und die ganze Zeit über saß Cecilia nur auf ihrem Hocker.

Wir waren froh, als Joe der Trottel kam. Seine Mutter brachte ihn. Er trug seine formlosen Bermudashorts und seine Baseballmütze und grinste wie üblich über das ganze Gesicht, das er mit allen anderen Mongoloiden gemein hatte. Seine Einladung hing an einem roten Bändchen um sein Handgelenk, was bedeutete, daß die Lisbon-Mädchen seinen Namen genauso buchstabiert hatten wie unsere. Babbelnd kam er herein, mit seinem wuchtigen Kiefer und seinen schlaffen Lippen, seinen winzigen Japaneräuglein und seinen glatten Wangen, die ihm immer seine Brüder rasierten. Niemand wußte genau, wie alt Joe eigentlich war, aber solange wir zurückdenken konnten, hatte er immer Barthaare gehabt. Seine Brüder pflegten ihn mit einem Eimer auf die Veranda hinauszubugsieren, um ihn zu rasieren; sie schrien ihn an, er solle sich ruhig halten, sagten, wenn sie ihm die Kehle aufschlitzen sollten, wäre das nicht ihre Schuld, und Joe saß kreidebleich und so reglos wie eine Eidechse da. Wir wußten, daß geistig Zurückgebliebene nicht lange lebten und schneller alterten als andere Leute, womit die grauen Haare erklärt waren, die unter Joes Baseballmütze hervorsahen.

Als Kinder hatten wir erwartet, daß Joe der Trottel um die Zeit, wenn wir die Kindheit hinter uns gelassen hatten, schon tot sein würde, aber jetzt war es soweit, und Joe war immer noch ein Kind.

Jetzt, wo er da war, konnten wir den Lisbon-Mädchen zeigen, was wir alles über ihn wußten, wie seine Ohren wackelten, wenn man ihn am Kinn kratzte, daß er immer nur »Kopf« sagen konnte, wenn man eine Münze warf, niemals »Adler«, weil das für ihn zu schwierig war. Selbst wenn wir sagten: »Joe, versuch's doch mal mit Adler«, sagte er jedesmal »Kopf« und glaubte, er gewänne immer, weil wir ihn gewinnen ließen. Wir ließen ihn das Lied singen, das er immer sang; das, welches Mr. Eugene ihm beigebracht hatte. Er sang: »*Oh, the monkeys have no tails in Sambo*

Wango, oh, the monkeys have no tails in Sambo Wango, oh, the monkeys have no tails, they were bitten off by whales«, und wir klatschten, und die Lisbon-Mädchen klatschten, und Lux drückte sich an Joe den Trottel, der zu blöde war, um es zu würdigen.

Es fing gerade an lustig zu werden, als Cecilia von ihrem Hocker rutschte und zu ihrer Mutter ging. Während sie unablässig mit den Armbändern an ihrem linken Handgelenk spielte, fragte sie, ob sie gehen dürfe. Es war das einzige Mal überhaupt, daß wir sie sprechen hörten, und die Reife ihrer Stimme überraschte uns. Sie klang vor allem alt und müde. Cecilia zupfte an ihren Armbändern, bis Mrs. Lisbon schließlich sagte: »Na schön, wenn du es unbedingt möchtest, Cecilia. Aber wir haben uns die ganze Mühe extra für dich gemacht.«

Cecilia riß an den Armreifen, bis das Klebeband abging. Da erstarrte sie. Mrs. Lisbon sagte: »Gut, dann geh nach oben. Wir werden uns eben ohne dich amüsieren.« Sobald Cecilia die Erlaubnis hatte, ging sie zur Treppe. Sie hielt das Gesicht zum Boden gesenkt, in tiefer Eingeschlossenheit, ihre Sonnenblumenaugen auf das Dilemma ihres Lebens gerichtet, das wir niemals verstehen würden. Sie stieg die Treppe hinauf, schloß die Tür hinter sich und ging durch den oberen Flur. Wir konnten ihre Schritte über uns hören. Auf der halben Treppe zum ersten Stock machten ihre Füße keine Geräusche mehr, aber nur dreißig Sekunden später hörten wir das satte Klatschen, mit dem ihr Körper auf den Zaun aufschlug, der sich am Haus entlangzog. Zuerst hörten wir ein Geräusch wie Wind, ein Sausen, das, wie wir uns später überlegten, entstanden sein mußte, als ihr Hochzeitskleid sich mit Luft gefüllt hatte. Es war kurz. Ein menschlicher Körper fällt schnell. Das Wesentliche war eben das: Daß da ein Mensch zu einem Körper mit rein physikalischen Eigenschaften wurde und mit der Geschwindigkeit eines Steins zur Erde fiel. Es war ohne Belang, ob ihr Gehirn auf dem Weg in die Tiefe noch Impulse aussandte, oder ob sie bereute, was sie getan hatte, oder ob sie Zeit hatte, an die Eisenspitzen des Zauns zu denken, die ihr von unten entgegenrasten. In seiner jetzigen Existenz hatte ihr Geist keine Bedeutung mehr: Einmal brauste der Wind auf, dann erschreckte uns der schmatzende Aufprall, ein Geräusch, wie wenn eine Wassermelone platzt, und diesen einen Moment lang blieben alle ruhig und gefaßt, als hörten sie einem Orchester zu, die Köpfe geneigt, um die Ohren aufnehmen zu lassen, während Glaube noch nicht durchdrang. Dann sagte Mrs. Lisbon, als sei sie allein: »Oh, mein Gott!«

Mr. Lisbon rannte nach oben. Mrs. Lisbon rannte zur obersten Treppenstufe und blieb, sich an das Geländer klammernd, stehen. Im Treppenschacht konnten wir ihre Silhouette sehen, die dicken Beine, den breiten, schräg abfallenden Rücken, den großen in Angst erstarrten Kopf, die Brillengläser, die in den Raum hineinsprangen und voller Licht waren. Sie nahm fast die ganze Breite der Treppe ein, und wir getrauten uns nicht, um sie herumzugehen, bis die Lisbon-Mädchen es uns vormachten. Dann erst drängten wir an ihr vorbei. Wir kamen in die Küche. Durch ein Seitenfenster konnten wir Mr. Lisbon im Gebüsch stehen sehen. Als wir zur Haustür herauskamen, sahen wir, daß er Cecilia hielt, die eine Hand unter ihrem Hals und die andere unter ihren Knien. Er versuchte, sie von der Eisenspitze hochzuziehen, die ihre linke Brust durchbohrt, ihr unbegreifliches Herz durchdrungen, zwei Wirbel voneinander getrennt hatte, ohne sie zu zertrümmern, und dann durch ihren Rücken und das Kleid wieder an die Luft durchgestoßen war. Sie hatte den Körper mit solcher Geschwindigkeit durchstoßen, daß kein Blut an ihr haftete. Sie war völlig rein, und Cecilia schien bloß wie eine Akrobatin auf dem

Pfahl zu schweben. Der Zirkuseffekt wurde durch das flatternde Hochzeitskleid noch verstärkt. Mr. Lisbon versuchte immer wieder, sie hochzuheben, ganz vorsichtig, aber selbst wir in unserer Ahnungslosigkeit wußten, daß es hoffnungslos war. Auch wenn Cecilias Augen offen waren und ihr Mund sich dauernd zusammenzog wie bei einem Fisch am Haken, waren das doch nur noch Reflexe, und wir wußten, daß es ihr bei ihrem zweiten Versuch gelungen war, sich aus dieser Welt hinauszukatapultieren.

2

Wir verstanden schon beim erstenmal nicht, warum Cecilia sich umbringen wollte, und noch weniger verstanden wir es, als sie es das zweitemal tat. Ihr Tagebuch, das die Polizei im Rahmen der üblichen Untersuchung durchsah, bestätigte die Vermutung der verschmähten Liebe nicht. Nur einmal kam Dominic Palazzolo in dem Büchlein aus Reispapier vor, das mit bunten Textmarkern ausgemalt war, so daß es wie ein Stundenbuch oder eine mittelalterliche Bibel aussah. Miniaturmuster schlossen die Seiten ein. Bubblegum-Engel schwebten von den oberen Rändern herab oder kamen sich zwischen dicht gekritzelten Passagen mit ihren Flügeln ins Gehege. Jungfrauen mit goldenen Haaren weinten meerblaue Tränen in den Falz des Buchs. Traubenblaue Wale spien Blutfontänen rund um einen Zeitungsbericht (eingeklebt), in dem die Neuzugänge auf der Liste der bedrohten Tierarten aufgeführt waren. Sechs eben ausgeschlüpfte Küken piepsten neben einem Eintrag aus der Osterzeit aus geplatzten Eierschalen. Cecilia hatte die Seiten verschwenderisch mit Farben und Schnörkeln geschmückt, mit *Candyland*-Leitern und gestreiften Kleeblättern, doch der Eintrag über Dominic lautete: »Palazzolo ist heute vom Dach runtergesprungen, wegen dieser reichen Tussi, Porter. Wie kann man so blöd sein.«

Wieder kamen die Sanitäter, dieselben wie vorher. Es dauerte allerdings eine Weile, bis wir sie erkannten. Aus Angst und Höflichkeit hatten wir uns auf die andere Straßenseite verzogen und hockten dort auf der Kühlerhaube von Mr. Larsons Oldsmobile. Beim Gehen hatte keiner von uns ein Wort gesagt, außer Valentine Stamarowski, der über den Rasen rief: »Vielen Dank für die Party, Mr. und Mrs. Lisbon.« Mr. Lisbon war immer noch bis zu den Hüften im Gebüsch versunken, und sein Rücken zuckte, als versuchte er, Cecilia hochzuziehen, oder als schluchzte er. Oben auf der Veranda zwang Mrs. Lisbon die Mädchen, sich mit den Gesichtern zur Hauswand zu drehen. Die automatische Sprinkleranlage, die auf Viertel nach acht gestellt war, spritzte los, als der Krankenwagen vorn an der Straßenecke auftauchte. Er fuhr ungefähr fünfzehn Meilen die Stunde, ohne Blinklichter und Sirene, als wüßten die Sanitäter schon, daß es hoffnungslos war. Der Dünne mit dem Bärtchen stieg zuerst aus, dann der Dicke. Sie holten gleich die Trage heraus, anstatt erst nach dem Opfer zu sehen, ein Lapsus, der, wie wir später von Fachleuten erfuhren, gegen die Vorschrift verstieß. Wir wußten nicht, wer die Sanitäter gerufen hatte und woher diese wußten, daß sie an diesem Tag nur noch Bestattungsunternehmer sein würden. Tom Faheem sagte, Therese sei hineingegangen und habe angerufen, aber wir anderen erinnern uns der übriggebliebenen vier Lisbon-Mädchen starr auf der Veranda, bis der Rettungswagen eintraf. Niemand sonst in unserer Straße ahnte, was passiert war. Die einheitlichen Rasenflächen die ganze Straße hinunter waren leer. Irgendwo grillte jemand. Hinter Joe Larsons Haus wurde von den zwei größten Badmintonspielern der Welt endlos ein Federball hin- und hergeschlagen.

Die Sanitäter schoben Mr. Lisbon zur Seite, um Cecilia untersuchen zu können. Sie fanden keinen Puls, wollten sie aber trotzdem retten. Der Dicke rückte dem Zaunpfahl mit einer Metallsäge zu Leibe, während der Dünne sich bereitstellte, um Cecilia aufzufangen. Es wäre gefährlicher gewesen, Cecilia von der mit einem Widerhaken versehenen Spitze hochzuziehen, als diese einfach in ihrem Körper stecken zu lassen. Als der Pfahl durchbrach, taumelte der Dünne unter Cecilias freigesetztem Gewicht nach rückwärts. Dann fand er wieder Halt, drehte sich und ließ sie auf die Trage gleiten. Die abgesägte Zaunspitze stand unter dem Leintuch wie ein Zeltmast in die Höhe, als sie sie wegtrugen.

Mittlerweile war es fast neun Uhr geworden. Vom Dach des Hauses von Chase Buell, auf dem wir uns versammelten, nachdem wir unsere guten Anzüge abgelegt hatten, um zu beobachten, was weiter geschehen würde, konnten wir über die Baummassen hinweg, die in die Luft hineinwucherten, die scharfe Grenzlinie erkennen, an der die Bäume endeten und die Stadt begann. Die Sonne versank im Dunst ferner Fabriken, und in den benachbarten Slums fing Glas hier und dort den trüben Glanz des smogverhangenen Sonnenuntergangs ein. Geräusche, die wir sonst nicht hören konnten, erreichten uns jetzt hier oben, und während wir, das Kinn in die Hände gestützt, auf dem Teerdach kauerten, hörten wir schwach eine nicht zu entschlüsselnde, rückwärtslaufende Bandaufnahme städtischen Lebens, Rufe und Schreie, das Kläffen eines Kettenhunds, Autohupen, die Stimmen von Mädchen, die in obskurem, hartnäckigem Spiel Zahlen ausriefen – Geräusche der ausgelaugten Stadt, die wir nie aufsuchten, gemischt und gedämpft, ohne Sinn, mit dem Wind von diesem Ort herübergetragen. Dann: Dunkelheit. Autoscheinwerfer, die sich in der Ferne bewegten. In der Nähe gelbe Lichter, die in den Häusern angingen und Familien vor dem Fernsehapparat zeigten. Einer nach dem anderen gingen wir nach Hause.

In unserer Gemeinde hatte es nie eine Beerdigung gegeben, jedenfalls nicht zu unseren Lebzeiten. Gestorben worden war vor allem im Zweiten Weltkrieg, als wir noch gar nicht existierten und unsere Väter unglaublich magere junge Männer auf Schwarzweißfotografien waren – Väter auf Dschungel-Flugfeldern, Väter mit Pickeln und Tätowierungen, Väter mit Pin-up-Girls, Väter, die Liebesbriefe an die Mädchen schrieben, die später unsere Mütter wurden, Väter, die von *K rations,* Einsamkeit und hormonellem Aufruhr in malariaschwüler Luft zu lyrischen Träumereien inspiriert wurden, die gänzlich aufhörten, als sie wieder nach Hause kamen. Jetzt waren unsere Väter Männer mittleren Alters mit Bäuchen und haarlosen Schienbeinen vom jahrelangen Tragen langer Hosen, aber sie waren noch weit vom Tod entfernt. Ihre Eltern wiederum, die fremde Sprachen sprachen und wie Bussarde in sanierten Dachböden hausten, genossen die bestmögliche ärztliche Versorgung und drohten bis ins nächste Jahrhundert fortzuleben. Niemandes Großvater war gestorben, niemandes Großmutter, niemandes Eltern, nur ein paar Hunde: Tom Burkes Beagle Muffin, der an einem Bazooka-Joe-Bubblegum erstickt war, und dann, in jenem Sommer, ein Geschöpf, das nach Hundejahren noch ein Hündchen war – Cecilia Lisbon.

Der Totengräberstreik ging an dem Tag, an dem sie starb, in die sechste Woche. Niemand hatte sich über den Streik oder die Forderungen der Friedhofsarbeiter viel Gedanken gemacht, weil die meisten von uns nie auf einem Friedhof gewesen waren. Gelegentlich hörten wir Schüsse aus dem Ghetto, aber unsere Väter behaupteten immer steif und fest, das seien nur Fehlzündungen. Als daher die Zeitungen berichteten, in der Stadt seien alle Bestattungen eingestellt worden, dachten wir nicht daran, daß das für uns von Belang sein könnte. Auch Mr. und Mrs. Lisbon, gerade einmal in den Vierzigern, mit einem Stall voll junger Töchter, hatten kaum einen Gedanken an den Streik verschwendet, bis dieselben Töchter anfingen, sich umzubringen.

Trauerfeiern fanden weiterhin statt, jedoch ohne den letzten Vollzug der Bestattung. Särge wurden zu nicht ausgehobenen Gräbern geschleppt; Geistliche hielten Lobreden; Tränen wurden vergossen; und danach wurden die Särge in die Gefrierräume des Leichenhauses zurückgebracht, um dort das Ende des Streiks abzuwarten. Die Verbrennung erfreute sich wachsender Popularität. Aber Mrs. Lisbon hatte Einwände gegen die Vorstellung; sie fürchtete, sie sei heidnisch, und machte sogar auf eine Bibelpassage aufmerksam, die besagt, daß bei der Wiederkehr des Messias die Toten leiblich auferstehen werden.

In unserem Vorort gab es nur einen Friedhof, ein verschlafenes Stück Land, das über die Jahre verschiedenen Kirchen von der lutherischen über die Episkopalkirche bis zur katholischen gehört hatte. Dort ruhten drei frankokanadische Trapper, eine Bäckerdynastie namens Kropp und J. B. Milbank, der eine dem *root beer* ähnliche Limonade erfunden hatte. Der Friedhof mit seinen windschiefen Grabsteinen, der hufeisenförmigen Einfahrt aus rotem Kies und den vielen Bäumen, die auf wohlgenährten Kadavern gediehen, war lange schon, seit der Zeit der letzten Todesfälle, bis auf den letzten Platz voll. Aus diesem Grund mußte der Bestattungsunternehmer Mr. Alton mit Mr. Lisbon eine Besichtigungsfahrt zu möglichen Alternativen unternehmen.

Er erinnerte sich gut an die Fahrt. Die Zeit des Totengräberstreiks war nicht so leicht vergessen, aber, wie Mr. Alton gestand: »Es war außerdem mein erster Selbstmord. Und noch dazu so ein junges Ding. Da konnte man nicht mit den üblichen Beileidsbekundungen daherkommen. Ich hab ziemlich geschwitzt, um ehrlich zu sein.« Im Westen suchten sie einen stillen Friedhof im palästinensischen Viertel auf, aber Mr. Lisbon gefiel der fremdartige Klang des Gesangs nicht, mit dem der Muezzin die Gläubigen zum Gebet rief, und er hatte gehört, daß die Leute dem Ritual folgend immer noch Ziegen in ihren Badewannen schlachteten. »Hier nicht«, sagte er. »Hier nicht.« Als nächstes besichtigten sie einen kleinen katholischen Friedhof, der ideal zu sein schien, bis Mr. Lisbon, als sie nach hinten kamen, zwei Meilen plattgewalzten Landes sah, das ihn an Fotografien von Hiroshima erinnerte. »Das war Poletown«, erläuterte uns Mr. Alton. »General Motors hatte damals an die fünfundzwanzigtausend Polacken abgefunden, um da eine gigantische Autofabrik hinzustellen. Sie haben vierundzwanzig Wohnblöcke abgerissen, dann ist ihnen das Geld ausgegangen. Das ganze Gelände war nur Schutt und Unkraut. Natürlich war es trostlos. Aber nur wenn man von hinten über den Zaun schaute.« Schließlich kamen sie zu einem öffentlichen, keiner bestimmten Kirche zugehörigen Friedhof, der zwischen zwei *freeways* lag, und hier wurden Cecilia Lisbon sämtliche letzten Ehren nach katholischem Ritual bis auf die Beisetzung selbst zuteil. Offiziell wurde ihr Tod, genau wie ein Jahr später der der anderen Mädchen, in den Kirchenbüchern als Unfall geführt. Als wir Pater Moody dazu befragten, sagte er: »Wir wollten nicht kleinlich sein. Woher sollte man wissen, daß sie nicht ausgerutscht war?« Als wir auf die Schlaftabletten und die Schlinge und das übrige hinwiesen, sagte er: »Der Selbstmord als Todsünde bedarf des Vorsatzes. Es ist schwer zu sagen, was in den Herzen dieser Mädchen vorging. Was sie wirklich tun wollten.«

Von unseren Eltern nahmen die meisten an der Trauerfeier teil. Uns ließen sie zu Hause, um uns vor der Verseuchung durch die Tragödie zu schützen. Sie sagten übereinstimmend, der Friedhof sei der flachste, den sie je gesehen hätten. Es gab keine Grabsteine oder Denkmäler, nur Granitplatten, die in die Erde eingesunken waren, und, auf Gräbern von Kriegsveteranen, amerikanische Flaggen aus Plastik, die im Regen gelitten hatten, oder Drahtkränze mit verwelkten Blumen. Die Streikposten wollten den Leichenwagen erst nicht durch das Tor lassen, aber als sie das Alter der Verstorbenen hörten, machten sie Platz und senkten sogar ihre zornigen Plakate. Drinnen waren die Zeichen der Vernachlässigung infolge des Streiks nicht zu übersehen. An manchen Gräbern lagen Erdhaufen. Ein Bagger stand mit der Greifzange im Rasen wie erstarrt, als wäre der Anruf von der Gewerkschaft mitten in einer Beerdigung gekommen. Familienmitglieder, die die Grabpflege übernommen hatten, hatten auf rührende Weise versucht, die letzten Ruhestätten ihrer Lieben zu verschönern. Übermäßige Düngung hatte das eine Grab schwefelgelb verbrannt. Übermäßiges Gießen ein anderes in einen Morast verwandelt. Da das Wasser von Hand herbeigeschleppt werden mußte (die Sprinkleranlage war Sabotage zum Opfer gefallen), zogen sich von Grab zu Grab tiefe Fußabdrücke, und es sah aus, als wanderten hier nachts die Toten umher.

Das Gras war seit nahezu sieben Wochen nicht mehr gemäht worden. Die Trauergäste standen knöcheltief, als die Sargträger mit dem Sarg herauskamen. Aufgrund der niedrigen Jugendlichensterblichkeit bauten die Sarghersteller nur wenige Särge angemessener mittlerer Größe. Sie fertigten eine geringe Anzahl Säuglingssärge, wenig größer als Brotkästen. Und die nächste Größe war schon die volle Größe, mehr als Cecilia brauchte. Als im Bestattungsinstitut ihr Sarg geöffnet worden war, hatten alle nur das Satinkissen und die rüschenbesetzte Polsterung des Sargdeckels gesehen. Mrs. Turner sagte: »Im ersten Moment dachte ich, das Ding sei leer.« Aber dann hob sich Cecilia, die mit ihren achtunddreißig Kilo nur einen schwachen Abdruck hinterließ und blaßhäutig und hellhaarig, wie sie war, mit dem weißen Satin verschmolz, vom Hintergrund ab wie eine Gestalt in einer optischen Täuschung. Sie hatte nicht das Hochzeitskleid an – das hatte Mrs. Lisbon weggeworfen –, sondern ein beigefarbenes Kleid mit Spitzenkragen, ein Weihnachtsgeschenk ihrer Großmutter, das zu tragen sie sich im

Leben geweigert hatte. Der geöffnete Teil des Sargdeckels zeigte nicht nur ihr Gesicht und ihre Schultern, sondern auch ihre Hände mit den abgeknabberten Fingernägeln, ihre rauhen Ellbogen, die beiden scharfen Zacken ihrer Hüften und sogar ihre Knie.

Nur die Familie defilierte am Sarg vorbei. Zuerst gingen die Mädchen vorüber, benommen und ausdruckslos, und später sagten alle, wir hätten es ihnen ansehen müssen. »Es sah aus, als zwinkerten sie ihr zu«, sagte Mrs. Carruthers. »Sie hätten weinen müssen, aber was haben sie getan? Hin zum Sarg, reingeschaut und weg. Wieso haben wir das nicht gesehen?« Curt van Osdol, der einzige Jugendliche, der da war, sagte, er hätte sich glatt noch mal einen kleinen Tatscher erlaubt, vor dem Priester und allen Leuten, wenn wir da gewesen wären, um es zu würdigen. Als die Mädchen vorbei waren, machte Mrs. Lisbon am Arm ihres Mannes zehn taumelnde Schritte und ließ schwach ihren Kopf über Cecilias Gesicht hängen, das zum ersten- und letztenmal überhaupt geschminkt war. »Schau dir ihre Fingernägel an«, meinte Mr. Burton sie sagen zu hören. »Die hätten doch was mit ihren Nägeln machen können.«

Und Mr. Lisbon antwortete: »Die wachsen nach. Fingernägel wachsen weiter. Jetzt kann sie sie nicht mehr abknabbern, Schatz.«

Auch unser Wissen über Cecilia wuchs nach ihrem Tod weiter, mit der gleichen perversen Beharrlichkeit. Obwohl sie nur selten gesprochen und keine richtigen Freunde gehabt hatte, besaß jeder seine eigenen lebhaften Erinnerungen an Cecilia. Manche von uns hatten sie als Baby mal fünf Minuten gehalten, während Mrs. Lisbon ins Haus gelaufen war, um ihre Handtasche zu holen. Manche hatten sich mit ihr im Sandkasten um die Schaufel gestritten oder hatten sich ihr hinter dem Maulbeerbaum, der wie wildes Fleisch durch den Maschendrahtzaun wucherte, zur Schau gestellt. Wir hatten mit ihr zusammen zur Pockenimpfung angestanden, mit ihr zusammen die Poliozuckerwürfel geschluckt; wir hatten ihr das Seilspringen beigebracht, ihr auf die Finger geklopft, wenn sie den Schorf von ihren Schrammen pulen wollte, sie gewarnt, den Trinkbrunnen im Three-Mile-Park mit dem Mund zu berühren. Ein paar von uns hatten sich in sie verliebt, aber wir hatten es für uns behalten, da wir wußten, daß sie die unheimliche Schwester war.

Cecilias Zimmer – als wir endlich von Lucy Brock eine Beschreibung erhielten – bestätigte diese Einschätzung ihres Charakters. Neben einem Tierkreiszeichen-Mobile fand Lucy eine Sammlung magischer Amethyste, und unter Cecilias Kopfkissen, das noch nach ihren Räucherstäbchen und ihrem Haar roch, ein Spiel Tarot-Karten. Lucy sah nach – weil wir es ihr aufgetragen hatten –, ob die Bettwäsche gewaschen war, aber sie sagte »Nein«. Man hatte das Zimmer unberührt gelassen. Das Fenster, aus dem Cecilia gesprungen war, stand noch offen. In der obersten Kommodenschublade fand Lucy sieben Höschen, alle schwarz gefärbt mit Rit. Im Schrank fand sie außerdem zwei Paar tadellose Basketballschuhe. Beides überraschte uns nicht. Wir hatten schon lange von Cecilias schwarzer Unterwäsche gewußt, weil wir ihr immer, wenn sie sich in die Pedale ihres Fahrrads gestellt hatte, um Tempo zu machen, unter den Rock geschaut hatten. Und wir hatten sie oft auf der Hintertreppe sitzen und ihre Basketballschuhe mit einer Zahnbürste und einer Tasse Flüssigweiß putzen sehen.

Cecilias Tagebuch beginnt anderthalb Jahre vor ihrem Selbstmord. Viele meinten, die illuminierten Seiten seien ein Hieroglyphenwerk unlesbarer Verzweiflung, obwohl die Bilder größtenteils heiter wirkten. Das Tagebuch hatte ein Schloß, aber David Barker, der das Tagebuch von Skip Ortega, dem Spenglergehilfen bekam, erzählte uns, Skip habe es mit bereits aufgebrochenem Schloß in der Toilette neben dem Elternschlafzimmer gefunden, so als hätten Mr. und Mrs. Lisbon selbst darin gelesen. Tim Winer, der Streber, wollte das Tagebuch unbedingt genau untersuchen. Wir nahmen es mit in das Arbeitszimmer, das seine Eltern ihm eingerichtet hatten, mit grünen Schreibtischlampen, einem Reliefglobus und Enzyklopädien mit Goldschnitt. »Seelische Labilität«, sagte er bei der Analyse ihrer Handschrift. »Schaut euch diese I-Tüpfelchen an. Überall, nur nicht da, wo sie hingehören.« Vorgebeugt, so daß die blauen Adern unter seiner Schwächlingshaut zu sehen waren, fügte er dann hinzu: »Im Grunde genommen haben wir es hier mit einer Träumerin zu tun. Mit jemandem, der keinen Bezug zur Realität besitzt. Als sie gesprungen ist, hat sie wahrscheinlich gedacht, sie könnte fliegen.«

Heute wissen wir Teile des Tagebuchs auswendig. Wir nahmen es mit in Chase Buells Speicher hinauf und lasen Teile daraus laut vor. Wir reichten es herum, blätterten darin und suchten gespannt nach unseren Namen. Allmählich jedoch wurde uns klar, daß Cecilia zwar jeden dauernd angestarrt, aber nie über einen von uns nachgedacht hatte. Auch über sich selbst hatte sie nicht nachgedacht. Das Tagebuch ist insofern ein ungewöhnliches Dokument der Adoleszenz, als es selten das Werden eines ungeformten Ichs zeigt. Nirgends trifft man auf die üblichen Unsicherheiten, Klagelieder, Verliebtheiten und Tagträume. Statt dessen schreibt Cecilia von ihren Schwestern und sich wie von einer Einheit. Häufig ist schwer zu sagen, von welcher Schwester die Rede ist, und viele merkwürdige Sätze beschwören vor dem inneren Auge des Lesers das Bild eines Fabelwesens mit zehn Beinen und fünf Köpfen herauf, das im Bett liegt und ungesundes Zeug mampft oder Besuche von liebevollen Tanten erduldet. Das Tagebuch sagte größtenteils mehr darüber, wie die

Mädchen lebten, als warum sie sich umbrachten. Wir wurden es müde zu hören, was sie aßen (Montag, 13. Februar. Heute hat es tiefgefrorene Pizza gegeben ...) oder was für Kleider sie trugen oder welches ihre Lieblingsfarben waren. Alle verabscheuten sie Maisgemüse. Mary hatte sich den Zahn am Schraubenschlüssel angeschlagen und hatte eine Krone. (»Ich hab's euch ja gesagt«, sagte Kevin Head, als er das las.) So erfuhren wir von ihrem Leben, gelangten zu gemeinsamen Erinnerungen an Zeiten, die wir gar nicht erlebt hatten, trugen unsere eigenen Bilder von Lux mit uns herum, wie sie sich über die Seite eines Schiffs neigte, um ihren ersten Wal zu streicheln, und sagte: »Ich hätte nicht gedacht, daß sie so stinken«. Worauf Therese antwortete: »Das ist der Tang, der in ihren Eingeweiden fault.« Wir lernten die Sternenhimmel kennen, zu denen die Mädchen vor Jahren beim Zelten hinaufgeblickt hatten, die Langeweile endloser Sommer, wenn man im Garten dauernd von hinten nach vorn und wieder nach hinten lief, sogar einen gewissen undefinierbaren Geruch, der an regnerischen Abenden aus den Toiletten aufstieg und den die Mädchen »kloakig« nannten. Wir wußten nun, wie es war, einen Jungen ohne Hemd zu sehen, und warum dies Lux veranlaßte, den Namen Kevin mit kardinalrotem Filzstift über ihr ganzes Ringheft zu schreiben und sogar auf ihre Höschen und BHs, und wir konnten ihre Wut verstehen, als sie eines Tages beim Heimkommen entdeckte, daß Mrs. Lisbon ihre Sachen in Chlorox eingeweicht und alle »Kevins« herausgebleicht hatte. Wir wußten, was für ein Schmerz es war, wenn einem der Winterwind unter den Rock fegte, und was für eine Qual, wenn man in der Schule die ganze Zeit mit geschlossenen Knien sitzen mußte, und wir wußten, wie stumpfsinnig und empörend es war, seilzuspringen, während die Jungen Baseball spielten. Wir konnten nie verstehen, warum es den Mädchen so wichtig war, reif zu sein, oder warum sie sich immerzu gegenseitig Komplimente machen mußten, aber manchmal, wenn einer von uns einen langen Abschnitt aus dem Tagebuch vorgelesen hatte, mußten wir uns gegen den Impuls wehren, einander zu umarmen oder uns gegenseitig zu versichern, wie hübsch wir seien. Wir fühlten, wie eingesperrt man als Mädchen war, wie der Geist davon ins Träumen geriet, und wie man am Ende dahin kam, daß man wußte, welche Farben zusammenpaßten. Wir wußten, daß die Mädchen unsere Zwillinge waren, daß wir alle wie Geschöpfe mit der gleichen Haut im Raum existierten, und daß sie alles über uns wußten, obwohl wir sie nicht ergründen konnten. Und schließlich wußten wir, daß die Mädchen in Wirklichkeit verkleidete Frauen waren, daß sie die Liebe und selbst den Tod verstanden, und daß wir lediglich dazu da waren, das Spektakel zu veranstalten, das sie zu faszinieren schien.

Mit dem Fortgang des Tagebuchs beginnt Cecilia sich von ihren Schwestern zurückzuziehen, ja vom persönlichen Erzählen überhaupt. Die erste Person kommt fast gar nicht mehr vor, ein Effekt, wie wenn sich am Ende eines Films die Kamera von den Figuren entfernt, um in einer Folge von Überblendungen ihr Haus, ihre Straße, ihre Stadt, ihr Land und schließlich ihren Planeten zu zeigen, was sie nicht nur klein und unbedeutend macht, sondern auslöscht. Ihre frühreife Prosa wendet sich unpersönlichen Themen zu, dem Werbespot mit dem weinenden Indianer, der in seinem Kanu einen verseuchten Fluß hinunterpaddelt, oder den Leichenzahlen des allabendlichen Kriegs. Im letzten Drittel zeigt das Tagebuch zwei sich abwechselnde Stimmungen. In gefühlvollen Passagen äußert sich Cecilia verzweifelt über das Sterben unserer Ulmen. In zynischen Einträgen unterstellt sie, daß die Bäume überhaupt nicht krank sind und daß hinter dem Abholzen nur eine Verschwörung steckt, »alles plattzumachen«.

Gelegentliche Anspielungen auf diese oder jene Verschwörungstheorie kommen vor – die Illuminati, der Militärisch-Industrielle Komplex –, aber sie mutmaßt nur vage in dieser Richtung, als handelte es sich bei den Namen um irgendwelche chemische Gifte. Von der Schmähung wechselt sie, ohne innezuhalten, wieder zu ihren lyrischen Träumereien. Ein Couplet über den Sommer aus einem Gedicht, das sie nie fertiggeschrieben hat, ist ganz hübsch, finden wir:

> *Wie Lungen füllen die Bäume sich mit Luft.*
> *Meine Schwester, das Biest, hat mich schon wieder gepufft.*

Das Fragment datiert vom sechsundzwanzigsten Juni, drei Tage nach ihrer Rückkehr aus dem Krankenhaus, als wir sie oft vorn im Garten im Gras liegen sahen.

Über Cecilias seelische Verfassung am letzten Tag ihres Lebens ist wenig bekannt. Glaubt man Mr. Lisbon, so schien sie sich auf ihre Party zu freuen. Als er nach unten ging, um zu sehen, wie weit die Vorbereitungen gediehen waren, fand er Cecilia auf einem Stuhl stehend vor, wie sie mit roten und blauen Bändern Ballons an der Decke befestigte. »Ich habe gesagt, sie soll sofort runterkommen. Der Arzt hatte extra gesagt, sie sollte die Hände nicht über den Kopf heben. Wegen der Nähte.« Sie gehorchte und brachte den Rest des Tages in ihrem Zimmer zu, wo sie auf dem Teppich lag, zu ihrem Tierkreiszeichen-Mobile hinaufstarrte und sich die merkwürdigen keltischen Platten anhörte, die sie sich von einem Versandhaus hatte schicken lassen. »Es war immer ein Sopran, der von Auen und verwelkten Rosen sang.« Die schwermütige Musik beunruhigte Mr. Lisbon, der sie mit den optimistischen Weisen seiner eigenen Jugend verglich, aber auf dem Weg durch den Flur wurde ihm klar, daß sie zweifellos nicht schlimmer war als Lux' jaulende Rockmusik oder selbst das unmenschliche Gekreisch aus Thereses Amateurradio.

Ab zwei Uhr nachmittags lag Cecilia in der Badewanne. Marathonbäder waren bei ihr nichts Ungewöhnliches, aber nach dem, was zuletzt passiert war, wollten Mr. und Mrs. Lisbon kein Risiko eingehen. »Wir haben ihr gesagt, sie muß die Badezimmertür einen Spalt offenlassen«, sagte Mrs. Lisbon. »Das paßte ihr natürlich nicht. Und sie hatte jetzt auch frische Munition. Dieser Psychiater hatte gesagt, Ceel sei in einem Alter, in dem man viel Ungestörtheit braucht.« Den ganzen Nachmittag ließ Mr. Lisbon sich irgendwelche Vorwände einfallen, um am Badezimmer vorbeizugehen. »Ich habe zum Beispiel gewartet, bis ich ein Platschen gehört habe, dann bin ich vorbeigegangen. Alle scharfen Gegenstände hatten wir natürlich hinausgebracht.«

Um halb fünf schickte Mrs. Lisbon Lux mit dem Auftrag hinauf, nach Cecilia zu sehen. Als Lux wieder hinunterkam, schien sie unbesorgt, und nichts an ihrem Verhalten ließ vermuten, daß sie ahnte, was ihre Schwester später an diesem Tag tun würde. »Alles in Ordnung«, sagte Lux. »Sie verpestet die Bude mit ihrem Badesalz.«

Um halb sechs stieg Cecilia aus der Wanne und kleidete sich für die Party an. Mrs. Lisbon hörte sie zwischen den beiden Zimmern ihrer Schwestern (Bonnie hatte ein Zimmer mit Mary zusammen, Therese eines mit Lux) hin- und hergehen. Das Klirren ihrer Armreifen beruhigte die Eltern, weil es ihnen erlaubte, ihr Kommen und Gehen zu verfolgen wie das eines Tieres mit einem Glöckchen am Halsband. Von Zeit zu Zeit hörte Mr. Lisbon in den Stunden vor unserem Eintreffen das Klimpern von Cecilias Armbändern, als sie beim Probieren verschiedener Schuhe die Treppe hinauf- und hinunterging.

Nach allem, was sie uns später bei verschiedenen Gelegenheiten und in unterschiedlichen Stimmungen erzählten, fanden Mr. und Mrs. Lisbon Cecilias Benehmen auf der Party gar nicht sonderbar. »Sie war in Gesellschaft immer still«, sagte Mrs. Lisbon. Und vielleicht, weil sie selten Gäste hatten, erinnerten sich Mr. und Mrs. Lisbon der Party als eines Erfolgs. Mrs. Lisbon war sogar erstaunt, als Cecilia um Erlaubnis bat, gehen zu dürfen. »Ich dachte, sie hätte Spaß.« Selbst da verhielten sich die anderen Mädchen nicht so, als wüßten sie, was geschehen würde. Tom Faheem erinnert sich, daß Mary ihm einen Pulli beschrieb, den sie sich bei Penney kaufen wollte. Therese und Tim Winer sprachen über ihre Sorge, in einem Ivy-League-College aufgenommen zu werden.

Nach Hinweisen, die später entdeckt wurden, scheint Cecilia nicht so schnell in ihr Zimmer hinaufgegangen zu sein, wie wir es in Erinnerung hatten. Nachdem sie uns verlassen hatte und ehe sie oben ankam, nahm sie sich die Zeit, Saft aus einer Dose Birnenkompott zu trinken (sie ließ die Dose auf der Arbeitsplatte stehen, mit nur einem Loch im Deckel entgegen der von Mrs. Lisbon vorgeschriebenen Methode). Entweder bevor oder nachdem sie den Saft getrunken hatte, ging sie zur Hintertür. »Ich dachte, sie wollten sie auf eine Reise schicken«, sagte Mrs. Pitzenberger. »Sie hatte einen Koffer dabei.«

Ein Koffer wurde nie gefunden. Wir können uns Mrs. Pitzenbergers Aussage nur als die Halluzination einer Bifokalbrillenträgerin erklären oder als Prophezeiung der späteren Selbstmorde, bei denen Gepäck eine so zentrale Rolle spielte. Was auch immer zutreffen mag, Mrs. Pitzenberger sah Cecilia die Hintertür zumachen, und nur Sekunden später stieg sie die Treppe hinauf, wie wir von unten so deutlich hörten. Sie knipste beim Eintreten das Licht in ihrem Zimmer an, obwohl es draußen noch hell war. Von gegenüber sah

Mr. Buell, wie sie ihr Zimmerfenster öffnete. »Ich habe ihr zugewinkt, aber sie hat mich nicht gesehen«, erzählte er uns. Genau in dem Moment stöhnte aus dem anderen Zimmer seine Frau nach ihm. Das mit Cecilia hörte er erst, nachdem der Rettungswagen dagewesen und wieder abgefahren war. »Leider hatten wir selbst Probleme«, sagte er. Während er nach seiner kranken Frau sah, streckte Cecilia den Kopf zum Fenster hinaus in die rosige, feuchte, weiche Luft.

3

Blumen trafen bei den Lisbons später als üblich ein. Wegen der Art des Todesfalls entschieden sich die meisten Leute dafür, keine Blumen in das Bestattungsunternehmen zu schicken, und ganz allgemein schoben alle ihre Bestellungen erst einmal auf, da sie sich nicht sicher waren, ob sie das Unglück einfach stillschweigend vorübergehen lassen oder sich so verhalten sollten, als handelte es sich um einen natürlichen Tod. Schließlich schickte doch jeder etwas, einen Kranz weißer Rosen, Orchideengestecke, Trauerpfingstrosen. Peter Loomis, der für FTD lieferte, sagte, das ganze Wohnzimmer der Lisbons sei mit Blumen vollgestopft. Sträuße sprangen einem von Sesseln entgegen und machten sich auf dem Fußboden breit. »Sie haben sie nicht mal in Vasen gesteckt«, sagte er. Die meisten Leute wählten die typischen Karten mit »Herzliche Anteilnahme« oder »Unser Beileid«, aber ein paar von den Standesbewußten, die zu jedem Anlaß selbst zu schreiben pflegen, mühten sich mit persönlichen Worten ab. Mrs. Beards griff auf ein Walt-Whitman-Zitat zurück, das wir einander von da an bei jeder Gelegenheit zumurmelten: »*All goes onward, nothing collapses, / and to die is different from what any one supposed and luckier.*« Chase Buell riskierte einen heimlichen Blick auf die Karte seiner Mutter, als er sie bei den Lisbons unter der Haustür durchschob. Da hieß es: »Ich weiß nicht, was Sie empfinden. Ich will nicht einmal so tun, als ob.«

Ein paar Leute wagten mutig den persönlichen Besuch. Mr. Hutch und Mr. Peters gingen jeder für sich und zu unterschiedlichen Zeiten zu den Lisbons, ihre Berichte jedoch unterschieden sich kaum. Mr. Lisbon bat sie herein, aber noch ehe sie das schmerzliche

Thema ansprechen konnten, setzte er sie vor das Baseballspiel. »Er redete dauernd von den Leuten auf der Reservebank«, erzählte Mr. Hutch. »Mensch, ich war im College selber Werfer. Ich mußte ihn erst mal über ein paar wichtige Einzelheiten aufklären. Er wollte doch tatsächlich Miller auswechseln, obwohl der unser einziger anständiger Läufer war. Ich hab völlig vergessen, warum ich überhaupt rübergegangen war.«
Mr. Peters erzählte: »Der Mann war total daneben. Er hat ständig an der Farbeinstellung gedreht, bis das Spielfeld praktisch blau war. Dann hat er sich wieder hingesetzt. Dann ist er wieder aufgestanden. Eines von den Mädchen kam rein – kann man die überhaupt auseinanderhalten? – und brachte uns zwei Bier. Sie hat erst mal einen Schluck aus seiner Dose genommen, ehe sie sie ihm gegeben hat.«

Keiner der beiden Männer kam auf den Selbstmord zu sprechen. »Ich wollte es, wirklich«, versicherte Mr. Hutch. »Aber ich bin einfach nie dazu gekommen.«

Pater Moody war hartnäckiger. Mr. Lisbon empfing den Geistlichen genau wie die beiden anderen Männer, indem er ihm einen Sitzplatz vor dem Baseballspiel zuwies. Ein paar Minuten später brachte Mary wie auf ein Stichwort das Bier. Aber Pater Moody ließ sich nicht ablenken. Während der zweiten Spielzeit sagte er: »Wollen wir nicht Ihre Frau herunterbitten? Und uns ein wenig unterhalten?«

Mr. Lisbon kroch fast in den Fernseher hinein. »Sie will zur Zeit niemanden sehen, tut mir leid. Es geht ihr nicht gut.«

»Ihren Priester wird sie schon sehen wollen«, entgegnete Pater Moody.

Er stand auf, um zu gehen. Mr. Lisbon hielt zwei Finger hoch. Seine Augen waren feucht. »Pater!« sagte er. »Doppelaus, Pater!«

Paolo Conelli, ein Ministrant, hörte, wie Pater Moody dem Chorleiter Fred Simpson erzählte, er habe

»diesen sonderbaren Menschen – Gott verzeih mir, daß ich das sage, aber er hat ihn so geschaffen« dann sitzen gelassen und sei die vordere Treppe hinaufgegangen. Da schon zeigte das Haus erste Anzeichen von Unsauberkeit, wenn sie auch im Vergleich mit dem, was später kam, noch nichts waren. Flusen lagen auf den Treppenstufen. Ein angebissenes Brot, das jemand aus Traurigkeit nicht hatte aufessen können, lag oben auf dem Treppenabsatz. Da Mrs. Lisbon nicht mehr wusch, ja nicht einmal mehr Waschmittel besorgte, wuschen die Mädchen nun ihre Sachen mit der Hand in der Badewanne, und als Pater Moody an ihrem Badezimmer vorbeikam, sah er Blusen und Hosen und Unterwäsche über der Duschstange hängen. »Es klang eigentlich ganz angenehm«, sagte er. »Wie Regen.« Dampf stieg vom Boden auf, in den sich der Geruch von Jasminseife mischte. (Wochen später fragten wir die Kosmetikverkäuferin bei Jacobson nach einem Stück Jasminseife, um daran zu riechen.) Pater Moody blieb vor dem Bad stehen, zu schamhaft, um diese feuchte Höhle zu betreten, die sich, von den Mädchen gemeinschaftlich benutzt, zwischen ihren Zimmern befand. Wäre er kein Priester gewesen und hätte hineingeschaut, so hätte er drinnen das thronähnliche Klo gesehen, auf dem die Lisbon-Mädchen ganz öffentlich defäkierten, die Badewanne, die sie als Diwan benutzten, indem sie sie mit Kissen füllten, so daß zwei Schwestern es sich gemütlich machen konnten, während eine dritte sich das Haar aufdrehte. Er hätte den Heizkörper gesehen, auf dem sich Gläser und Coladosen stapelten, die muschelförmige Seifenschale, die im Notfall als Aschenbecher verwendet wurde. Von ihrem zwölften Lebensjahr an verbrachte Lux Stunden in der Toilette und rauchte. Sie blies den Rauch entweder zum Fenster hinaus oder in ein feuchtes Handtuch, das sie dann draußen aufhängte. Aber Pater Moody sah nichts von alledem. Er durchschritt nur die tropische

Luftströmung, und das war alles. Hinter sich fühlte er die kälteren Winde des Hauses, die Staubpartikel und jenen besonderen Familiengeruch herumwirbelten, der jedem Haus eigen war und den man gleich erkannte, wenn man hereinkam – Chase Buells Haus roch wie Haut, Joe Larsons wie Mayonnaise, das der Lisbons nach altem Popcorn, fanden wir, obwohl Pater Moody, der erst dorthin ging, nachdem die Todesfälle angefangen hatten, sagte: »Es ist eine Mischung aus Leichenhalle und Besenkammer. Die vielen Blumen. Und der viele Staub.« Er wollte in die Jasminströmungen zurückkehren, doch während er noch dastand und dem Regen lauschte, der auf die Badfliesen tropfte und die Fußspuren der Mädchen wegspülte, hörte er Stimmen. Er lief einmal durch den ganzen Korridor und rief dabei nach Mrs. Lisbon, aber sie reagierte nicht. Er kehrte zur Treppe zurück und war schon auf dem Weg nach unten, als er die Lisbon-Mädchen durch den Spalt einer angelehnten Tür sah.

»Zu dem Zeitpunkt hatten die Mädchen keine Absicht, Cecilias Fehler zu wiederholen. Ich weiß, alle glauben, es sei ein Plan gewesen, oder daß wir schlecht mit der Sache umgegangen sind, aber sie waren genauso entsetzt wie ich.« Pater Moody klopfte sachte an die Tür und bat um die Erlaubnis einzutreten. »Sie saßen zusammen auf dem Fußboden, und ich konnte ihnen ansehen, daß sie geweint hatten. Ich glaube, es war so eine Art Pyjama-Party. Sie hatten überall Kissen herumliegen. Ich sage es nicht gern, ich habe es mir in dem Augenblick übelgenommen, daß ich es auch nur dachte, aber es war unverkennbar, daß sie nicht gebadet hatten.«

Wir fragten Pater Moody, ob er mit ihnen über Cecilias Tod oder den Kummer der Mädchen gesprochen habe, aber er verneinte. »Ich habe das Thema mehrmals angeschlagen, aber sie sind nicht darauf eingegangen. Es muß der richtige Moment sein, und das

Herz muß dazu bereit sein.« Als wir ihn baten, seinen Eindruck von der seelischen Verfassung der Mädchen zusammenzufassen, sagte er: »Erschüttert, aber nicht gebrochen.«

In den ersten Tagen nach der Beerdigung wuchs unser Interesse an den Lisbon-Mädchen nur noch. Ihrer Schönheit war jetzt ein neues mysteriöses Leiden beigegeben, ein völlig stilles Leiden, das sich in den bläulichen Schwellungen unter ihren Augen zeigte oder in der Art, wie sie manchmal mitten im Schritt innehielten, zu Boden blickten und den Kopf schüttelten, als seien sie mit dem Leben nicht einverstanden. Der Kummer machte sie rastlos. Wir hörten Berichte, die Mädchen seien ziellos durch Eastland gestreift, durch das hell erleuchtete Einkaufszentrum mit seinen zaghaften Springbrunnen und unter den Heizlampen aufgespießten Hot dogs. Ab und zu befühlten sie eine Bluse oder ein Kleid, aber sie kauften nichts. Woody Clabault sah Lux draußen vor Hudsons mit einer Motorradgang reden. Einer von den Burschen lud sie zu einer Spritztour ein, und nachdem sie einen Blick in Richtung ihres Hauses geworfen hatte, das mehr als zehn Meilen entfernt war, nahm sie an. Sie umfaßte seine Taille. Er kickte die Maschine an. Später wurde Lux auf dem Heimweg gesehen, allein, mit ihren Schuhen in der Hand.

Wir lagen bei den Kriegers im Keller auf einem Streifen übriggebliebenem Teppichboden und träumten davon, wie wir die Lisbon-Mädchen trösten könnten. Ein paar von uns wollten sich mit ihnen ins Gras legen oder etwas auf der Gitarre spielen und dazu singen. Paul Baldino wollte mit ihnen an den Metro Beach fahren, damit sie sich alle braun brennen lassen konnten. Chase Buell, der immer mehr unter den Einfluß seines Vaters, des Christlichen Wissenschaftlers, geriet, sagte nur, die Mädchen brauchten »Hilfe, die nicht von dieser Welt« sei. Aber als wir ihn fragten, was er damit meinte, zuckte er die Achseln und sagte: »Nichts.« Aber wir sahen ihn, wenn die Mädchen vorbeigingen, oft unter einem Baum hocken und mit geschlossenen Augen die Lippen bewegen.

Nicht jeder allerdings dachte an die Mädchen. Selbst vor Cecilias Beerdigung gab es einige, die von nichts anderem reden konnten als von der Gefährlichkeit des Zauns, auf den sie hinuntergesprungen war. »So ein Unfall mußte ja passieren«, sagte Mr. Frank, der bei einer Versicherung arbeitete. »Keine Versicherung würde das decken.«

»Da könnten unsere Kinder auch drauf springen«, sagte Mrs. Zaretti mit Nachdruck beim Kaffeeklatsch nach der Sonntagsmesse. Nicht lange danach begann eine Gruppe Väter unentgeltlich den Zaun auszuheben. Es stellte sich heraus, daß der Zaun auf dem Grundstück der Bates stand. Mr. Buck, ein Rechtsanwalt, verhandelte mit Mr. Bates über die Entfernung des Zauns und sprach gar nicht erst mit Mr. Lisbon. Alle hielten es für selbstverständlich, daß die Lisbons dankbar sein würden.

Kaum je zuvor hatten wir unsere Väter in Arbeitsstiefeln gesehen, wie sie mit nagelneuen Wurzelscheren bewaffnet unter Mühen mit der Erde rangen. Gebeugt wie die Marines beim Aufrichten der Flagge auf Iwo Jima stemmten sie sich gegen den Zaun. Es war die größte Demonstration gemeinsamen Bemühens in unserem Viertel, an die wir uns erinnern konnten, alle diese Anwälte, Ärzte und Banker in fest geschlossener Reihe im Garten, während unsere Mütter Orangen-Cool-Aid herausbrachten, und einen Moment lang hatte unser Jahrhundert wieder Größe. Selbst die Spatzen auf den Telefonleitungen schienen zuzusehen. Keine Autos fuhren vorbei. Im Industriedunst über der Stadt glichen die Männer in Zinn gehämmerten Figuren, aber bis zum späten Nachmittag hatten sie es immer noch nicht geschafft, den Zaun zu entwurzeln. Mr. Hutch kam auf die Idee, die Pfähle abzusägen wie vorher die Sanitäter, und eine Weile wechselten sich die Männer an der Metallsäge ab; aber die zarten Arme, die nur Stifte zu heben gewöhnt waren, machten das nicht lange mit. Schließlich banden sie den Zaun hinten an Onkel Tuckers Bronco mit Allradantrieb. Es war ihnen allen gleich, daß Onkel Tucker keinen Führerschein hatte (die Prüfer rochen immer Alkohol an ihm, auch wenn er drei Tage vor der Prüfung zu trinken aufgehört hatte, rochen sie, wie er ihm aus sämtlichen Poren trat). Unsere Väter brüllten nur: »Jetzt!« und Onkel Tucker trat das Gaspedal durch, aber der Zaun rührte sich nicht. Am späten Nachmittag gaben sie auf und veranstalteten eine Sammlung, um einen Abschleppdienst anzuheuern. Eine Stunde später erschien ein einsamer Mann in einem Abschleppwagen, befestigte einen Haken am Zaun, drückte auf einen Knopf, um seine gigantische Winde in Bewegung zu setzen, und mit einem tiefen Erdgrollen brach der mörderische Zaun aus dem Boden. »Man kann Blut sehen«, sagte Anthony Turkis, und wir rissen alle die Augen auf, um zu sehen, ob das Blut, das zur Zeit des Selbstmords nicht da gewesen war, nun nach vollendeter Tatsache erschienen war. Manche sagten, es sei am dritten Pfahl, andere sagten, es sei am vierten, aber es war so unmöglich zu finden wie die blutige Schaufel auf dem ›Abbey Road‹-Cover, wo alles darauf hindeutet, daß Paul tot ist.

Von den Lisbons half keiner beim Zaunabriß. Von Zeit zu Zeit sahen wir jedoch ihre Gesichter hinter den Fenstern schimmern. Gleich nachdem der Abschlepper den Zaun herausgerissen hatte, kam Mr. Lisbon selbst zur Seitentür heraus und rollte einen Gartenschlauch auf. Er kam nicht an den Graben. Er hob eine Hand zu nachbarlichem Gruß und ging wieder hinein. Der Mann band den Zaun in Teilen auf seinen Wagen und richtete Mr. Bates' Rasen so übel zu, wie wir das noch nie erlebt hatten. Wir waren sprachlos, daß unsere Eltern das erlaubten, wo doch in einem solchen Fall normalerweise die Polizei gerufen wurde. Aber diesmal sagte Mr. Bates keinen Piep und schrieb sich auch die Nummer des Abschleppers nicht auf, und Mrs. Bates, die einmal geweint hatte, als wir in ihrem Tulpenbeet Knallfrösche losgelassen hatten, verhielt sich genauso – sie sagten beide nichts, und unsere Eltern sagten auch nichts, und wir merkten daran, wie uralt sie waren, wie sehr an Trauma, Depression und Krieg gewöhnt. Wir erkannten, daß die Version der Welt, die sie uns nahebrachten, nicht die Welt war, an die sie wirklich glaubten, und daß ihnen der Rasen trotz aller Hege und Pflege und allem Gezeter über das Unkraut schnurzegal war.

Nachdem der Wagen abgefahren war, versammelten sich unsere Väter noch einmal um den Graben, und blickten hinunter zu den sich windenden Regenwürmern, den Küchenlöffeln und dem einen Stein, von dem Paul Little schwor, es sei eine indianische Pfeilspitze. Sie stützten sich auf Spaten und wischten sich die Stirn, obwohl sie überhaupt nichts getan hatten. Alle fühlten sich viel wohler, so als seien der See oder die Luft gereinigt oder die Bomben der anderen Seite vernichtet worden. Man konnte nicht viel zu unserer Rettung tun, aber wenigstens war der Zaun weg. Trotz der Verwüstung seines Rasens begann Mr. Bates die Ränder etwas zu beschneiden, und das alte deutsche Ehepaar kam in seine Weinlaube, um Dessertwein zu trinken. Wie immer hatten sie ihre Tiroler Hüte auf, an dem von Mr. Hessen war eine kleine grüne Feder, und ihr Schnauzer wuselte schnüffelnd an der Leine hin und her. Trauben hingen prall über ihren Köpfen, und Mrs. Hessens Buckel tauchte in den üppig wogenden Rosenbüschen auf und unter, während sie sprühte.

Irgendwann schauten wir in den Himmel hinauf

und sahen, daß alle Eintagsfliegen eingegangen waren. Die Luft war nicht mehr braun, sondern blau. Mit Küchenbesen fegten wir die Fliegen von Masten, Fenstern und elektrischen Leitungen. Wir stopften sie in Tüten, Tausende und Abertausende von Insektenleichen mit rohseidenen Flügeln, und Tim Winer, der Streber, wies uns darauf hin, welche Ähnlichkeit die Fliegenschwänze mit Hummerschwänzen hatten. »Sie sind zwar kleiner«, sagte er, »aber die Grundform ist die gleiche. Hummer gehören zu den *Arthropoda*, genau wie Insekten. Sie sind Käfer. Und Käfer sind nur Hummer, die fliegen gelernt haben.«

Keiner hat je verstanden, was in dem Jahr plötzlich in uns fuhr und warum wir die Kruste toter Insekten über unserem Leben mit solcher Leidenschaft verabscheuten. Auf einmal jedoch konnten wir die Fliegen nicht mehr ertragen, die auf unseren Swimmingpools Teppiche bildeten, unsere Briefkästen füllten und die Sterne auf unseren Fahnen verdunkelten. Das gemeinschaftliche Handeln beim Ausheben des Grabens zog gemeinschaftliches Fegen, Einsacken, Terrassenabspritzen nach sich. Eine Horde Besen fegte im Takt nach allen Richtungen, und die bleichen Fliegengeister fielen wie Asche von den Wänden. Wir betrachteten ihre winzigen Hexergesichtchen und rieben sie zwischen den Fingern, bis sie einen Geruch wie von Karpfen abgaben. Wir versuchten sie anzuzünden, aber sie wollten nicht brennen (und das ließ die Fliegen toter erscheinen als alles andere). Wir schlugen auf Büsche ein, klopften Teppiche, schalteten Scheibenwischer auf Hochtouren. Eintagsfliegen verstopften die Gullygitter, und wir mußten sie mit Stöcken hinunterstoßen. Über Abflußrohren kauernd, konnten wir den Fluß unter der Stadt fortströmen hören. Wir warfen Steine hinunter und lauschten auf das Klatschen des Wassers.

Wir ließen es nicht bei unseren eigenen Häusern bewenden. Als unsere Wände sauber waren, sagte

Mr. Buell zu Chase, er solle anfangen, bei den Lisbons die Fliegen wegzufegen. Wegen seines Glaubens tat Mr. Buell oft ein übriges, harkte bis weit in den Garten der Hessens hinein oder schippte den Schnee vor ihrem Haus und streute sogar noch Salz. Bei ihm war es nichts Ungewöhnliches, Chase zu sagen, er sollte das Haus der Lisbons fegen, obwohl sie gegenüber wohnten und nicht nebenan. Da Mr. Lisbon nur Töchter hatte, waren in der Vergangenheit Jungen und Männer hinübergegangen, um ihm zu helfen, wenn er vom Blitz getroffene Bäume wegschleppen mußte, und als Chase ankam, den Besen wie eine Regimentsfahne hochhaltend, verlor niemand ein Wort. Dann aber sagte Mr. Krieger Kyle, er solle hinübergehen und auch ein bißchen fegen, und Mr. Hutch schickte Ralph, und bald waren wir alle drüben bei den Lisbons, bürsteten die Wände ab und kratzten Fliegenleichen zusammen. Sie hatten noch mehr als wir, über zwei Zentimeter dick auf den Wänden, und Paul Baldino stellte uns die Rätselfrage: »Was riecht wie Fisch, ist lustig zu essen, ist aber kein Fisch?«

Als wir zu den Fenstern der Lisbons kamen, machten sich unsere neuen, unerklärlichen Gefühle für die Mädchen bemerkbar. Während wir Fliegen wegwischten, sahen wir Mary Lisbon mit einer Packung »Kraft Makkaroni mit Käse« in der Küche stehen. Sie schien zu überlegen, ob sie sie öffnen sollte oder nicht. Sie las die Kochanweisung, drehte die Packung herum, um sich das lebhafte Bild der Nudeln anzusehen, und stellte die Packung dann wieder auf die Arbeitsplatte. Anthony Turkis preßte das Gesicht ans Fenster und sagte: »Sie sollte was essen.« Sie nahm die Packung wieder in die Hand. Hoffnungsvoll beobachteten wir sie. Aber dann drehte sie um und verschwand.

Draußen wurde es dunkel. In den Häusern der Straße gingen die Lichter an, aber nicht im Haus der Lisbons. Wir konnten kein bißchen besser hineinsehen, im Gegenteil, das Glas spiegelte nun unsere eigenen gaffenden Gesichter. Es war erst neun Uhr, aber alles bestätigte das Gerede der Leute: daß seit Cecilias Selbstmord die Lisbons kaum die Nacht erwarten konnten, um im Schlaf zu vergessen. An einem der oberen Fenster flackerten Bonnies drei Votivkerzen in rötlichem Schein, sonst aber sog das Haus die Schatten der Nacht in sich ein. In ihren Verstecken rund um das Haus legten die Insekten los und fingen an zu sägen, sobald wir ihnen den Rücken kehrten. Alle nannten sie Grillen, aber wir haben in den gesprühten Büschen und gedüngten Rasen nie welche gefunden und hatten keine Ahnung, wie sie aussahen. Sie waren nur Geräusch. Unsere Eltern waren mit Grillen vertrauter gewesen. Für sie hörte sich das Gezirp offensichtlich nicht rein mechanisch an. Es erscholl aus allen Richtungen, stets aus einer Höhe knapp oberhalb oder unterhalb von unseren Köpfen, und immer suggerierte es, die Insektenwelt fühlte mehr als wir. Während wir in Reglosigkeit gebannt dastanden und den Grillen zuhörten, kam Mr. Lisbon zur Seitentür heraus und dankte uns. Sein Haar sah noch grauer aus als sonst, aber an seiner hohen Stimme hatte der Schmerz nichts geändert. Er hatte einen Overall an, ein Knie war mit Sägemehl bestäubt. »Nehmt ruhig den Schlauch«, sagte er, und dann sah er hinüber zum Good-Humor-Eiswagen, der gerade vorbeifuhr. Das Bimmeln der Glocke schien ihn an etwas zu erinnern, er verzog den Mund, lächelnd oder wehmütig – wir konnten es nicht sagen –, und ging wieder hinein.

Erst später begleiteten wir ihn, unsichtbar, mit den Geistern unserer Fragen. Offenbar sah er, als er eintrat, Therese aus dem Eßzimmer kommen. Sie stopfte sich gerade Bonbons in den Mund – M & M's den Farben nach –, ließ es aber sofort sein, als sie ihn sah. Sie schluckte einen unzerkauten Klumpen hinunter. Ihre hohe Stirn glänzte im Licht, das von der Straße hereinfiel, und ihre Lippen mit dem Amorbogen waren tiefer rot, kleiner und schöner geformt, als er in Erinnerung hatte, besonders im Gegensatz zu ihren Wangen und ihrem Kinn, die voller geworden waren. Ihre Wimpern waren verkrustet, als wären sie kürzlich zugeklebt worden. In diesem Moment hatte Mr. Lisbon das Gefühl, er wüßte nicht, wer sie war, Kinder seien nur Fremde, mit denen zusammenzuleben man eingewilligt hat, und er streckte die Arme nach ihr aus, um ihr zum erstenmal zu begegnen. Er legte seine Hände auf ihre Schultern und ließ sie dann zu seinen beiden Seiten herabfallen. Therese strich sich das Haar aus dem Gesicht, lächelte und ging langsam nach oben.

Mr. Lisbon machte seine gewohnte abendliche Runde, bei der er nachsah, ob die Haustür abgeschlossen war (sie war es nicht), ob das Licht in der Garage aus war (es war aus) und ob keiner den Gasherd brennen gelassen hatte (es brannte nichts). Er schaltete das Licht im oberen Badezimmer aus, wo er im Waschbecken Kyle Kriegers Zahnspange fand, die dieser liegengelassen hatte, nachdem er sie auf der Party herausgenommen hatte, um Kuchen essen zu können. Mr. Lisbon hielt die Spange unter das laufende Wasser und inspizierte die rosarote Muschel, die Kyles Gaumen angepaßt war, die Zacken im Kunststoff, die seine Zähne umschlossen, den geschwungenen vorderen Draht, der an Schlüsselstellen gebogen war (man konnte die Eindrücke der Zange sehen), um den gemäßigten Druck auszuüben. Mr. Lisbon wußte, daß seine Pflicht als Vater und guter Nachbar von ihm verlangte, die Spange in einen Plastikbeutel zu stecken, die Kriegers anzurufen und ihnen zu sagen, daß ihr teures orthodontisches Stück in sicherer Obhut war. Handlungen dieser Art – einfach, menschlich, rücksichtsvoll, versöhnlich – hielten das Leben im Innersten zusammen. Ein paar Tage zuvor noch wäre er fähig gewesen, so zu handeln. Jetzt aber nahm er die Zahnspange und warf sie in die Toilette. Er drückte die Spülung, die Zahnspange wurde im sprudelnden Wasser herumgewirbelt, verschwand im Porzellanschlund und trieb, als die Wasser versiegten, triumphierend wieder in die Höhe. Mr. Lisbon wartete, bis der Spülkasten sich wieder gefüllt hatte und drückte noch einmal, aber es geschah das gleiche. Die Spange blieb im weißen Rohr hängen.

In diesem Moment nahm er aus dem Augenwinkel blitzartig etwas wahr. »Ich glaubte, ich hätte jemanden gesehen, aber als ich hinschaute, war nichts da.« Und er sah auch nichts, als er durch den hinteren Korridor in den Vorsaal kam und die vordere Treppe hinaufging. Im ersten Stock lauschte er an den Zimmertüren der Mädchen, aber er hörte nur Mary, die im Schlaf hustete, und Lux, die zu leiser Radiomusik sang. Er trat in das Badezimmer der Mädchen. Ein Lichtstrahl des aufgegangenen Mondes fiel durch das Fenster und erleuchtete einen Teil des Spiegels. Zwischen verschmierten Fingerabdrücken war ein kleiner kreisrunder Fleck blank gerieben worden, in dem seine Töchter sich zu betrachten pflegten, und über den Spiegel hatte Bonnie eine Taube aus weißem Papier geklebt. Mr. Lisbon verzog den Mund zu einer Grimasse und sah in dem blanken kreisrunden Fleck, daß der eine tote Eckzahn auf der linken Seite sich grün zu färben begann. Die Türen zu den Zimmern der Mädchen waren nicht ganz geschlossen. Atemgeräusche und Gemurmel waren dahinter zu hören. Er lauschte den Geräuschen, als könnten sie ihm sagen, was die Mädchen fühlten und wie man sie trösten konnte. Lux schaltete ihr Radio aus, und alles war still. »Ich konnte nicht hineingehen«, gestand Mr. Lisbon uns Jahre später. »Ich wußte nicht, was ich sagen sollte.« Erst als er aus dem Badezimmer ging, selbst dem Vergessen des Schlafs entgegen, sah er Cecilias Geist. Sie stand in ihrem alten Zimmer und hatte, nachdem sie das beigefarbene Kleid mit dem Spitzenkragen, das sie im Sarg getragen hatte, irgendwie abgelegt hatte, wieder das Hochzeitskleid an. »Das Fenster war noch offen«, sagte Mr. Lisbon. »Ich glaube, wir hatten nie daran gedacht, es zuzumachen. Mir war alles ganz klar. Ich wußte, ich mußte das Fenster schließen, sonst würde sie bis in alle Ewigkeit da hinausspringen.«

Wie er sagte, rief er sie nicht. Er wollte keinen Kontakt mit dem Schatten seiner Tochter aufnehmen, um zu erfahren, warum sie sich das Leben genommen hatte, sie um Verzeihung zu bitten oder zu tadeln. Er stürzte nur vorwärts und drängte sich an ihr vorbei, um das Fenster zu schließen. Doch in dem Moment drehte sich der Geist herum, und er sah, daß es nur Bonnie war, in ein Bettlaken eingehüllt. »Keine Angst«, sagte sie leise. »Sie haben den Zaun abgerissen.«

Mit einem kurzen handgeschriebenen Brief, der die schönschreiberischen Fertigkeiten offenbarte, die er während seiner Studienzeit in Zürich perfektioniert hatte, bat Dr. Hornicker Mr. und Mrs. Lisbon zu einem zweiten Besuch, aber sie kamen nicht. Statt dessen nahm, nach allem, was wir im restlichen Verlauf des Sommers beobachteten, Mrs. Lisbon wieder die Zügel in die Hand, während Mr. Lisbon in einem Dunst versank. Sahen wir ihn danach, so wirkte er verlegen wie ein armer Verwandter. Ende August, in den Wochen der Vorbereitung zum Schulbeginn, fing er an, zur Hintertür hinauszugehen, als wollte er sich davonschleichen. Sein Auto wimmerte in der Garage, und wenn die automatische Tür sich hob, kam es zaghaft heraus, schief wie ein Tier, dem ein Bein fehlt. Durch die Windschutzscheibe konnten wir Mr. Lisbon am Steuer sehen. Sein Haar war noch naß, und in seinem Gesicht waren manchmal noch Reste von Rasiercreme, aber er verzog keine Miene, wenn, wie das stets passierte, das Auspuffrohr am Ende der Auffahrt aufschlug, daß die Funken stoben. Um sechs Uhr kam er wieder nach Hause. Er fuhr die Auffahrt hinauf, die Garage öffnete sich ächzend, um ihn zu schlucken, und dann sahen wir ihn erst am nächsten Morgen wieder, wenn das Krachen des Auspuffrohrs von seiner Abfahrt kündete.

Näherer Kontakt zu den Mädchen ergab sich nur einmal Ende August, als Mary unangemeldet in Dr. Beckers kieferorthopädischer Praxis erschien. Wir sprachen Jahre später mit ihm, und dabei grinsten die Gipsabgüsse Dutzender Gebisse aus Glasvitrinen schief zu uns herab. Jeder Abguß trug den Namen des unglücklichen Kindes, das gezwungen worden war, den Zement zu schlucken, und bei dem Anblick fühlten wir uns in die mittelalterlichen Folterqualen unserer eigenen Zahngeschichte zurückversetzt. Dr. Becker hatte schon eine ganze Weile gesprochen, ehe wir endlich achtgaben, denn wir spürten wieder, wie er Metallklammern über unsere Backenzähne hämmerte und unsere oberen und unteren Zähne mit Gummibändern zusammenschnallte. Unsere Zungen suchten die vernarbten Taschen, die hinten heraushende Klammern gebohrt hatten, und selbst fünfzehn Jahre später erschienen uns die Wunden noch süß von Blut. Aber Dr. Becker sagte gerade: »Ich erinnere mich an Mary, weil sie ohne ihre Eltern kam. Das hatte vorher noch nie ein Kind getan. Als ich sie fragte, was sie wollte, hat sie zwei Finger in ihren Mund gesteckt und die Lippe vorn hochgezogen. Dann fragte sie: ›Wieviel kostet das?‹ Sie hatte Angst, ihre Eltern würden es nicht bezahlen können.«

Dr. Becker lehnte es ab, Mary Lisbon einen Kostenvoranschlag zu machen. »Komm mit deiner Mutter wieder, dann sprechen wir darüber«, sagte er. Tatsächlich wäre es eine ziemlich umfangreiche Prozedur geworden, da Mary, wie ihre Schwestern, zwei zusätzliche Eckzähne zu haben schien. Enttäuscht lehnte sie sich, Beine hoch, in den Zahnarztsessel zurück, während aus einem silbernen Röhrchen Wasser in einen Becher sprühte. »Ich mußte sie auf dem Stuhl sitzen lassen«, sagte Dr. Becker. »Auf mich warteten fünf andere Kinder. Später hat mir meine Sprechstundenhilfe erzählt, daß sie das Mädchen weinen hörte.«

Erst zu Schulbeginn zeigten sich die Mädchen wieder gemeinsam. Am siebenten September, einem Tag, der mit seiner Kühle Hoffnungen auf einen milden Spätsommer dämpfte, kamen Mary, Bonnie, Lux und Therese zur Schule, als wäre nichts geschehen. Und wieder konnten wir trotz der Geschlossenheit, die sie bewahrten, die neuen Unterschiede zwischen ihnen sehen, und wir hatten das Gefühl, wenn wir nur genau genug hinschauten, würden wir anfangen zu begreifen, was sie fühlten und wer sie waren. Mrs. Lisbon hatte den Mädchen keine neuen Schulkleider gekauft, sie trugen die vom letzten Jahr. Ihre braven Kleidchen waren zu eng (trotz allem hatten die Mädchen sich weiter entwickelt), und sie wirkten unbequem. Mary hatte ihren Anzug mit Accessoires herausgeputzt: ein Armband aus Holzkirschen, die so knallrot waren wie ihr Halstuch. Lux' Schottenrock, mittlerweile zu kurz, zeigte ihre nackten Knie und ein paar Zentimeter Oberschenkel. Bonnie hatte eine zeltähnliche Kreation mit Meanderborte an; Therese ein weißes Kleid, das aussah wie ein Laborkittel. Doch die Mädchen traten mit unerwarteter Würde ein, und in der Aula wurde es still. Bonnie hatte auf der Schulwiese einen schlichten Strauß späten Löwenzahn gepflückt. Sie hielt Lux die Blumen unter das Kinn, um zu sehen, ob sie Butter mochte. Von dem Schock, den sie vor kurzem erlitten hatten, war nichts zu merken, aber als sie sich setzten, ließen sie einen Klappsitz frei, als wollten sie Cecilia den Platz aufheben.

Die Mädchen fehlten nicht einen einzigen Tag in der Schule, ebensowenig Mr. Lisbon, der mit gewohntem

Enthusiasmus unterrichtete. Er setzte seinen Schülern beim Abfragen weiter damit zu, daß er so tat, als wollte er sie erdrosseln, und kritzelte in einer Wolke von Kreidestaub Gleichungen an die Tafel. Aber in der Mittagspause ging er nicht mehr ins Lehrerzimmer, sondern nahm sich nun aus der Cafeteria einen Apfel und einen Teller Quark mit und aß in seinem Klassenzimmer. Noch andere merkwürdige Verhaltensweisen legte er an den Tag. So sahen wir ihn durch den Naturwissenschaftlichen Flügel gehen und mit den langblättrigen Grünpflanzen reden, die von den geodätischen Flächen herabhingen. Nach der ersten Woche unterrichtete er nur noch von seinem Drehstuhl aus, rollte auf ihm zur Tafel und wieder zurück, stand niemals auf und erklärte, er tue das wegen seines Blutzuckerspiegels. Nach der Schule stand er als zweiter Fußballtrainer hinter dem Tor und rief teilnahmslos das Spielergebnis aus, und wenn das Training zu Ende war, trottete er über das kreidebestäubte Spielfeld und sammelte in einen schmutzigen Sack die Fußbälle ein.

Er fuhr allein zur Schule, eine Stunde vor seinen Töchtern, den Langschläferinnen, die mit dem Schulbus gebracht wurden. Er kam durch das Hauptportal herein und ging an der Ritterrüstung (unsere Sportmannschaften hießen die »Knights«) vorbei direkt in sein Klassenzimmer, in dem die neun Planeten unseres Sonnensystems von der perforierten Deckenverschalung herabhingen (sechsundsechzig Löcher in jedem Feld, wie Joe Hill Conley behauptete, der sie während des Unterrichts zählte). Fast unsichtbare weiße Fäden hielten die Planeten auf einer Bahn. Jeden Tag kreisten sie und drehten sich um die eigene Achse, wobei der ganze Kosmos von Mr Lisbon dirigiert wurde, der eine astronomische Karte konsultierte und eine Kurbel neben dem Bleistiftspitzer drehte. Unter den Planeten hingen schwarz-weiße Dreiecke, orangefarbene Helices, blaue Kegel mit abnehmbaren Spitzen. Auf seinem

Pult hatte Mr. Lisbon einen Soma-Würfel ausgestellt, auf ewig gelöst und mit einem Streifen Tesafilm zusammengehalten. Neben der Tafel steckten in einer Drahtklammer fünf Stück Kreide, damit er seiner Gesangstruppe, die aus lauter Jungen bestand, die Noten aufzeichnen konnte. Er war schon so lange Lehrer, daß er ein Waschbecken in seinem Zimmer hatte.

Die Mädchen hingegen kamen, am jetzt ruhenden Narzissenbeet vorbei, das jedes Frühjahr von der schlanken und geschäftigen Gattin des Direktors gepflegt wurde, zur Seitentür herein. Sie trennten sich in der Garderobe und trafen sich in der kleinen Pause in der Cafeteria wieder. Julie Freeman war Mary Lisbons beste Freundin gewesen, aber nach dem Selbstmord redeten sie nicht mehr miteinander. »Sie war ein netter Kerl, aber ich bin damit einfach nicht fertig geworden. Sie hat mich irgendwie total durcheinandergebracht. Außerdem hatte ich da gerade meine ersten Rendezvous mit Todd.« Die Schwestern gingen mit Haltung durch die Korridore, die Bücher an die Brust gedrückt und den Blick starr auf einen Punkt in der Ferne gerichtet, den wir nicht sehen konnten. Sie kamen uns vor wie Äneas, der (von uns in einer Wolke von Dr. Timmermans Schweißgeruch in die Gegenwart übersetzt) in die Unterwelt hinabgestiegen war, die Toten besucht hatte und innerlich weinend zurückgekehrt war.

Wer wußte, was sie dachten oder fühlten? Lux kicherte immer noch albern, Bonnie ließ tief in der Tasche ihres Kordrocks den Rosenkranz durch ihre Finger laufen, Mary trug ihre Kostüme, in denen sie der First Lady ähnelte, Therese behielt im Korridor ihr Schutzbrille auf – aber sie entfernten sich von uns, von den anderen Mädchen, von ihrem Vater, und wir sahen sie, wie sie im Nieselregen auf dem Hof standen und vom selben Donut abbissen, während sie zum Himmel hinaufsahen und sich langsam durchnässen ließen.

Wir sprachen fetzenweise mit ihnen, und jeder von uns steuerte ein Sätzchen zum gemeinschaftlichen Gespräch bei. Mike Orriyo machte den Anfang. Sein Garderobenschrank war neben dem Marys, und eines Tages spitzte er über die Kante der offenen Tür und sagte: »Wie läuft's denn?« Sie hatte den Kopf vorgeneigt, und das Haar fiel ihr ins Gesicht. Er wußte erst, daß sie ihn gehört hatte, als sie murmelte: »Nicht schlecht.« Ohne sich nach ihm umzudrehen, knallte sie die Metalltür ihres Garderobenschranks zu und ging, ihre Bücher im Arm, davon. Nach ein paar Schritten zog sie hinten ihren Rock herunter.

Am nächsten Tag wartete er auf sie, und als sie ihren Schrank aufmachte, fügte er einen neuen Satz hinzu: »Ich bin Mike.« Diesmal sagte Mary ganz deutlich durch ihr Haar: »Ich weiß, wer du bist. Ich geh ja nur ungefähr seit meiner Geburt in diese Schule hier.« Mike Orriyo wollte gern noch etwas sagen, aber als sie sich endlich nach ihm umdrehte, blieben ihm die Worte weg. Er starrte sie an und klappte völlig sinnlos den Mund auf, bis sie sagte: »Du brauchst nicht mit mir zu reden.«

Andere Jungen hatten mehr Erfolg. Chip Willard, König der Schulschwänzer, ging einfach auf Lux zu, als sie in einer Pfütze Sonnenschein saß – es war einer der letzten warmen Tage des Jahres –, und während wir von einem Oberlicht im ersten Stock aus zusahen, setzte er sich neben sie. Lux hatte ihren Schottenrock an und weiße Kniestrümpfe. Ihre Basketballschuhe sahen neu aus. Ehe Willard zu ihr gekommen war, hatte sie sie müßig im Schmutz herumgeschoben. Dann spreizte sie die Beine, stützte hinter ihrem Rücken die Hände auf und hob ihr Gesicht zu den letzten Sonnenstrahlen des Jahres. Willard trat ihr in die Sonne und sprach sie an. Sie zog die Beine zusammen, kratzte sich an einem Knie und schob sie wieder auseinander. Willard hockte sich auf dem weichen Boden nieder. Er neigte sich grinsend zu ihr, und er, von dem wir noch nie ein intelligentes Wort gehört hatten, brachte Lux zum Lachen. Er schien genau zu wissen, was er tat, und wir waren höchst erstaunt, was für ein Wissen er sich bei seiner pflichtvergessenen Herumtreiberei erworben hatte. Er zerbröselte ein welkes Blatt über Lux' Kopf. Kleine Teilchen fielen ihr hinten in die Bluse, und sie haute ihm eine runter. Und ehe wir uns versahen, gingen sie zusammen hinten um die Schule herum, an den Tennisplätzen vorbei durch die Allee mit den Gedenkulmen bis zu dem hohen Zaun, der die hochherrschaftlichen Anwesen an der Privatstraße auf der anderen Seite abschirmte.

Es blieb nicht bei Willard. Paul Wanamaker, Kurt Siles, Peter McGuire, Tom Sellers und Jim Czeslawski, alle durften sie einmal ein paar Tage mit Lux gehen. Es war wohlbekannt, daß Mr. und Mrs. Lisbon ihren Töchtern nicht erlaubten, mit Jungen auszugehen, und daß Mrs. Lisbon insbesondere etwas gegen Tanzveranstaltungen, Abschlußfeiern und die allgemeine Auffassung hatte, Teenager sollten auf den Rücksitzen von Autos miteinander schmusen dürfen. Lux' kurze Beziehungen spielten sich heimlich ab. Sie entwickelten sich in der toten Zeit der Studierstunden, erblühten auf dem Weg zum Trinkbrunnen und wurden in der Unbequemlichkeit des heißen Kabuffs über der Aula zwischen Theaterscheinwerfern und Kabeln vollzogen. Die Jungen trafen sich mit Lux *en passant* bei genehmigten Besorgungen, in der Apotheke, während Mrs. Lisbon draußen im Auto wartete, und einmal, beim gewagtesten aller Rendezvous, auf eine Viertelstunde im Kombi selbst, während Mrs. Lisbon in der Bank anstand. Aber die Jungen, die sich mit Lux davonstahlen, waren immer die dümmsten, die selbstsüchtigsten, die, die zu Hause am ärgsten mißhandelt wurden, und als Informationsquellen waren sie unmöglich. Ganz gleich, was wir sie fragten, sie antworteten immer mit Schlüpfrigkeiten wie: »Scharfe Büchse, das kann ich dir sagen«, oder »Wie's war, willst du wissen? Dann riech doch mal an meinen Fingern, Mann«. Daß Lux sich mit ihnen in den Mulden und Büschen unseres Schulgrundstücks traf, zeigte nur allzu deutlich, wie sehr sie aus dem Gleichgewicht war. Wir fragten, ob sie über Cecilia gesprochen hätte, aber die Jungen sagten immer, sie hätten »nicht gerade Konversation gemacht, verstehst du«.

Der einzige zuverlässige Junge, der Lux in dieser Zeit näher kam, war Trip Fontaine, aber dank seinem Ehrgefühl mußten wir jahrelang im dunkeln tappen. Gerade anderthalb Jahre vor den Selbstmorden war Trip Fontaine zum Entzücken aller Frauen und Mädchen dem Babyspeck entschlüpft. Da wir an den molligen Jungen gewöhnt waren, dem die Zähne wie die eines Tiefseefischs aus seinem offenen runden Mund hervorstanden, fiel uns diese Veränderung reichlich spät auf. Außerdem hatten unsere Väter, unsere älteren Brüder und unsere altersschwachen Onkel uns versichert, bei Männern spiele das Aussehen keine Rolle. Wir waren auf plötzlich erblühende Schönheit in unserer Mitte nicht gefaßt und überzeugt, sie zähle nicht, bis die Mädchen, die wir kannten, sich genauso wie ihre Mütter allesamt in Trip Fontaine verliebten. Ihre Begierde war stumm, doch so beeindruckend wie tausend Gänseblümchen, die ihre Köpfe der Sonne zuwenden. Anfangs fielen uns die zu Kügelchen zusammengedrehten Briefe gar nicht auf, die durch das Gitter von Trips Garderobenschrank gesteckt wurden, und auch nicht die von all dem siedenden Blut aufgeheizten Luftströmungen, die ihm durch die Korridore folgten; aber als wir sahen, wie die Mädchen bei Trips Erscheinen in Scharen erröteten oder an ihren Zöpfen rissen, um nicht zu auffällig zu lächeln, wurde uns schließlich klar, daß unsere Väter, Brüder und Onkel uns belogen hatten und kein Mensch uns je wegen unserer guten

Noten lieben würde. Jahre später erinnerte sich Trip Fontaine auf der Entgiftungsranch, die sogar ein ganzes Pferd vorweisen konnte und auf die er sich mit den letzten Ersparnissen seiner Ex-Frau zurückgezogen hatte, um trocken zu werden, an den Ausbruch rotglühender Leidenschaft damals, als ihm die ersten Haare auf der Brust sprossen. Es begann auf einer Reise nach Acapulco, als sein Vater und dessen Freund einen Strandspaziergang unternahmen und Trip ganz auf sich allein gestellt im Hotel zurückließen. (Beweisstück Nr. 7, ein Schnappschuß, der auf dieser Reise gemacht wurde, zeigt einen bronzebraunen Mr. Fontaine mit Freund Donald, Schenkel an Schenkel in einen Terrassensessel des Hotels nach Art von Montezumas Prunkthron gequetscht.) An der Bar lernte Trip Gina Desander kennen, frisch geschieden, die ihm seine erste Piña colada bestellte. Immer schon ein Gentleman, erzählte uns Trip Fontaine nach seiner Rückkehr nur die geeignetsten Einzelheiten über das Leben Gina Desanders, daß sie nämlich in Las Vegas Kartengeberin war und ihm beigebracht hatte, wie man beim Black Jack gewann, daß sie Gedichte schrieb und rohe Kokosnuß mit einem Schweizer Offiziersmesser aß. Erst Jahre später, als er mit ruinierten Augen auf die Wüste hinausblickte und mit seiner Ritterlichkeit eine Frau nicht mehr schützen konnte, die inzwischen in den Fünfzigern war, gestand Trip, daß Gina Desander seine erste Frau gewesen war.

Das erklärte vieles. Es erklärte, warum er die Muschelkette, die sie ihm geschenkt hatte, niemals ablegte. Es erklärte das Poster über seinem Bett, das einen von einem Motorboot gezogenen Drachenflieger über der Bucht von Acapulco zeigte. Es erklärte, warum er in dem Jahr vor den Selbstmorden anfing, sich anders anzuziehen, von braven Schuljungenhosen und -hemden auf Westernklamotten umstieg, plötzlich Hemden mit Perlknöpfen, Taschenklappen und Schulterpatten trug. Jedes Stück wählte er einzig, um den Männern aus Las Vegas zu gleichen, Arm in Arm mit Gina Desander auf den Fotos in ihrer Geldbörse zu sehen, die sie Trip auf ihrer gemeinsamen Pauschalreise von sieben Tagen und sechs Nächten zeigte. Gina Desander hatte mit ihren siebenunddreißig Jahren den starken Brocken Männlichkeit erkannt, der unter Trip Fontaines Rundlichkeit schlummerte, und in der Woche, die sie mit ihm in Mexiko verbrachte, meißelte sie ihn zum Mann. Wir konnten uns nur Phantasievorstellungen davon machen, was in ihrem Hotelzimmer vorging, wenn Trip von gepanschtem Ananassaft betrunken zusah, wie Gina Desander in der Mitte ihres gestreiften Betts saß und im Schnellfeuertempo die Karten austeilte. Die Schiebetür zum kleinen Betonbalkon war aus der Schiene gesprungen. Trip als Mann mußte sie richten. Die Kommoden und Nachttische waren voll von traurigen Überresten der Party des vergangenen Abends – leere Gläser, Cocktailquirle, vertrocknete Orangenschalen. Im Glanz seiner Urlaubsbräune muß Trip so ähnlich ausgesehen haben wie im Spätsommer, wenn er sich in seinem Swimmingpool treiben ließ, seine Brustwarzen wie zwei rosige Kirschen in braunem Zucker. Gina Desanders rötliche, leicht faltige Haut flammte im Alter auf wie Herbstlaub. Herz-As. Kreuz-Zehn. Einundzwanzig. Du hast gewonnen. Sie strich ihm über das Haar. Gab von neuem aus. Einzelheiten erzählte er uns nie, nicht einmal später, als wir alle erwachsen genug waren, um es zu verstehen. Aber wir betrachteten es als eine wunderbare Initiation durch eine gütige Mutter, und auch wenn es ein Geheimnis blieb, so verlieh doch die Nacht Trip den Nimbus des Liebhabers. Als er zurückkehrte, hörten wir seine neue, tiefe Stimme, die ihn uns haushoch überlegen machte, nahmen, ohne zu verstehen den knappen Sitz seiner Jeans wahr, rochen sein Eau de Cologne und verglichen unsere eigene käsige Haut mit seiner braunen. Aber sein schwüler Duft, sein kokosölglattes Gesicht, die hartnäckigen Sandkörnchen, die noch in seinen Augenbrauen glitzerten, hatten auf uns nicht die gleiche Wirkung wie auf die Mädchen, die erst einzeln und dann reihenweise hinsanken.

Er bekam Briefe, auf denen zehn verschiedene Lippenabdrücke prangten (und die Linien jedes gespitzten Mündchens waren so deutlich wie ein Fingerabdruck). Er lernte nicht mehr für die Prüfungen, weil so viele Mädchen in sein Bett drängten. Er verbrachte die Zeit damit, seine Sonnenbräune zu pflegen, indem er auf einer Luftmatratze in seinem Swimmingpool von Badewannengröße herumschwamm. Die Mädchen hatten recht, sich in Trip zu verlieben, weil er der einzige Junge war, der den Mund halten konnte. Von Natur aus besaß Trip Fontaine die Diskretion der weltgrößten Liebhaber, jener Verführer, die Casanova übertrafen, weil sie keine zwölfbändigen Memoiren hinterließen und wir nicht einmal wissen, wer sie waren. Weder auf dem Footballfeld noch nackt im Umkleideraum sprach Trip Fontaine je von den Kuchenstückchen, die, sorgsam in Alufolie verpackt, in seinem Schrank auftauchten, von den Haarbändern, die um seine Autoantenne geschlungen waren oder von dem Tennisschuh, der an einem zerschlissenen Band von seinem Rückspiegel herabhing, mit einem schweißfeuchten Briefchen in der Schuhspitze, dessen Text lautete: »Es steht love : love. Dein Aufschlag, Trip.«

Sein flüsternd gesprochener Name geisterte durch die Korridore. Während wir ihn »Tripster« oder »Tripper« nannten, sprachen die Mädchen nur von Trip, drehten sich alle Gespräche um Trip, und als er zum »bestaussehenden«, »bestgekleideten« Jungen mit der »besten Persönlichkeit« und dann auch noch zum »besten Sportler« gewählt wurde (obwohl wir aus Trotz nicht für ihn gestimmt hatten und es mit seiner Kondition gar nicht so weit her war), begriffen wir die Verliebtheit der Mädchen in ihrem ganzen Ausmaß. Selbst unsere Mütter sprachen von seinem blendenden Aussehen, luden ihn ein, zum Abendessen zu bleiben, und stießen sich nicht an seinem ziemlich langen, öligen Haar. Bald lebte er wie ein Pascha und nahm, auf seinem Bettüberwurf aus Synthetik hofhaltend, die Huldigungen entgegen: kleine Geldscheine, aus Mutters Portemonnaie entwendet, Tütchen mit Stoff, Schulringe, Rice-Krispie-Desserts in Wachspapier, Fläschchen mit Amylnitrit, Asti Spumante, diverse Käse aus Holland, den gelegentlichen Klumpen Hasch. Die Mädchen brachten getippte, mit Fußnoten versehene Hausarbeiten mit, Notizen, die sie zusammengestellt hatten, so daß Trip nur eine einzige Seite über jedes Buch zu lesen brauchte. Im Lauf der Zeit arrangierte er aus der Fülle ihrer Gaben eine Ausstellung ›Die großen Joints der Welt‹. Die einzelnen Exemplare standen in leeren Gewürzgläsern präsentiert auf seinem Bücherbord und reichten von »Blue Hawaiian« bis »Panama Red«, mit vielen bräunlichen Modellen dazwischen, von denen eines wie Teppich aussah und auch so roch. Wir wußten nicht viel von den Mädchen, die zu Trip Fontaine ins Haus gingen, nur daß sie ihren eigenen Wagen fuhren und immer etwas aus dem Kofferraum mit hineinnahmen. Es waren Mädchen mit langen Klimperohrringen, hell gesträhnten Haaren und Korkschuhen mit Fesselriemchen. Mit Salatschüsseln in den Händen, die mit bunten Geschirrtüchern zugedeckt waren, gingen sie O-beinig über den Rasen, schnalzten Kaugummi und lächelten. Oben im Bett fütterten sie Trip und wischten ihm den Mund mit dem Bettlaken ab, ehe sie die Schüsseln zu Boden schleuderten und in seinen Armen verglühten. Von Zeit zu Zeit steuerte Mr. Fontaine Donalds Zimmer an, aber die Zweifelhaftigkeit seiner eigenen Lebensweise hielt ihn davon ab, dem Getuschel nachzugehen, das unter der Tür seines Sohnes hervordrang.

Vater und Sohn lebten wie in einer Wohngemeinschaft zusammen, kamen einander in ihren pfauenblauen Morgenröcken in die Quere und stritten darüber, wer den letzten Kaffee verbraucht hatte, aber spätestens am Nachmittag trieben sie selig vereint im Pool, Genossen auf der Suche nach ein bißchen Leidenschaft auf Erden.

Sie erfreuten sich der prächtigsten Vater-und-Sohn-Bräune in der ganzen Stadt. Nicht einmal italienische Bauarbeiter, die Tag für Tag in der Sonne schufteten, konnten diesen Mahagoniton erreichen. Im Abendlicht wirkte die Haut Trips und seines Vaters beinahe bläulich, und wenn sie ihre Frotteeturbane aufsetzten, sahen sie aus wie zwei Krishnas. Das kleine, runde, nicht in den Boden versenkte Schwimmbecken stieß an den Gartenzaun, und manchmal bekam der Hund des Nachbarn etwas von seinen hochgehenden Wogen ab. In Babyöl mariniert schwangen sich Mr. Fontaine und Trip auf ihre Luftmatratzen, die mit Rückenlehnen und Glashaltern ausgestattet waren, und trieben unter unserem lauen nördlichen Himmel dahin, als befänden sie sich an der Costa del Sol. Wir sahen zu, wie ihre Haut langsam die Farbe von Schuhwichse annahm. Wir verdächtigten Mr. Fontaine, sich das Haar zu bleichen, und das Blitzen ihrer Zähne war bald schmerzhaft anzusehen. Auf Partys pflegten sich Mädchen mit wilden Blicken auf uns zu stürzen, nur weil wir Trip kannten, und nach einer Weile sahen wir, daß sie von der Liebe genauso durcheinander waren wie wir. Als Mark Peters eines Abends zu seinem Wagen hinausging, fühlte er sich plötzlich am Bein gepackt. Er blickte hinunter und sah Sarah Sheed, die ihm gestand, sie sei so wahnsinnig in Trip verknallt, daß sie nicht mehr gehen könne. Er erinnert sich immer noch, mit welch panischem Gesichtsausdruck sie zu ihm hinaufsah, ein großes, gesundes Mädchen, für ihren Busenumfang berühmt, und da lag sie lahm wie ein Krüppel im taunassen Gras.

Niemand wußte, wie Trip und Lux sich kennengelernt hatten, oder was sie miteinander gesprochen hatten, oder ob die Anziehung beiderseitig war. Selbst Jahre später noch war Trip bei dem Thema zurückhaltend, ganz im Einklang mit seinen Treueversprechen an die vierhundertachtzehn Mädchen und Frauen, mit denen er im Lauf seiner langen Karriere geschlafen hatte. Er pflegte nur zu sagen: »Über die Frau bin ich nie hinweggekommen, Mann. Nie.« Schlotternd stand er da in der Wüste mit kränklich wirkenden gelben Hautsäcken unter den Augen, aber die Augen selbst blickten unverkennbar auf grüne Zeiten zurück. Unter beharrlichem guten Zureden und dank dem Rededrang des genesenden Süchtigen gelang es uns allmählich, die Geschichte ihrer Liebe zusammenzustückeln.

Sie begann an dem Tag, an dem Trip Fontaine in die falsche Geschichtsklasse geriet. Während der Studierstunde war Trip Fontaine seiner Gewohnheit gemäß zu seinem Wagen hinausgegangen, um das Marihuana zu rauchen, das er so regelmäßig nahm wie der Diabetiker Peter Petrovich sein Insulin. Dreimal am Tag kam Petrovich zur Spritze ins Arztzimmer, und immer gab er sie sich selbst wie der verworfenste Junkie. Nach dem Schuß allerdings spielte er mit unglaublicher Kunstfertigkeit auf dem Konzertklavier in der Aula, so als wäre Insulin das Elixier der Genialität. Und genauso marschierte Trip Fontaine dreimal am Tag zu seinem Auto, um Viertel nach zehn, um Viertel nach zwölf und um Viertel nach drei, als trüge er eine Armbanduhr wie Petrovich, die zur Spritzenzeit piepte. Er stellte seinen TransAm immer am hintersten Ende des Parkplatzes ab, mit der Schnauze zur Schule, damit er eventuell kommende Lehrer gleich sehen konnte. Mit der abgeschrägten Kühlerhaube, dem schnittigen Verdeck und dem rund abfallenden Heck sah der Wagen aus wie ein aerodynamischer Skarabäus. Zwar beeinträchtigten erste Alterserscheinungen seine goldene Schönheit, doch Trip hatte die schwarzen Rennstreifen neu lackiert und die Speichenfelgen, die wie Waffen aussahen, poliert. Die Ledersitze im Innern waren von charakteristischen Schweißspuren gezeichnet – man konnte genau sehen, wo Mr. Fontaine im Stau seinen Kopf angelehnt hatte; die Chemikalien in seinem Haarspray hatten das braune Leder hell rötlich verfärbt. Ganz schwach hing noch das Aroma seines Juchten-Raumsprays in der Luft, die allerdings mittlerweile von Trips Moschus- und Marihuanadüften geschwängert war. Die Türen schlossen hermetisch, und Trip pflegte zu sagen, in seinem Wagen könnte man ein viel stärkeres High bekommen als sonstwo, weil man ständig den gefangenen Rauch einatmete. In jeder kleinen Pause, mittags und in der Studierstunde ging Trip Fontaine zu seinem Wagen hinaus und tauchte in das Dampfbad ein. Wenn er eine Viertelstunde später die Tür öffnete, wirbelte der Rauch heraus wie aus einem Schornstein und verteilte sich zur Begleitung der Musik – meistens Pink Floyd oder Yes –, die Trip laufen ließ, während er seinen Motor inspizierte und die Kühlerhaube polierte (die vorgeblichen Gründe für seine Ausflüge auf den Parkplatz). Nachdem er seinen Wagen abgeschlossen hatte, ging Trip hinter das Schulhaus, um seine Kleider auslüften zu lassen. Im Astloch eines Gedenkbaumes (zu Ehren von Samuel O. Hastings gepflanzt, Schulabgänger des Jahrgangs 1918) hatte er eine Packung Pfefferminzbonbons versteckt. Von den Fenstern der Klassenzimmer aus beobachteten ihn die Mädchen, wie er dort draußen allein und unwiderstehlich, mit gekreuzten Beinen wie ein Indianer, unter den Bäumen saß, und noch ehe er aufstand, konnten sie sich die schwachen Schmutzflecken auf jeder Gesäßbacke vorstellen. Es war immer das gleiche: Trip Fontaine richtete sich zu voller Größe auf, rückte seine Fliegerbrille zurecht, warf sein Haar zurück, zog den Reißverschluß der Brusttasche seiner braunen Lederjacke zu und setzte sich mit schwerem gestiefelten Schritt in Bewegung. Er ging die Allee von Gedenkbäumen hinunter, über den hinteren Rasen, an den Efeubeeten vorbei, durch die Hintertür ins Gebäude.

Kein Junge war je so cool und distinguiert. Fontaine vermittelte den Eindruck, bereits die nächste Lebensstufe erklommen und seine Finger ins Spiel des wirklichen Lebens getaucht zu haben, während wir anderen immer noch Zitate auswendig lernten und für gute Noten büffelten. Er holte zwar seine Bücher aus seinem Garderobenschrank, aber wir wußten, daß sie nur Requisiten waren, und daß er, wie seine Drogendeals bereits ankündigten, für den Kapitalismus bestimmt war und nicht für die Gelehrsamkeit. An diesem Tag jedoch, den er niemals vergessen würde, einem Nachmittag im September, als die Blätter sich zu färben begannen, sah Trip Fontaine beim Eintreten den Direktor Mr. Woodhouse durch den Korridor auf sich zukommen. Trip war es gewöhnt, Autoritätspersonen zu begegnen, während er high war, und er sagte zu uns, er habe nie an Paranoia gelitten. Er konnte sich nicht erklären, warum ihm plötzlich beim Anblick unseres Direktors mit seiner Hochwasserhose und den gelben Socken der Puls schneller schlug und im Nacken feiner Schweiß ausbrach. Wie dem auch sei, mit einer einzigen nonchalanten Wendung floh Trip ins nächstbeste Klassenzimmer.

Er sah nicht eines der Gesichter, als er sich setzte. Er sah weder Lehrer noch Schüler, nahm nur das himmlische Licht im Raum wahr, ein orangefarbenes Glühen vom Herbstlaub draußen. Das Zimmer schien angefüllt mit einer süßen, zähen Flüssigkeit, einem Honig beinahe, so leicht wie Luft, die er einatmete. Die Zeit blieb stehen, und in seinem linken Ohr begann so deutlich wie ein Telefon das kosmische »Om« zu ertönen. Als wir meinten, diese Wahrnehmungen seien doch wohl mit demselben THC versetzt gewesen wie sein

Blut, stieß Trip Fontaine einen Finger in die Luft. Es war das einzige Mal bei dem ganzen Gespräch, daß seine Hand nicht zitterte. »Ich weiß, wie man sich fühlt, wenn man high ist«, sagte er. »Das war etwas anderes.« Im orangefarbenen Licht sahen die Köpfe der Schüler wie Seeanemonen aus, die lautlos schwanken und die Stille im Zimmer war die des Meeresgrunds. »Jede Sekunde ist ewig«, erklärte uns Trip und beschrieb uns, wie, als er sich setzte, das Mädchen vor ihm aus keinem ersichtlichen Grund den Kopf gedreht und ihn angesehen hatte. Er konnte nicht sagen, ob sie schön war, weil er einzig ihre Augen sehen konnte. Den Rest ihres Gesichts – die schwellenden Lippen, den blonden Haarflaum auf den Seiten, die durchscheinenden, bonbonrosa Nasenflügel – nahm er nur verschwommen wahr, als der Blick der blauen Augen ihn auf einer Meereswoge emporhob und dort in der Schwebe hielt. »Sie war der ruhende Pol in der sich drehenden Welt«, sagte er frei nach Eliot, dessen ›Gesammelte Gedichte‹ er auf dem Bücherbord in der Entziehungsanstalt entdeckt hatte. In diesem Augenblick der Ewigkeit, da Lux ihn ansah, sah Trip Fontaine auch sie an, und die Liebe, die ihn ergriff, wahrer als alle späteren Liebesgefühle, da sie die Realität nicht zu überleben brauchte, quälte ihn immer noch, selbst jetzt, in der Wüste, da seine männliche Schönheit und seine Gesundheit verheert waren. »Man weiß nie, was plötzlich die Erinnerung auslöst«, sagte er zu uns. »Ein Babygesicht, das Glöckchen am Halsband einer Katze. Irgendwas.«

Sie wechselten kein einziges Wort. Doch in den folgenden Wochen brachte Trip seine Tage damit zu, durch die Gänge zu irren und zu hoffen, er möge Lux begegnen, dem nacktesten Wesen in Kleidern, das er je gesehen hatte. Selbst in soliden Schulschuhen latschte sie, als wäre sie barfuß, und die formlosen weiten Sachen, die Mrs. Lisbon ihr kaufte, erhöhten nur ihren

Reiz, als hätte sie nach dem Auskleiden einfach angezogen, was gerade da war. In Kordhosen rieben ihre Oberschenkel geräuschvoll aneinander, und immer gab es mindestens ein wunderbares Zeichen der Liederlichkeit, ihn aus der Fassung zu bringen: ein heraushängender Blusenzipfel, eine Socke mit Loch, eine aufgerissene Naht, unter der Achselhaar hervorsah. Sie trug ihre Bücher von Klassenzimmer zu Klassenzimmer, aber sie schlug sie nie auf. Ihre Stifte und Schreiber schienen so vorläufig zu sein wie Aschenputtels Besen. Wenn sie lächelte, zeigte sie zu viele Zähne, aber nachts träumte Trip Fontaine, er werde von jedem einzelnen gebissen.

Er hatte keine Ahnung, wie er sich an sie heranmachen sollte, weil immer er derjenige gewesen war, an den man sich herangemacht hatte. Er horchte die Mädchen aus, die in sein Schlafzimmer hinaufkamen, und erfuhr von ihnen, wo Lux wohnte. Aber er mußte vorsichtig sein beim Fragen, um nicht ihre Eifersucht zu erregen. Er fing an, am Haus der Lisbons vorbeizufahren, weil er hoffte, sie auf einen Augenblick zu sehen oder als Trostpreis wenigstens eine Schwester. Im Gegensatz zu uns verwechselte Trip Fontaine die Lisbon-Mädchen nie miteinander, sondern sah von Anfang an in Lux ihre strahlende Krönung. Er machte beim Vorbeifahren die Fenster seines TransAm auf und drehte seinen Kassettenrecorder voll auf, damit sie vielleicht in ihrem Zimmer seinen Lieblingsschlager hörte. Dann wieder trat er, unfähig den inneren Aufruhr zu beruhigen, das Gaspedal bis zum Boden durch und ließ als Zeichen seiner Liebe nur den Gestank nach verbranntem Gummi zurück.

Er begriff nicht, wie sie ihn so behext hatte und warum sie dann prompt seine Existenz vergaß. In Stimmungen tiefer Verzweiflung fragte er seinen Spiegel, warum das einzige Mädchen, nach dem er ganz verrückt war, als einzige nicht nach ihm verrückt war.

Lange Zeit hielt er sich an seine bewährten Lockmethoden, strich sich das Haar zurück, wenn Lux vorüberkam, oder knallte seine Stiefel aufs Pult, und einmal schob er sogar seine getönte Brille zur Nasenspitze hinunter, um ihr den Anblick seiner Augen zu schenken. Aber sie sah nicht hin.

In Wahrheit verstanden sich selbst die mickrigsten Knaben besser als Trip darauf, mit einem Mädchen anzubändeln. Ihre Hühnerbrüste und ihre X-Beine hatten sie Beharrlichkeit gelehrt, wogegen Trip niemals auch nur die Telefonnummer eines Mädchens hatte wählen müssen. Für ihn war das alles neu: eine taktisch kluge Rede einstudieren, mögliche Dialoge proben, tief atmen wie beim Joga – diese ganze Vorbereitung auf den blinden Sprung in den rauschenden Äther. Niemals hatte er das ewige Läuten aushalten müssen, bis endlich abgehoben wurde. Er kannte nicht das rasende Herzklopfen, wenn man plötzlich diese unvergleichliche Stimme im Zwiegespräch mit der eigenen hörte, dieses Gefühl, das man dabei bekam, ihr gar zu nahe zu sein, um sie sehen zu können, tatsächlich *in ihrem Ohr* zu sein. Nie hatte er den Schmerz über die teilnahmslose Antwort erfahren, das Kältegefühl bei »Oh ... hallo«, oder die blitzartige Vernichtung bei »Wer bitte?«. In seiner Schönheit war er ohne Durchtriebenheit, und darum gestand er voller Verzweiflung seinem Vater und Donald seine Leidenschaft. Sie hatten Verständnis für sein Dilemma, und nachdem sie ihn mit einem Gläschen Sambuca beruhigt hatten, rieten sie ihm so, wie nur zwei Menschen ihm raten konnten, die mit der Last heimlicher Liebe Erfahrung hatten. Vor allem, sagten sie, dürfte er Lux auf keinen Fall anrufen. »Das muß ganz subtil gehen«, sagte Donald. »Die Nuance macht's.« Anstatt offen seine Liebe zu erklären, sollte Trip, meinten sie, mit Lux nur über die prosaischsten Dinge sprechen, das Wetter, die Schule, über alles, was ihm ermöglichte, sich ihr mit der lautlosen, aber untrüglichen Sprache des Augenspiels mitzuteilen. Sie sagten ihm, er sollte seine getönte Brille ablegen und sich das Haar mit Spray aus dem Gesicht halten. Am nächsten Tag setzte sich Trip Fontaine in den Naturwissenschaftlichen Flügel und wartete, daß Lux auf dem Weg zu ihrem Garderobenschrank vorüberkäme. Die höhersteigende Sonne warf einen rosigen Hauch über die Waffeltäfelung. Jedesmal, wenn die Tür sich öffnete, sah Trip Lux' Gesicht auf sich zukommen, ehe Augen, Nase und Mund sich zum Gesicht eines anderen Mädchens formierten. Er nahm das als schlechtes Omen, als zöge Lux sich dauernd Masken über, um ihm zu entgehen. Er fürchtete, sie würde niemals kommen oder, schlimmer noch, sie würde kommen.

Nachdem er sie eine Woche lang nicht gesehen hatte, beschloß er, drastische Maßnahmen zu ergreifen. Am folgenden Freitag nachmittag verließ er seine Nische im Naturwissenschaftlichen Flügel, um zum Vortrag in die Aula zu gehen, zu dem alle Klassen sich versammelten. Es war der erste Vortrag seit drei Jahren, den er besuchte, denn der Vortrag war leichter zu schwänzen als jede andere Stunde, und Trip rauchte lieber draußen die Wasserpfeife, deren Schlauch aus seinem Handschuhfach herausführte. Er hatte keine Ahnung, wo Lux sitzen würde, und lungerte am Trinkbrunnen herum, um ihr hineinzufolgen, wenn sie kam. Gegen den Rat seines Vaters und Donalds setzte er seine Sonnenbrille auf, um seine spähenden Blicke durch den Korridor zu verbergen. Dreimal hüpfte ihm das Herz beim Anblick von Lux' Schwestern, die wie Lockvögel auftauchten, aber erst als Mr. Woodhouse bereits den Vortragenden des Tages angekündigt hatte – einen Meteorologen der örtlichen Fernsehstation –, kam Lux endlich aus der Mädchentoilette. Trip Fontaine sah sie mit so konzentrierter Schärfe, daß er selbst zu existieren aufhörte. Die Welt schien in diesem

Moment einzig aus Lux zu bestehen. Eine flimmernde Aura umgab sie, ein Schimmer wie von auseinanderbrechenden Atomen, was, wie wir später feststellten, daher kam, daß Trip mit einem Schlag alles Blut aus dem Gehirn entwich. Sie ging direkt an ihm vorbei, ohne ihn zu bemerken, und in dem Moment roch er nicht Zigaretten, wie er erwartet hatte, sondern Melonenkaugummi.

Er folgte ihr in die klassizistische Klarheit der Aula mit der Monticello-Kuppel, den dorischen Pilastern und den falschen Gaslampen, die wir immer mit Milch füllten. Er setzte sich neben sie in die letzte Reihe, und obwohl er es vermied, sie anzusehen, war es sinnlos: Mit Sinnesorganen, von denen er gar nicht gewußt hatte, daß er sie besaß, spürte Trip Fontaine Lux neben sich, nahm ihre Körpertemperatur wahr, ihren Herzschlag, ihre Atemfrequenz, das ganze Strömen und Pumpen ihres Körpers. Die Lichter in der Aula gingen langsam aus, als der Wettermensch die ersten Dias vorführte, und bald saßen sie zusammen im Dunkeln, allein trotz der Anwesenheit von vierhundert Schülern und fünfundvierzig Lehrern. Starr vor Liebe, rührte Trip sich nicht ein einziges Mal, während Tornados über die Leinwand tobten, und er brauchte fünfzehn Minuten, um den Mut zusammenzuraffen, einen winzigen Streifen Unterarm auf die Armlehne zu heben. Als er das geschafft hatte, trennte sie immer noch ein Abstand von gut zwei Zentimetern, und so verbrachte Trip Fontaine die nächsten zwanzig Minuten damit, seinen Arm in unendlich kleinen Schüben, bei denen ihm der Schweiß am ganzen Körper ausbrach, näher an den ihren heranzurücken. Während alle anderen zusahen, wie der Hurrikan Zelda auf einen Ort an der Karibischen Küste zuraste, berührten die Härchen auf Trips Arm ganz leise die von Lux, und Elektrizität schoß knisternd durch diesen neu geschlossenen Stromkreis. Ohne den Kopf zu drehen, ohne zu atmen, antwortete Lux mit gleichem Druck, dann drückte Trip ein wenig fester, sie antwortete, und so weiter und so fort, bis sie am Ellbogen vereint waren. Genau da passierte es: Ein Witzbold vor ihnen schloß die Hände um seinen Mund und machte ein Geräusch, das wie ein Furz klang, und der ganze Saal lachte. Lux erblaßte und zog ihren Arm weg, aber Trip Fontaine ergriff die Gelegenheit, um ihr die ersten Worte, die er je mit ihr gesprochen hatte, ins Ohr zu flüstern: »Das muß Conley gewesen sein.«

Sie nickte nicht einmal. Aber Trip, der sich noch immer zu ihr hinüberneigte, fügte hinzu: »Ich werd deinen Vater fragen, ob ich mal mit dir ausgehen darf.«

»Viel Glück«, sagte Lux, ohne ihn anzusehen. Die Lichter gingen an, und rundherum begannen die Schüler zu klatschen. Trip wartete, bis der Applaus am lautesten war, ehe er wieder sprach. Dann sagte er: »Erst komm ich rüber und setz mich mit euch vor die Glotze. Kommenden Sonntag. Und dann geh ich mit dir aus.« Wieder wartete er auf eine Antwort von ihr, aber das einzige Zeichen, daß sie seine Worte gehört hatte, gab sie ihm mit der Hand, die sie kurz nach oben drehte, wie um zu sagen, er könnte tun, was er wollte. Trip stand auf, um zu gehen, aber vorher neigte er sich über die Lehne seines freigewordenen Sitzes, und die Worte, die er so viele Wochen unterdrückt hatte, sprudelten heraus.

»Du bist eine Klassefrau«, sagte er und haute ab.

Trip Fontaine war der erste Junge nach Peter Sissen, der allein das Haus der Lisbons betrat. Er schaffte es, indem er Lux einfach sagte, wann er kommen würde, und es ihr überließ, ihren Eltern Bescheid zu sagen. Keiner von uns konnte sich erklären, wieso wir ihn nicht gesehen hatten, zumal er im Gespräch mit uns behauptete, er habe überhaupt nicht versucht, sich zu verstecken, sondern sei groß und breit vorgefahren und habe seinen TransAm vor einem Ulmenstumpf geparkt, weil er nicht wollte, daß er mit Harz bekleckert wurde. Er hatte sich zu diesem besonderen Anlaß die Haare schneiden lassen, und statt seiner Westernklamotten trug er ein weißes Hemd und eine schwarze Hose wie ein Mann vom Party-Service. Lux machte ihm die Tür auf und führte ihn, ohne viel zu sagen (sie mußte beim Stricken die Maschen zählen), zu dem ihm zugedachten Platz im Wohnzimmer. Er setzte sich aufs Sofa neben Mrs. Lisbon, auf deren anderer Seite Lux saß. Trip Fontaine erzählte uns, die Mädchen hätten ihn kaum beachtet, auf jeden Fall viel weniger, als man bei einem Schul-Beau erwartet hätte. Therese saß mit einem ausgestopften Leguan im Arm in der Ecke und erklärte Bonnie, was Leguane fressen, wie sie sich vermehren und wie ihr natürlicher Lebensraum beschaffen sei. Die einzige Schwester, die mit Trip sprach, war Mary, die sich immer wieder erbot, ihm frische Cola einzuschenken. Im Fernsehen lief ein Walt-Disney-Programm, und die Lisbons sahen es sich mit der Widerspruchslosigkeit von Leuten an, die harmlose Unterhaltung gewöhnt sind. Sie lachten alle zusammen bei den gleichen lahmen Witzen, und richteten sich bei den mühsam konstruierten Höhepunkten gespannt auf. Trip Fontaine sah keinerlei Anzeichen von Überspanntheit bei den Mädchen, aber später sagte er doch: »Es war tödlich, nur so rumzusitzen, ohne was zu tun.« Mrs. Lisbon beaufsichtigte Lux' Strickarbeit. Ehe umgeschaltet werden durfte, schaute sie im ›TV Guide‹ nach, ob das Programm auch geeignet war. Die Vorhänge waren dick wie Zeltbahn. Ein paar mickrige Pflanzen standen auf dem Fensterbrett, ein so gravierender Unterschied zu seinem grünen Wohnzimmer zu Hause (Mr. Fontaine war ein leidenschaftlicher Gärtner), daß Trip sich vorgekommen wäre wie auf einem toten Planeten, wäre nicht Lux' pulsierende Lebendigkeit am anderen Ende des Sofas gewesen. Jedesmal, wenn sie die Beine auf den Couchtisch legte, sah er ihre nackten Füße. Die Sohlen waren schwarz, die Zehennägel mit rosaroten Lackfetzchen gefleckt. Jedesmal, wenn sie auftauchten, schlug Mrs. Lisbon mit einer Stricknadel nach ihnen und trieb sie wieder unter den Tisch.

Und das war alles, was geschah. Trip fand keine Gelegenheit, sich neben Lux zu setzen oder mit ihr zu sprechen oder ihr auch nur in die Augen zu sehen, aber die herrliche Tatsache ihrer Nähe war ihm brennend bewußt. Um zehn Uhr gab Mr. Lisbon auf ein Zeichen von seiner Frau Trip einen Klaps auf den Rücken und sagte: »Tja, mein Junge, wir gehen gewöhnlich um diese Zeit in die Koje.« Trip gab erst ihm die Hand, dann Mrs. Lisbon, deren Finger kälter waren, und dann trat Lux zu ihm, um ihn hinauszubringen. Sie hatte wohl erkannt, daß die Situation hoffnungslos war, denn sie sah ihn auf dem kurzen Weg zur Haustür kaum an. Sie ging mit gesenktem Kopf, bohrte in ihrem Ohr nach Ohrenschmalz und sah ihn, als sie die Tür öffnete, mit einem traurigen Lächeln, das nur Frust verhieß, an. Trip Fontaine ging niedergeschmettert davon. Er wußte, er konnte höchstens auf einen weiteren Abend auf dem Sofa neben Mrs. Lisbon hoffen.

Er ging über den Rasen, der seit Cecilias Tod nicht mehr gemäht worden war. Er setzte sich in seinen Wagen, schaute zum Haus, sah zu, wie die Lichter unten von denen oben abgelöst wurden, dann eines nach dem anderen erloschen. Er dachte an Lux, wie sie sich auskleidete, um zu Bett zu gehen, und allein die Vorstellung, wie sie mit der Zahnbürste in der Hand vor dem Spiegel stand, erregte ihn mehr als die ganze ausgewachsene Nacktheit, die er fast jeden Abend in seinem eigenen Schlafzimmer zu sehen bekam. Er legte den Kopf nach rückwärts an die Kopfstütze und öffnete den Mund, damit die Beklemmung in seiner Brust sich lösen konnte. Und plötzlich brodelte die Luft im

Wagen. Er fühlte sich bei seinem langen Revers gepackt, vorwärts gerissen und zurückgestoßen, während ein Wesen mit hundert Mündern ihm das Mark aus den Knochen zu saugen begann. Sie sprach kein Wort, als sie wie ein ausgehungertes Tier über ihn herfiel, und er hätte nicht gewußt, wer es war, wäre nicht der Geschmack des Melonenkaugummis gewesen, den er nach den ersten sengenden Küssen zwischen den Zähnen hatte. Sie trug nicht mehr die lange Hose, sondern ein Flanellnachthemd. Ihre Füße, die vom Regen naß waren, hatten einen Weidegeruch. Er fühlte ihre feuchten Schienbeine, ihre heißen Knie, ihre stoppeligen Oberschenkel, und dann schob er mit Todesangst seinen Finger in den gierigen Mund des entfesselten Tieres unterhalb ihrer Taille. Es war, als hätte er nie zuvor ein Mädchen berührt; er fühlte Fell und eine ölige Substanz wie Otterfett. Zwei wilde Tiere hausten in dem Wagen: das eine oben, das schnüffelte und biß; das andere unten, das darum kämpfte, sich aus seinem feuchten Käfig zu befreien. Heldenhaft tat er sein Bestes, sie zu füttern, zu besänftigen, aber das Gefühl seiner Unzulänglichkeit wuchs, und nach einigen Minuten ließ Lux ihn mit den geflüsterten Worten »Ich muß rauf zum Bettenappell« mehr tot als lebendig allein.

Obwohl dieser Blitzangriff nur drei Minuten dauerte, hinterließ er tiefe Spuren. Trip Fontaine sprach von ihm wie von einem religiösen Erlebnis, einer Heimsuchung oder Vision, einem Durchbruch des Jenseits in dieses Leben, der in Worten nicht zu beschreiben war. »Manchmal glaube ich, ich hätte es nur geträumt«, sagte er uns bei der Erinnerung an die Unersättlichkeit jener hundert Münder, die im Dunkeln allen Saft aus seinem Körper gesogen hatten, und obwohl Trip Fontaine später ein beneidenswertes Liebesleben genoß, bekannte er, es sei alles nur noch Antiklimax gewesen. Nie wieder zerriß es ihm die Eingeweide mit so köstlicher Gewalt, nie wieder wurde ihm dieses Gefühl zuteil, gänzlich vom Speichel eines anderen durchnäßt zu sein.

»Ich kam mir vor wie eine Briefmarke«, sagte er. Noch Jahre später war er tief beeindruckt von Lux' Zielstrebigkeit, ihrem totalen Mangel an Hemmungen, ihrer sagenhaften Wandlungsfähigkeit, die ihr erlaubte, drei oder vier Arme gleichzeitig zu haben. »Den meisten Menschen ist es nie vergönnt, diese Art der Liebe zu kosten«, sagte er, mitten in der Katastrophe seines Lebens neuen Mut schöpfend. »Ich habe sie wenigstens einmal gekostet.« Im Vergleich waren die Geliebten seiner Jugend und seiner Mannesjahre fügsame Geschöpfe mit glatten Flanken und zuverlässigen Reaktionen. Selbst beim Liebesakt konnte er sie vor sich sehen, wie sie ihm heiße Milch brachten, seine Steuererklärung machten oder tränenüberströmt an seinem Sterbebett saßen. Es waren warmherzige, liebevolle Wärmflaschenfrauen. Selbst die Schreierinnen seiner Erwachsenenjahre schlugen immer falsche Töne an, und keine erotische Intensität kam dem Schweigen gleich, in dem Lux ihn bei lebendigem Leib ausgehöhlt hatte.

Wir erfuhren nie, ob Mrs. Lisbon Lux erwischte, als sie sich wieder ins Haus schleichen wollte. Aber als Trip mit ihr einen weiteren Abend auf dem Sofa vereinbaren wollte, sagte Lux, sie habe Stubenarrest und ihre Mutter habe weitere Besuche verboten. In der Schule ließ Trip Fontaine nichts darüber verlauten, was zwischen ihnen gewesen war, und obwohl getuschelt wurde, sie hätten sich heimlich an diversen geschützten Plätzchen getroffen, behauptete er steif und fest, das einzige Mal überhaupt hätten sie sich damals im Auto berührt. »In der Schule haben wir nie einen Platz gefunden, an den wir uns hätten verziehen können. Ihr Vater hat sie ja nie aus den Augen gelassen. Es war eine Qual, Mann.«

Nach Dr. Hornickers Meinung war Lux' Promiskuität eine ganz gewöhnliche Reaktion auf seelische Not. »Jugendliche neigen dazu, Liebe zu suchen, wo sie sie finden können«, schrieb er in einem der vielen Artikel, die er zu veröffentlichen hoffte. »Lux verwechselte den Geschlechtsakt mit Liebe. Für sie wurde Sex zum Ersatz für den Trost, den sie nach dem Selbstmord ihrer Schwester brauchte.«

Einige Jungen berichteten Einzelheiten, die diese Theorie stützten. Willard erzählte, einmal, als sie im Geräteschuppen beieinander gelegen hatten, habe Lux ihn gefragt, ob er glaube, daß das, was sie tun, schmutzig sei. »Ich hab gewußt, was ich sagen muß. Ich hab nein gesagt. Dann hat sie meine Hand genommen und gesagt: ›Du magst mich doch, oder?‹ Ich hab gar nichts gesagt. Die Weiber läßt man am besten im unklaren.« Trip Fontaine war Jahre später irritiert von unserer Vermutung, Lux' Leidenschaft könnte einem fehlgeleiteten Bedürfnis entsprungen sein. »Was soll das heißen, daß ich nur Mittel zum Zweck war? So was kann man nicht spielen, Mann. Das war echt.« Wir schafften es sogar, das Thema anzusprechen, als wir im Selbstbedienungsrestaurant eines Busbahnhofs unser einziges Gespräch mit Mrs. Lisbon führten, aber sie ging in Abwehrstellung. »Keiner meiner Töchter hat es auch nur im geringsten an Liebe gefehlt. In unserem Haus gab es Liebe genug.«

Man merkte es kaum. Als der Oktober kam, begann das Haus der Lisbons immer weniger freundlich auszusehen. Das blaue Schieferdach, das in einem bestimmten Licht einem in der Luft schwebenden Teich geglichen hatte, verdunkelte sich auffallend. Die gelben Ziegel wurden braun. Fledermäuse flatterten abends aus dem Schornstein genau wie bei den Stamarowskis in der Villa eine Straße weiter. Wir waren es gewöhnt, über der Villa Fledermäuse zu sehen, die kreuz und quer durch die Luft schossen und im Steilflug abwärts stürzten zu den Mädchen, die kreischend die Arme um ihr langes Haar legten. Mr. Stamarowski trug immer schwarze Rollkragenpullover und stand auf seinem Balkon. Bei Sonnenuntergang ließ er uns auf seinem großen Rasen herumsausen, und einmal fanden wir im Blumenbeet eine tote Fledermaus mit einem Gesicht wie ein verschrumpelter alter Mann und mit zwei Riesenzähnen. Wir glaubten immer, die Fledermäuse seien mit den Stamarowskis aus Polen herübergekommen; es erschien uns ganz normal, daß sie über diesem düsteren Haus mit den Samtportieren und seiner Alte-Welt-Dekadenz herumschwirrten, aber doch nicht über dem praktischen Doppelschornstein des Lisbon-Hauses. Es gab noch andere Anzeichen kriechenden Verfalls. Die beleuchtete Türglocke leuchtete nicht mehr. Das Vogelhäuschen hinten im Garten fiel um und blieb liegen. Auf dem Milchkasten hinterlegte Mrs. Lisbon einen unfreundlichen Zettel für den Milchmann: »Bringen Sie keine sauer gewordene Milch mehr!« Als Mrs. Higbie sich diese Zeit ins Gedächtnis rief, behauptete sie, Mr. Lisbon hätte mit einer langen Stange alle Fensterläden geschlossen. Als wir herumfragten, bestätigten es alle. Beweisstück Nr. 3 jedoch, eine Aufnahme, die von Mr. Buell gemacht wurde, zeigt Chase mit seinem neuen Baseballschläger und im Hintergrund das Haus der Lisbons, bei dem alle Läden offen sind. (Wir haben festgestellt, daß ein Vergrößerungsglas hilfreich ist.) Das Foto wurde am dreizehnten Oktober geschossen – Chases Geburtstag und Eröffnungstag der »World Series«.

Außer zur Schule und zur Kirche gingen die Lisbon-Mädchen nirgendwohin. Einmal in der Woche brachte ein Lieferwagen von Kroger Lebensmittel. Der kleine Johnny Buell und Vince Fusilli hielten den Wagen einmal an, indem sie ein imaginäres Seil über die Straße spannten und rechts und links zogen wie zwei Marcel Marceaus. Der Fahrer ließ sie einsteigen, und nachdem sie ihm vorgelogen hatten, wenn sie groß seien, wollten sie auch Ausfahrer werden, durften sie sich seine Bestellscheine ansehen. Der Auftrag der Familie Lisbon, den Vince Fusilli einsteckte, war fast so umfangreich wie die Bestellung für eine ganze Armee.

    5 Pf. Krog. Mehl
    5 x 1 Gal. Carnat. Milchpulv.
    18 Rollen Klopa weiß
    24 Ds. Del. Pfirs. (in Sirup)
    24 Ds. Del. grüne Erbsen
    10 Pf. Gehacktes
    3 Weißbrote
    1 gr. Gl. Erdn. but.
    3 Kell. Cornflakes
    5 gr. Orangens.
    1 Krog. Mayo
    1 Eisberg
    1 Pf. Schinken
    1 Lks Butter
    1 Hersh. Schoko

Wir waren gespannt, was mit dem Laub geschehen würde. Seit zwei Wochen fiel es und deckte die Rasenflächen zu, damals gab es bei uns nämlich noch Bäume. Heute taumeln im Herbst nur noch ein paar müde Blätter aus den Wipfeln der übriggebliebenen Ulmen; die meisten Blätter fallen aus einer Höhe von gerade mal anderthalb Metern – von jungen Bäumen, die an Holzpfähle gebunden sind und, armseliger Ersatz, von der Stadt angepflanzt wurden, damit wir uns mit der Vorstellung trösten können, wie unsere Straße in hundert Jahren aussehen wird. Keiner weiß mit Sicherheit, was für Bäume diese neuen Bäume sind. Der Mann von der Parkverwaltung sagte nur, man habe sie ausgewählt, weil sie gegen den Ulmensplintkäfer resistent seien.

»Mit anderen Worten, nicht mal die Insekten mögen sie«, sagte Mrs. Scheer.

Früher begann der Herbst mit allgemeinem Rascheln in den Baumwipfeln; dann pflegten die Blätter sich in unerschöpflicher verschwenderischer Fülle zu lösen und in den Aufwinden wirbelnd herabzuschweben. Wir ließen sie liegen. Wir sahen zu und taten nichts, während sich zwischen den Ästen mit jedem Tag größere Flecken Himmel zeigten.

Am ersten Wochenende nach dem Laubfall begannen wir in militärischer Ordnung zu harken und hohe Blätterhaufen auf der Straße zusammenzufegen. Jede Familie hatte eine andere Methode. Die Buells arbeiteten in Dreierformation, wobei zwei Leute der Länge nach harkten und ein dritter im rechten Winkel Häufchen zusammenfegte. Die Pitzenbergers plagten sich zu zehnt – zwei Eltern, sieben Teenager und das zweijährige katholische Versehen mit einem Spielzeugrechen im Schlepptau. Mrs. Amberson, die dick war, arbeitete mit einem Laubsauger. Jeder tat sein Teil. Hinterher erfaßte uns beim Anblick des gesäuberten Grases, das wie gründlich gekämmtes Haar aussah, eine Befriedigung, die bis tief in die Eingeweide hinunterreichte. Manchmal war die Befriedigung so stark, daß wir vor lauter Wonne das Gras aufrissen und kahle Stellen zurückließen. Am Ende des Tages stellten wir uns an den Straßenrand und betrachteten unsere Rasenflächen, auf denen jeder Halm flachgedrückt, jeder Erdklumpen beseitigt und sogar manche schlafende Krokuszwiebel verletzt war. In jenen Tagen vor der weltweiten Luftverschmutzung durften wir unser Laub noch verbrennen, und abends traten alle Väter zu einem der letzten Rituale unserer zerfallenden Welt an und gingen zur Straße hinaus, um die Laubhaufen ihrer jeweiligen Familie anzuzünden.

Bei den Lisbons harkte im allgemeinen Mr. Lisbon allein und sang dazu mit seiner hohen Tenorstimme.

Aber mit fünfzehn hatte Therese angefangen, ihm zu helfen, und seither bearbeitete sie regelmäßig in Männerkleidern, mit kniehohen Gummistiefeln und einer Fischermütze den Rasen. Abends zündete Mr. Lisbon seinen Haufen an wie alle anderen Väter, aber seine Sorge, das Feuer könnte außer Kontrolle geraten, schmälerte seine Befriedigung. Er ging wachsam um seinen Haufen herum, warf Blätter zur Mitte, schaffte rundherum Ordnung, und wenn Mr. Wandsworth ihm dann wie allen anderen Vätern einen Schluck aus seinem Flachmann mit Monogramm anbot, pflegte Mr. Lisbon zu sagen: »Danke, nein. Danke, nein.«

Im Jahr der Selbstmorde blieb das Laub der Lisbons liegen. Am fraglichen Samstag rührte sich Mr. Lisbon nicht aus dem Haus. Wir schauten beim Rechen von Zeit zu Zeit zum Haus hinüber, in dessen Mauern sich die Feuchtigkeit des Herbstes festsetzte, und dessen bunter, laubübersäter Rasen von Flächen eingeschlossen war, die zunehmend nackter und grüner wurden. Je mehr Blätter wir wegfegten, desto höher schienen sie drüben im Garten der Lisbons zu liegen, wo sie die Büsche erstickten und die unterste Stufe der Verandatreppe zudeckten. Als wir am Abend die Feuer anzündeten, sprang jedes Haus rotglühend aus der Finsternis. Nur das Haus der Lisbons blieb dunkel, ein Tunnel, eine Leere hinter unseren Flammen und Qualmwolken. Die Wochen vergingen, und die Blätter blieben liegen. Als der Wind sie auf die Rasen der Nachbarn blies, gab es Murren. »Das sind nicht *meine* Blätter«, sagte Mrs. Amberson und stopfte sie in einen Kanister. Es regnete zweimal, und das Laub wurde naß und braun. Der Rasen der Lisbons sah aus wie ein schlammiger Acker.

Die zunehmende Verwahrlosung des Hauses lockte die ersten Reporter an. Mr. Baubee, der Herausgeber der Lokalzeitung, verteidigte weiterhin seine Entscheidung, nicht über eine so persönliche Tragödie wie einen Selbstmord zu berichten. Statt dessen beschäftigte er sich mit der Kontroverse über die neuen Schutzgeländer, die unser Seeufer verstellten, oder mit dem Patt bei den Verhandlungen im Friedhofsarbeiterstreik, der sich nunmehr in seinem fünften Monat befand (die Leichen wurden inzwischen in Kühlwagen über die Staatsgrenze transportiert). In der Spalte ›Willkommen, Nachbarn‹ wurden weiterhin neu Zugezogene vorgestellt, die vom üppigen Grün, der Ruhe und den prachtvollen Veranden unseres Städtchens angezogen worden waren – ein entfernter Vetter Winston Churchills in seinem Haus am Windmill Pointe Boulevard, der eigentlich zu mager aussah, um mit dem Premierminister verwandt zu sein; Mrs. Shed Turner, die erste Weiße, die den Urwald von Papua-Neuguinea durchquert hatte und auf ihrem Schoß etwas hielt, das wie ein Schrumpfkopf aussah, im Untertitel jedoch als »ihr Yorkie William the Conqueror« ausgewiesen wurde.

Im Sommer hatten die städtischen Zeitungen ganz einfach wegen seiner Alltäglichkeit nicht über Cecilias Selbstmord berichtet. Infolge von Massenentlassungen bei den Autoherstellern verging kaum ein Tag, an dem nicht irgendein Verzweifelter im Sog der Rezession unterging; Männer wurden in Garagen bei laufendem Motor gefunden oder, noch in Arbeitskleidung, in der Dusche erhängt. Nur die Kombination Mord-Selbstmord kam in die Zeitung, und dann auch nur auf die dritte oder vierte Seite: Geschichten von Vätern, die die ganze Familie erschossen, ehe sie die Waffe gegen sich selbst richteten, Beschreibungen von Männern, die ihre eigenen Häuser in Brand steckten, nachdem sie sämtliche Türen abgeschlossen und verriegelt hatten. Mr. Larkin, der Herausgeber der größten städtischen Zeitung, wohnte nur eine halbe Meile von den Lisbons entfernt, und er wußte ganz zweifellos, was geschehen war. Joe Hill Conley, der immer wieder mal mit Missy Larkin herummachte (sie war seit einem Jahr in ihn verliebt, obwohl sein Gesicht dauernd von Schnittwunden entstellt war, die er sich beim Rasieren holte), versicherte uns, daß Missy und ihre Mutter in Mr. Larkins Hörweite über den Selbstmord gesprochen hatten, er jedoch, auf seinem Liegestuhl in der Sonne ausgestreckt, mit einem feuchten Tuch auf den Augen, kein Interesse gezeigt hatte. Dennoch wurde am fünfzehnten Oktober, mehr als drei Monate später, ein Leserbrief veröffentlicht, in dem in aller Kürze die Umstände von Cecilias Selbstmord skizziert und die Schulen aufgerufen wurden, sich der »überwältigenden Ängste der Teenager von heute« anzunehmen. Der Brief war mit »Mrs. I. Dew Hopewell« unterzeichnet, unverkennbar ein Pseudonym, gewisse Einzelheiten jedoch wiesen auf eine Person aus unserer Straße hin. Zunächst einmal hatte ja der Rest des Ortes zu der Zeit bereits Cecilias Selbstmord vergessen, während wir durch die zunehmende Vernachlässigung des Hauses der Lisbons ständig an das Unglück hinter seinen Mauern erinnert wurden. Jahre später, als es keine Töchter mehr zu retten gab, gestand Mrs. Denton, diesen Brief in einem Anfall moralischer Entrüstung unter ihrer Trockenhaube geschrieben zu haben. Sie bedauerte es nicht. »Man kann doch nicht untätig zuschauen, wie das ganze Viertel in die Binsen geht«, sagte sie. »Wir sind hier schließlich rechtschaffene Leute.«

Am Tag nach dem Erscheinen des Leserbriefes hielt vor dem Haus der Lisbons ein blauer Pontiac, und eine fremde Frau stieg aus. Nachdem sie die Adresse anhand eines Zettels nachgeprüft hatte, ging sie zur vorderen Veranda, die seit Wochen niemand mehr betreten hatte. Shaft Tiggs, der Zeitungsjunge, schleuderte die Zeitungen jetzt aus einer Entfernung von drei Metern vor die Tür. Er hatte sogar aufgehört, donnerstags zu kassieren (seine Mutter erstattete ihm den Verlust aus der eigenen Tasche, nachdem sie ihn gewarnt hatte, seinem Vater etwas zu sagen). Die Veranda, auf der wir gestanden hatten, als wir den ersten Blick nach Cecilia auf dem Zaun geworfen hatten, war so etwas wie ein Sprung im Bürgersteig geworden: Wenn man darauf trat, bedeutete das Pech. Der Fußabtreter aus Kunststoffrasen rollte sich an den Ecken. Ungelesene Zeitungen lagen in einem durchweichten Haufen übereinander, und von den Buntbildern im Sportteil ging die rote Farbe aus. Aus dem Metallbriefkasten stieg Rostgeruch auf. Die junge Frau schob die Zeitungen mit ihrem blauen hochhackigen Schuh weg und klopfte. Die Tür wurde einen Spalt geöffnet, die Frau spähte blinzelnd in die Dunkelheit und legte sogleich ihre Platte auf. Irgendwann fiel ihr auf, daß die Person drinnen einen halben Kopf kleiner war, als sie bisher gedacht hatte, und sie stellte ihren Blick entsprechend um. Sie zog ein kleines Heft aus der Tasche und wedelte damit herum, wie die Spione in Kriegsfilmen immer mit gefälschten Papieren wedeln. Es klappte. Die Tür wurde noch ein Stück geöffnet, und sie wurde hereingelassen.

Linda Perls Story erschien am folgenden Tag. Mr. Larkin war allerdings nie bereit, über seine Gründe zu sprechen, sie zu bringen. Sie enthielt einen detaillierten Bericht über Cecilias Selbstmord. Aus den Zitaten in dem Artikel (Sie können ihn selbst lesen, wenn Sie möchten; wir haben ihn als Beweisstück Nr. 9 beigelegt) geht klar hervor, daß Miss Perl, eine bei der Zeitung festangestellte Reporterin, die erst kürzlich von einem Provinzblatt in Mackinac gekommen war, lediglich Bonnie und Mary interviewen konnte, bevor Mrs. Lisbon sie hinauswarf. Die Story folgt dem Muster der vielen ›Mitmenschen‹-Artikel, die damals gerade im Schwange waren. Sie zeichnet das Bild der Familie Lisbon in gröbsten Allgemeinplätzen. Wendungen wie: »Der Nobelvorort, der mehr wegen seiner

Debütantinnenbälle als wegen Beerdigungen junger Mädchen im Debütantinnenalter bekannt ist« und: »Den intelligenten, lebhaften Mädchen ist von dem kürzlich geschehenen Unglück kaum etwas anzumerken«, geben einen Eindruck von Miss Perls Stil. Nach einer höchst oberflächlichen Beschreibung Cecilias (»Sie malte gern und führte ein Tagebuch«) löst Miss Perl das Geheimnis ihres Todes mit Schlußfolgerungen dieser Art: »Psychologen sind sich darin einig, daß die Adoleszenz heute weit mehr Druck und Komplexität mit sich bringt als in früheren Jahren. Häufig erweist sich die verlängerte Kindheit, die die amerikanische Gesellschaft ihren jungen Menschen beschert, als Niemandsland, in dem die Jugendlichen sich sowohl von der Kindheit als auch vom Erwachsensein abgeschnitten fühlen. Oft kann dadurch die Selbstfindung gestört werden. Immer häufiger, sagen die Ärzte, kann diese Frustration zu Gewaltakten führen, deren Realität der Jugendliche nicht von dem beabsichtigten dramatischen Schauspiel trennen kann.«

Auf den ersten Blick scheint der Artikel alle Sensationsmachen zu meiden, indem er die Leser auf eine allgemeine gesellschaftliche Gefahr aufmerksam macht. Am folgenden Tag erschien ein Bericht über Selbstmord bei Jugendlichen, ebenfalls aus Miss Perls Feder, komplett mit Kurven und Diagrammen, in dem Cecilia nur im ersten Satz erwähnt wurde: »Der Selbstmord eines jungen Mädchens von der East Side im vergangenen Sommer hat das öffentliche Bewußtsein für eine nationale Krise geschärft.« Von da an hatten alle freie Bahn. Es kamen Artikel heraus, in denen die Selbstmorde aller Jugendlichen im ganzen Staat während des vergangenen Jahres behandelt wurden. Fotografien wurden veröffentlicht, Schulporträts im allgemeinen, die bekümmerte Jugendliche im Sonntagsstaat zeigten, Jungen mit flaumigen Schnurrbärten und Krawattenknoten wie Kröpfe, Mädchen mit spraygesteiftem

Haar und Goldkettchen um die zarten Hälse, auf deren Anhängern »Sherri« oder »Gloria« stand. Schnappschüsse von zu Hause zeigten die Teenager lächelnd in glücklicheren Zeiten, häufig vor einer Geburtstagstorte im Glanz der letzten Kerzen. Da Mr. und Mrs. Lisbon sich weigerten, Interviews zu geben, mußten die Zeitungen sich Fotos von Cecilia aus unserem Schuljahrbuch ›Spirit‹ beschaffen. Auf der herausgerissenen Seite (Beweisstück Nr. 4) blickt uns Cecilias forschendes Gesicht, umrahmt von den Schultern zweier Schulkameraden, entgegen. Fernsehteams kamen, um das immer trostloser werdende Haus der Lisbons zu filmen, zuerst Channel Two, dann Channel Four, schließlich Channel Seven. Wir schauten extra, ob wir das Haus der Lisbons in der Sendung sehen würden, aber sie verwendeten das Material erst Monate später, nachdem die übrigen Mädchen sich umgebracht hatten, und da stimmte die Jahreszeit nicht mehr. In der Zwischenzeit brachte eine lokale Fernsehstation eine Sendung über Selbstmord bei Teenagern und lud zwei Mädchen und einen Jungen ein, um sie die Gründe für ihre Selbstmordversuche erklären zu lassen. Wir hörten ihnen zu, aber es war klar, daß sie viel zuviel Therapie gemacht hatten, um die Wahrheit noch zu wissen. Ihre Antworten klangen einstudiert, und sie hantierten mit Begriffen wie Selbstachtung und anderen Worten, die ihnen hölzern über die Lippen kamen. Eines der Mädchen, Rannie Jilson, hatte versucht, ihrem Leben ein Ende zu machen, indem sie einen Kuchen voll Rattengift buk, weil sie den ohne Verdacht zu erregen essen konnte, aber sie hatte es nur geschafft, ihre sechsundachtzigjährige Großmutter zu töten, die leidenschaftlich gern Süßes aß. An dieser Stelle brach Rannie in Tränen aus, die Gastgeberin tröstete sie, und schon folgte der Werbespot.

Viele Leute wandten sich gegen die Artikel und Fernsehsendungen, weil sie so lange nach dem Geschehen gebracht wurden. Mrs. Eugene sagte: »Warum kann man sie nicht in Frieden ruhen lassen«, während Mrs. Larson darüber jammerte, daß der Medienrummel »genau in dem Moment« eingesetzt hatte, »als alles wieder seinen normalen Gang zu gehen begann«. Dennoch machte uns die Berichterstattung auf Gefahrensignale aufmerksam, auf die wir nun automatisch achteten. Waren die Pupillen der Lisbon-Mädchen erweitert? Fielen sie durch übermäßigen Gebrauch von Nasenspray auf? Von Augentropfen? Hatten sie das Interesse an Schulaktivitäten, an Sport, an Hobbys verloren? Hatten sie sich von ihren gleichaltrigen Freunden zurückgezogen? Bekamen sie ohne Anlaß Heulkrämpfe? Klagten sie über Schlaflosigkeit, Schmerzen in der Brust, ständige Müdigkeit? Broschüren trafen ein, dunkelgrün mit weißer Beschriftung, die von unserer örtlichen Industrie- und Handelskammer versandt worden waren. »Wir fanden grün freundlich. Aber nicht zu freundlich«, sagte Mr. Babson, der Präsident. »Grün ist auch eine ernste Farbe. Darum haben wir es gewählt.« Die Broschüren erwähnten Cecilias Tod nicht, sondern befaßten sich statt dessen ausführlich mit den Ursachen von Selbstmord im allgemeinen. Wir erfuhren, daß in Amerika 80 Selbstmorde pro Tag verübt wurden, 30 000 im Jahr, daß jede Minute ein Selbstmord versucht, alle achtzehn Minuten einer vollendet wurde, daß drei- bis viermal so viele Männer wie Frauen Selbstmord verübten, aber dreimal so viele Frauen wie Männer den Versuch machten, daß mehr Weiße als Nichtweiße Selbstmord verübten, daß die Selbstmordrate unter den jungen Menschen (15–24) sich in den letzten vier Jahrzehnten verdreifacht hatte, daß Selbstmord als Todesursache unter High-School-Schülern an zweiter Stelle rangierte, daß 25 Prozent aller Selbstmorde in dieser Gruppe von 15 bis 24 verübt wurden, daß jedoch entgegen unseren Erwartungen, die höchste Selbstmordrate bei den Männern über fünfzig zu verzeichnen war. Viele Männer sagten hinterher, Aufsichtsratsmitglieder der Industrie- und Handelskammer, Mr. Babson, Mr. Laurie, Mr. Peterson und Mr. Hocksteder, hätten große Weitsicht bewiesen, als sie vorausgesagt hatten, wie negativ sich die Panikmache auf das Ansehen unseres Städtchens und in Konsequenz auf das Geschäftsleben auswirken würde. Während die Selbstmorde andauerten und noch einige Zeit danach, machte sich die Industrie- und Handelskammer weniger Sorgen um den Zustrom schwarzer Käufer, sondern mehr um die Abwanderung weißer. Mutige Schwarze schlichen sich schon seit Jahren ein, im allgemeinen allerdings Frauen, die unter unseren Dienstmädchen gar nicht auffielen. Das Geschäftsviertel in der Stadtmitte war so heruntergekommen, daß die meisten Schwarzen nirgendwo anders hingehen konnten. Nicht aus eigener Wahl gingen sie an unseren Schaufenstern vorüber, in denen elegante Schaufensterpuppen grüne Röcke vorführten, rosafarbene Espadrilles, blaue Handtaschen mit küssenden goldenen Fröschen als Verschluß. Obwohl wir immer Indianer gespielt hatten und nicht Cowboys, obwohl wir Travis Williams als den Mann betrachteten, der den Anstoß am besten parierte, und Willie Horton für uns der beste Schläger war, schockierte uns nichts mehr als ein Schwarzer, der in der Kercheval Street einkaufte. Wir konnten nicht umhin, uns zu fragen, ob gewisse »Verbesserungen« im Village nicht vorgenommen worden waren, um die Schwarzen abzuschrecken. Das Gespenst im Fenster des Kostümverleihs beispielsweise hatte einen unangenehm spitzen, vermummten Kopf, und das Restaurant hatte ohne jede Erklärung gebratenes Huhn von der Speisekarte genommen. Aber wir erfuhren nie, ob diese Entwicklungen geplant gewesen waren, denn sobald die Selbstmorde begannen, wandte die Industrie- und Handelskammer ihre Aufmerksamkeit einer »Gesundheitskampagne‹« zu. Unter dem

Vorwand der Erziehung zur Gesundheit wurden in den Turnsälen der Schulen Tische aufgestellt, an denen Flugblätter über alle möglichen Krankheiten vom Darmkrebs bis zu Diabetes ausgegeben wurden. Die Hare Krishnas durften kahlköpfig ihre Gesänge zum Besten geben und kostenlos zuckrige vegetarische Speisen servieren. Hand in Hand mit diesem neuen Ansatz gingen die grünen Broschüren und familientherapeutische Sitzungen, bei denen die Kinder aufstehen und ihre Alpträume beschreiben mußten. Willie Kuntz, dessen Mutter ihn zu einer mitnahm, sagte: »Die waren nicht bereit, mich da rauszulassen, solange ich nicht geheult und meiner Mutter gesagt hatte, daß ich sie liebhab. Also hab ich es getan. Aber das Heulen hab ich nur vorgetäuscht. Man muß sich nur die Augen reiben, bis sie weh tun. Das klappt dann schon.«

Inmitten dieser zunehmenden Wachsamkeit gelang es den Mädchen, in der Schule nicht aufzufallen. Die Eindrücke, die verschiedene Leute damals von ihnen gewannen, verschmolzen zu einem Gesamtbild, das sie zeigte, wie sie in dicht geschlossener Gruppe durch den Hauptkorridor gingen. Sie gingen unter der großen Schuluhr hindurch, deren Minutenzeiger wie ein schwarzer Finger zu ihren zarten Köpfen hinunterwies. Immer erwarteten wir, daß die Uhr herabstürzen würde, aber sie tat es nie, und bald hatten die Mädchen die Gefahr hinter sich, und durch ihre Röcke schimmerte das Licht vom anderen Ende des Korridors und zeigte uns die Gabelung ihrer Beine. Folgten wir ihnen jedoch, so verschwanden die Mädchen, und suchten wir in den Klassenzimmern, die sie betreten haben konnten, so sahen wir alle anderen Gesichter, nur nicht die ihren, oder aber wir schossen über die von ihnen gelegte Spur hinaus und landeten in der Grundschule mitten in Fingerfarbengeschmier, das uns überhaupt nichts sagte. Noch heute macht der Geruch von Ei-Tempera diese fruchtlosen Verfolgungsjagden wieder lebendig. Die Gänge, die abends von einsamen Hausmeistern gereinigt wurden, waren still, und wir folgten einem langen Bleistiftpfeil, den irgendein Schüler an die Wand gezeichnet hatte, und sagten uns dabei, daß wir diesmal mit den Lisbon-Mädchen sprechen und sie fragen würden, was sie bedrückte. Manchmal sahen wir flüchtig Beine in heruntergerutschten Kniestrümpfen hinter einer Ecke verschwinden oder stießen auf die Mädchen, wie sie gekrümmt ihre Bücher in ein Fach schoben und sich dabei das Haar aus den Augen strichen. Aber es war immer das gleiche: ihre weißen Gesichter glitten im Zeitlupentempo an uns vorüber, während wir so taten, als hätten wir gar nicht nach ihnen gesucht, wüßten gar nicht, daß sie existierten.

Wir haben einige Dokumente aus dieser Zeit (Beweisstücke Nr. 13 bis 15) – Thereses Chemieschulaufgaben, Bonnies Geschichtsaufsatz über Simone Weil, Lux' zahlreiche gefälschte Entschuldigungen für den Turnunterricht. Sie wandte immer die gleiche Methode an, fälschte die starren t's und b's der Unterschrift ihrer Mutter und schrieb dann, um ihre eigene Handschrift davon abzuheben, Lux Lisbon darunter, zwei flehende L's, die über den Abgrund des U und den Stacheldraht des X hinweg sehnsüchtig die Arme nacheinander ausstreckten. Julie Winthrop, die ebenfalls immer den Sportunterricht schwänzte, verbrachte viele Stunden mit Lux in der Mädchengarderobe. »Wir sind immer auf die Schränke hinaufgeklettert und haben geraucht«, erzählte sie uns. »Von unten konnte man uns nicht sehen, und wenn Lehrer kamen, konnten sie nicht feststellen, woher der Rauch kam. Meistens dachten sie, die Leute, die geraucht hatten, wären schon wieder weg.« Julie Winthrop zufolge waren sie und Lux nur »Ziggie-Freundinnen« und sprachen oben auf den Garderobenschränken nicht viel miteinander, da sie zu sehr damit beschäftigt waren, zu rauchen und auf Schritte zu horchen. Sie sagte allerdings, daß Lux eine künstliche Härte zeigte, die vielleicht eine Reaktion auf Schmerz war. »Sie sagte dauernd ›Scheiß auf die Schule‹ oder ›Ich kann's kaum erwarten, daß ich hier rauskomme‹. Aber so haben viele andere auch geredet.« Einmal jedoch, als sie ihre Zigaretten zu Ende geraucht hatten, sprang Julie von den Schränken und ging zur Tür. Als Lux nicht folgte, rief sie ihren Namen. »Aber sie antwortete immer noch nicht. Da bin ich zurückgegangen und habe auf die Schränke hinaufgeschaut. Sie lag oben und hatte ganz fest die Arme um sich geschlungen. Sie machte überhaupt kein Geräusch. Sie zitterte nur, als wäre ihr eiskalt.«

Unsere Lehrer erinnerten sich der Mädchen in dieser Zeit auf unterschiedliche Weise, je nach dem Fach, das sie unterrichteten. Mr. Nillis sagte von Bonnie: »Es war Algebra. Da sind wir uns nicht gerade nahegekommen«, während Señor Lorca von Therese sagte: »Ein großes Mädchen. Ich denke, kleiner vielleicht glücklicher. So ist das nun mal im Leben und mit den Männern.« Obwohl sie kein angeborenes Sprachtalent besaß, sprach Therese offenbar mit glaubwürdigem kastilischem Akzent und besaß ein ausgezeichnetes Gedächtnis für den Wortschatz. »Sie konnte Spanisch sprechen«, sagte Señor Lorca, »aber nicht *fühlen*.«

In ihrer schriftlichen Antwort auf unsere Fragen (sie wollte Zeit zum »Nachdenken und Überlegen«) erklärte Miss Arndt, die Kunstlehrerin: »Marys Aquarelle besaßen, was ich in Ermangelung eines besseren Wortes einmal eine gewisse Wehmut nennen will. Aber meiner Erfahrung nach gibt es nur zwei Sorten von Kindern: die hohlköpfigen (fauvistische Blumen, Hunde und Segelboote) und die intelligenten (Gouachen städtischen Verfalls, düstere Abstraktionen) – sehr ähnlich meiner eigenen Malerei auf dem College und in den drei berauschenden Jahren im ›Village‹. Konnte ich voraussehen, daß sie Selbstmord verüben würde? Ich bedaure es zu sagen – nein. Mindestens zehn Prozent meiner Schüler wurden mit modernistischen Neigungen geboren. Ich frage Sie: Ist Stumpfsinn ein Geschenk? Intelligenz ein Fluch? Ich bin siebenundvierzig Jahre alt und lebe allein.«

Tag für Tag stießen die Mädchen sich selbst aus. Weil sie immer in der Gruppe blieben, fiel es anderen Mädchen schwer, mit ihnen zu sprechen oder sich ihnen anzuschließen, und viele nahmen an, sie wollten in Ruhe gelassen werden. Und je mehr man die Lisbon-Mädchen in Ruhe ließ, desto weiter zogen sie sich zurück. Sheila Davis erzählte von einer englischen Lerngruppe, in der sie mit Bonnie Lisbon zusammengewesen war. »Wir sprachen über das Buch ›Bildnis einer Dame‹. Wir sollten eine Charakteristik von Ralph geben. Bonnie sagte anfangs nicht viel. Aber dann erinnerte sie uns daran, daß Ralph immer seine Hände in den Taschen läßt. Und da sage ich Idiotin doch: ›Es ist wirklich traurig, als er stirbt.‹ Ich habe überhaupt nicht überlegt. Grace Hilton rempelte mich an, und ich wurde knallrot. Es wurde mucksmäuschenstill.«

Mrs. Woodhouse, die Frau des Schulleiters, hatte die Idee mit dem »Tag der Trauer«. Sie hatte auf dem College im Hauptfach Psychologie studiert und arbeitete jetzt zweimal in der Woche ehrenamtlich in einem Head-Start-Programm für Behinderte in der Innenstadt. »In der Zeitung war immer wieder über Selbstmord geschrieben worden, aber in der Schule hatten wir es das ganze Jahr nicht ein einziges Mal erwähnt«, sagte sie fast zwanzig Jahre später zu uns. »Ich fand, Dick sollte die Sache zum Schulanfang in seiner Willkommensrede ansprechen, aber er war anderer Meinung, und ich mußte mich ihm beugen. Aber als dann die Stimmen immer lauter wurden, hat er sich langsam zu meiner Ansicht bekehrt.« (Tatsächlich hatte Mr. Woodhouse das Thema, wenn auch durch die Blume, sehr wohl in seiner Willkommensrede bei Schulbeginn angesprochen. Nachdem er die neuen

Lehrer vorgestellt hatte, sagte er nämlich: »Für manche von uns hier war es ein langer, schwerer Sommer. Aber heute fängt ein neues Jahr an, mit neuen Hoffnungen und neuen Zielen.«) Mrs. Woodhouse trug ihre Idee bei einem Abendessen in dem bescheidenen Bungalow, der ihrem Mann dienstlich zur Verfügung stand, einigen Abteilungsleitern vor und präsentierte sie in der folgenden Woche bei einer Lehrerkonferenz. Mr. Pulff, der wenig später ging, um einen Posten in der Werbebranche anzunehmen, erinnerte sich an einige Worte, die Mrs. Woodhouse an jenem Tag sagte. »›Der Schmerz ist etwas Natürliches‹, sagte sie. ›Ihn zu verarbeiten, ist Sache eigener Entscheidung.‹ Das ist mir in Erinnerung geblieben, weil ich es später für ein Diätprodukt verwendet habe: ›Essen ist etwas Natürliches. Dick werden ist eine Sache eigener Entscheidung.‹ Vielleicht haben Sie's gesehen.« Mr. Pulff stimmte gegen den »Tag der Trauer«, gehörte aber zur Minderheit. Das Datum wurde festgesetzt.

Die meisten Leute haben den »Tag der Trauer« als einen obskuren Feiertag im Gedächtnis. Die ersten drei Unterrichtsstunden fielen aus, und wir blieben in unseren angestammten Klassenzimmern. Die Lehrer gaben vervielfältigte Blätter zum Thema des Tages aus, das offiziell nie bekanntgegeben wurde, da Mrs. Woodhouse es für unpassend hielt, das Unglück der Mädchen herauszuheben. Das Resultat war, daß die persönliche Tragödie verwässert und verallgemeinert wurde. Wie Kevin Tiggs es formulierte: »Wir hatten den Eindruck, wir sollten alles betrauern, was je auf dieser Welt geschehen war.« Den Lehrern war freigestellt, Material ihrer eigenen Wahl zum Thema des Tages beizusteuern. Mr. Hedlie, der Englischlehrer, der immer mit dem Fahrrad zur Schule kam und seine Hosenbeine unten mit Metallklammern zusammenkniff, verteilte eine Auswahl von Gedichten der viktorianischen Dichterin Christina Rossetti. Deborah

Ferentell erinnerte sich einiger Zeilen aus einem Poem mit dem Titel ›Rest‹:

> *O Earth, lie heavily upon her eyes;*
> *Seal her sweet eyes weary of watching, Earth;*
> *Lie close around her; leave no room for mirth*
> *With its harsh laughter, nor for sound of sighs.*
> *She hath no questions, she hath no replies.*

Reverend Pike sprach über die christliche Botschaft von Tod und Wiedergeburt und verflocht das mit einem Bericht über seinen eigenen herzzerreißenden Kummer, als sein College-Footballteam knapp an der Eroberung des Meistertitels scheiterte. Mr. Tonover, der Chemie unterrichtete und immer noch bei seiner Mutter lebte, fehlten zu dem Anlaß die Worte, und er ließ seine Schüler deshalb über dem Bunsenbrenner Erdnüsse rösten. Andere Klassen teilten sich in Gruppen auf und machten Spiele, bei denen es darum ging, sich selbst als Bauwerk zu sehen. »Wenn du ein Bauwerk wärst«, fragte der Anführer, »was für eines wärst du dann?« Sie mußten diese Bauwerke ganz ausführlich beschreiben und dann Verbesserungen vornehmen. Die Lisbon-Mädchen, die in getrennten Zimmern festsaßen, weigerten sich mitzuspielen oder fragten alle paar Minuten, ob sie austreten dürften. Keiner der Lehrer bestand darauf, daß sie sich beteiligten, und das Resultat war, daß das ganze Heilen von denen erledigt wurde, die keine Verletzungen hatten. Mittags sah Becky Talbridge die Lisbon-Mädchen zusammen in der Mädchentoilette im Naturwissenschaftlichen Flügel. »Sie hatten sich Stühle aus dem Korridor hineingetragen und haben einfach nur dagesessen und gewartet. Mary hatte eine Leiter in ihrem Nylonstrumpf – könnt ihr euch vorstellen, daß sie Nylons trug? – und verklebte sie mit Nagellack. Ihre Schwestern haben ihr dabei zugeschaut, aber sie wirkten ziemlich gelangweilt. Ich bin in die Kabine rein, aber ich habe sie da draußen gespürt und konnte nicht – ich meine, ich konnte nicht gehen.«

Mrs. Lisbon erfuhr nie vom »Tag der Trauer«. Weder ihr Mann noch ihre Töchter erwähnten ihn, als sie an dem Tag nach Hause kamen. Mr. Lisbon war natürlich bei der Lehrerkonferenz dabei gewesen, als Mrs. Woodhouse ihren Vorschlag gemacht hatte, aber die Berichte über seine Reaktion weichen voneinander ab. Mr. Rodriguez erinnerte sich, daß er »nickte, aber nichts sagte«, während Miss Shuttleworth in Erinnerung hatte, daß er die Konferenz verließ, kurz nachdem sie angefangen hatte, und nie zurückkam. »Er hat vom ›Tag der Trauer‹ überhaupt nichts gehört. Er ging in einem Zustand völliger Zerstreutheit und seinem Wintermantel«, sagte sie, als wollte sie uns immer noch rhetorische Figuren abhören (das Zeugma in diesem Fall), die wir identifizieren mußten, ehe wir gehen durften. Als Miss Shuttleworth zum Gespräch ins Zimmer kam, standen wir respektvoll auf wie immer, und obwohl wir uns der Lebensmitte näherten und einige von uns schon ihr Haar verloren hatten, bezeichnete sie uns als »Kinderchen«, wie damals vor so langer Zeit in der Schule. Sie hatte immer noch die Gipsbüste Ciceros auf ihrem Pult und die Nachahmung einer griechischen Urne, die wir ihr zum Abschied geschenkt hatten, und besaß auch jetzt noch die Ausstrahlung einer gepuderten, zölibatären Universalgelehrten. »Ich glaube nicht, daß Mr. Lisbon vom *Dies Lacrimarum* wußte. Er erfuhr erst davon, als die Sache schon in vollem Gange war. Ich kam in der zweiten Stunde an seinem Klassenzimmer vorbei, und da saß er in seinem Drehstuhl an der Tafel und unterrichtete. Ich glaube, keiner hatte die Courage aufgebracht, ihn auf die Aktivitäten des Tages hinzuweisen.« In der Tat, als wir Jahre später mit ihm sprachen, hatte Mr. Lisbon nur eine vage Erinnerung an den »Tag der Trauer«.

Lange Zeit war man sich über den Erfolg der verschiedenen Versuche, Cecilias Selbstmord zum Thema zu machen, nicht einig. Mr. Woodhouse meinte, der »Tag der Trauer« habe einem wichtigen Zweck gedient, und viele Lehrer waren froh, daß das Schweigen, das das Thema bisher umgeben hatte, gebrochen worden war. Eine psychologische Beraterin kam einmal in der Woche in die Schule und teilte sich das kleine Arztzimmer mit der Schulschwester. Jeder Schüler, der das Bedürfnis hatte, sich auszusprechen, wurde ermutigt, sie aufzusuchen. Wir gingen nie hin, aber wir linsten jeden Freitag ins Zimmer, um zu sehen, ob vielleicht eines der Lisbon-Mädchen bei der Beraterin war. Sie hieß Miss Lynn Kilsem, aber ein Jahr später, nach den restlichen Selbstmorden, verschwand sie ohne ein Wort. Ihr Diplom in Sozialpädagogik erwies sich als Fälschung, und niemand ist sicher, ob sie wirklich Lynn Kilsem hieß oder wer sie sonst war und wohin sie verschwand. Auf jeden Fall gehörte sie zu den wenigen Leuten, die wir nicht aufspüren konnten, und, Ironie des Schicksals, auch zu den wenigen Leuten, die uns vielleicht etwas hätten sagen können. Denn anscheinend suchten die Mädchen Miss Kilsem regelmäßig freitags auf, obwohl wir sie in diesem Witz von einem Arztzimmer mit seinen armseligen medizinischen Hilfsmitteln nie sahen. Miss Kilsems Unterlagen wurden fünf Jahre später bei einem Bürobrand vernichtet (eine Kaffeemaschine, eine schadhafte Verlängerungsschnur), und wir haben keinerlei genaue Informationen über die Sitzungen. Muffie Perry jedoch, der Miss Kilsem als Sportpsychologin dienen mußte, erinnerte sich, Lux und Mary häufig im Arztzimmer gesehen zu haben und manchmal auch Therese und Bonnie. Wir hatten jede Menge Schwierigkeiten, Muffie Perry ausfindig zu machen, da es über ihren Ehenamen so viele Gerüchte gab. Ein paar Leute sagten, sie heiße jetzt Muffie Friewald, andere behaupteten, Muffie von

Rechewicz, aber als wir sie aufstöberten, mit der Pflege der seltenen Orchideen beschäftigt, die ihre Großmutter dem Botanischen Garten Belle Isle vermacht hatte, sagte sie, ihr Name sei immer noch Muffie Perry und basta; wie in den Tagen ihrer Feldhockeytriumphe. In der dunstigen Treibhausluft, unter wirren Kletterpflanzen und fetten Lianen, erkannten wir sie zuerst nicht, und als wir sie mit viel gutem Zureden unter die Blumenlampe gelotst hatten, sahen wir, daß sie dick und faltig und ihr kräftiger Torschützenrücken krumm geworden war, daß ihre kleinen Zähne im hellen Zahnfleisch jedoch unverändert waren. Der Verfall der Belle Isle war mit schuld an unserer düsteren Beurteilung. Wir hatten die anmutige, feigenförmige Insel, die zwischen dem amerikanischen Empire und dem friedlichen Kanada lag, so in Erinnerung, wie sie vor Jahren gewesen war: mit dem freundlichen rot-weiß-blauen Blumenbeet in Flaggenform, mit plätschernden Springbrunnen, dem europäischen Casino und Reitwegen durch einen Wald, in dem Indianer Bäume zu gewaltigen Bogen gekrümmt hatten. Jetzt wuchs das Gras in Büscheln bis zum abfallübersäten Strand hinunter, wo Kinder mit Keksen, die sie an Schnüre gebunden hatten, fischten. Von den einst leuchtenden Gazebos blätterte die Farbe. Trinkbrunnen standen in Schlammpfützen, die mit Trittsteinen aus gebrochenen Ziegeln ausgelegt waren. Das Granitgesicht des Bürgerkriegshelden an der Straße hatte jemand schwarz gesprüht. Mrs. Huntington Perry hatte dem Botanischen Garten ihre wertvollen Orchideen in der Zeit vor den Unruhen vermacht, als die öffentlichen Gelder noch üppig flossen, aber seit ihrem Tod hatte das abbröckelnde Steueraufkommen Kürzungen erforderlich gemacht, die die Entlassung eines ausgebildeten Gärtners pro Jahr nach sich gezogen hatten. Die Gewächse, die die Verpflanzung aus äquatorialen Gegenden überstanden hatten und in diesem falschen Paradies erneut erblüht waren, siechten nun dahin, zwischen gewissenhaft geschriebenen Namensschildchen begann Unkraut zu wuchern, und falsches Sonnenlicht strömte nur wenige Stunden pro Tag auf die Pflanzen herab. Unverändert war einzig der Wasserdampf, der die schrägen Treibhausfenster beschlug und unsere Nasen mit Feuchtigkeit und dem Aroma einer verfaulenden Welt füllte.

Dieser Verfall hatte Muffie Perry zur Rückkehr veranlaßt. Die *Cycnoches* ihrer Großmutter wären beinahe an Fäule eingegangen; Parasiten drohten ihre drei außergewöhnlichen *Dendrobia* zu überwältigen; und der Kasten mit den kleinen *Masdevalliae*, deren dunkelrote samtige Blütenblätter mit den blutroten Spitzen Mrs. Huntington Perry durch ausgeklügelte Hybridisierung selbst gezüchtet hatte, sah nur noch aus wie ein Beet billiger Gärtnereistiefmütterchen. Ihre Enkelin hatte ihre Zeit daran gegeben, weil sie gehofft hatte, die Blumen zu ihrer früheren Pracht aufpäppeln zu können, aber es sei hoffnungslos, sagte sie. Hoffnungslos. Man verlangte von den Pflanzen, daß sie in der Beleuchtung eines unterirdischen Verlieses gediehen. Rowdys sprangen über die Zäune, tobten durch das Treibhaus und rissen nur zum Spaß die Pflanzen aus. Einem dieser Vandalen hatte Muffie Perry es mit einem Pflanzenheber gegeben. Wir hatten Mühe, ihre Aufmerksamkeit aus der Welt eingeschlagener Fenster, schmutziger Erdhaufen, nicht bezahlter Eintrittsgelder und in den ägyptischen Binsen nistender Ratten zu uns zurückzuholen. Allmählich jedoch, während sie die Orchideen mit einer Augenpipette fütterte, die mit einer milchähnlichen Flüssigkeit gefüllt war, begann sie uns zu erzählen, wie die Mädchen während ihrer Sitzungen mit Miss Kilsem gewirkt hatten. »Anfangs haben sie noch ziemlich niedergeschlagen ausgesehen. Mary hatte diese wahnsinnigen Ringe unter den Augen. Wie eine Maske.« Muffie Perry konnte sich noch an den Geruch der Desinfektionsmittel im Arztzimmer erinnern, von dem sie immer geglaubt hatte, es sei der Geruch des Schmerzes der Mädchen. Sie waren immer gerade im Aufbruch, wenn sie kam. Mit gesenktem Blick und aufgeschnürten Schuhen gingen sie zur Tür, vergaßen aber nie einen Pfefferminztaler aus der Schale zu nehmen, die dort auf dem Tisch stand. Miss Kilsem ließen sie gewissermaßen im brodelnden Kielwasser dessen, was sie ihr erzählt hatten, zurück. Oft saß sie mit geschlossenen Augen an ihrem Schreibtisch, die Daumen auf Akupressurpunkten, und sprach eine ganze Minute lang kein Wort. »Ich hatte immer den Eindruck, daß sie sich Miss Kilsem anvertrauten«, sagte Muffie Perry. »Aus welchem Grund auch immer. Vielleicht ist sie deshalb auf und davon gegangen.«

Ob die Mädchen sich nun Miss Kilsem anvertrauten oder nicht, die Therapie schien zu wirken. Beinahe augenblicklich hellte ihre Stimmung sich auf. Wenn sie zu ihrem Termin kam, hörte Muffie Perry sie lachen oder aufgeregt sprechen. Manchmal war das Fenster offen, und Lux und Miss Kilsem rauchten entgegen der Vorschrift, oder die Mädchen hatten die Schale mit den Süßigkeiten geplündert und Miss Kilsems Schreibtisch mit zusammengeknüllten Bonbonpapierchen übersät.

Auch uns fiel die Veränderung auf. Die Mädchen schienen weniger müde. Im Unterricht starrten sie nicht mehr soviel zum Fenster hinaus, meldeten sich häufiger, sprachen lauter. Sie vergaßen vorübergehend das Stigma, das ihnen anhaftete, und beteiligten sich wieder an den Schulunternehmungen. Therese ging zu den Diskussionen des Naturwissenschaftlichen Klubs in Mr. Tonovers kahlem Klassenzimmer mit den feuerfesten Tischen und den pechschwarzen Waschbecken. Mary half der geschiedenen Frau an zwei Nachmittagen in der Woche beim Nähen der Kostüme für die Theateraufführung. Bonnie erschien sogar zum Treffen einer christlichen Gemeinschaft im Haus von Mike

Firkin, der später Missionar wurde und in Thailand an Malaria starb. Lux sang für das Schul-Musical vor, und weil Eugie Kent in sie verliebt war, und Mr. Oliphant, der Regisseur, in Eugie Kent verliebt war, bekam sie eine kleine Partie in der Truppe und sang und tanzte, als sei sie glücklich. Eugie erzählte später, Mr. Oliphant habe immer dafür gesorgt, daß Lux auf der Bühne bleiben mußte, wenn Eugie hinter der Bühne war, so daß er die Dunkelheit dort hinten nie dazu ausnutzen konnte, sich mit ihr in den Vorhang einzuwickeln. Vier Wochen später, nach der endgültigen Einkerkerung der Mädchen, stieg Lux natürlich aus dem Stück aus, aber die, welche die Aufführung sahen, erzählten, Eugie Kent habe seine Nummern mit seiner gewohnt schrillen, wenig bemerkenswerten Stimme gesungen, mehr in sich selbst verliebt als in das Mädchen aus der Truppe, dessen Abwesenheit niemandem auffiel.

Um diese Zeit zeigte der Herbst bereits ein unfreundliches Gesicht, und der Himmel war wie Stahl. In Mr. Lisbons Klassenzimmer wanderten die Planeten jeden Tag ein paar Zentimeter weiter, und wenn man hinsah, war klar, daß die Erde ihr blaues Gesicht von der Sonne abgewandt hatte und durch ihre eigene finstere Gasse im Weltraum sauste, hinüber in die Ecke, in der sich, für den Besen des Hausmeisters unerreichbar, die Spinnweben sammelten. Während die Schwüle des Sommers Erinnerung wurde, schien der Sommer selbst immer weiter an Realität zu verlieren, bis er uns ganz aus den Augen war. Die arme Cecilia tauchte dann und wann in unserem Bewußtsein auf, am häufigsten dann, wenn wir gerade erwachten oder zu einem regennassen Autofenster hinausstarrten. In ihrem Hochzeitskleid stand sie vor uns auf, wirr und verschwommen im Leben nach dem Tode, aber dann hupte plötzlich jemand, oder unser Radiowecker plärrte einen Schlager, und es riß uns in die Wirklichkeit zurück. Andere steckten die Erinnerung an Cecilia noch leichter weg. Wenn sie von ihr sprachen, dann nur um zu sagen, sie hätten immer gewußt, daß es mit ihr ein böses Ende nehmen würde, und hätten, weit davon entfernt, die Lisbon-Mädchen alle in einen Topf zu werfen, Cecilia stets als einen Fall für sich gesehen, als nicht normal betrachtet. Mr. Hillyer faßte die damals vorherrschende Meinung zusammen: »Diese Mädchen haben eine gute Zukunft vor sich. Die andere da, die wäre sowieso in der Anstalt gelandet.« Ganz allmählich hörten die Leute auf, über das Geheimnis von Cecilias Selbstmord zu reden. Sie zogen es vor, ihn als unvermeidliche Entwicklung zu sehen oder als etwas, das man am besten *ad acta* legte. Niemand regte sich darüber auf, daß Mrs. Lisbon weiterhin ihr Schattendasein führte, kaum je aus dem Haus ging und sich die Lebensmittel liefern ließ, und manche äußerten sogar Anteilnahme. »Am meisten ist die Mutter zu bedauern«, sagte Mrs. Eugene. »Man würde sich doch sein Leben lang fragen, ob man nicht etwas hätte tun können.« Was die leidenden Mädchen anging, so gewannen sie an Ansehen wie die Kennedys. Die anderen setzten sich im Bus wieder neben sie. Leslie Tompkins lieh sich Marys Bürste, um ihr langes rotes Haar zu bändigen. Julie Winthrop rauchte mit Lux zusammen oben auf den Garderobenschränken und sagte, das Zittern habe sich nicht wiederholt. Mit jedem Tag schienen die Mädchen etwas besser mit ihrem Verlust fertig zu werden.

In dieser Genesungszeit ging Trip Fontaine endlich zum Angriff über. Ohne jemanden um Rat zu fragen oder in seine Gefühle für Lux einzuweihen, marschierte Trip Fontaine in Mr. Lisbons Klassenzimmer und stellte sich respektvoll vor dem Pult auf. Mr. Lisbon war allein. Er saß auf seinem Drehstuhl und starrte mit leerem Blick auf die Planeten über seinem Kopf. Ein jungenhafter Wirbel stand aus seinem grauen Haar in die Höhe. »Es ist die vierte Stunde, Trip«, sagte er müde. »Ich habe dich erst in der fünften.«

»Ich bin nicht wegen Mathe hier, Sir.«

»Ach nein?«

»Ich bin hier, weil ich Ihnen sagen möchte, daß meine Absichten in bezug auf Ihre Tochter absolut ehrenhaft sind.«

Mr. Lisbon zog die Augenbrauen hoch, aber sein Gesichtsausdruck war abgenutzt, als hätten an diesem selben Morgen schon sechs oder sieben andere Jungen ihm das gleiche eröffnet.

»Und was sind das für Absichten, wenn man fragen darf?«

Trip schlug seine Stiefel zusammen. »Ich möchte Lux zum Schulfest nach dem großen Auswärtsspiel einladen.«

An dieser Stelle sagte Mr. Lisbon, Trip solle sich setzen, und erklärte ihm in den nächsten Minuten in geduldigem Ton, er und seine Frau hätten gewisse Regeln, die schon für die älteren Mädchen gegolten hätten und die er nicht gut für die jüngeren umstoßen könne; seine Frau würde ihm das gar nicht erlauben, selbst wenn er es wollte, ha, ha. Trip sei jederzeit herzlich eingeladen, wieder zum Fernsehen zu kommen, aber Lux ausführen, noch dazu im Auto, das komme nicht in Frage. »Ich wiederhole, es kommt nicht in Frage.« Mr. Lisbon sprach, wie Trip uns erzählte, mit überraschendem Verständnis, als erinnerte er sich genau der tiefen Qualen der Adoleszenz. Und er merkte deutlich, wie ausgehungert nach einem Sohn Mr. Lisbon war, denn noch während er sprach, stand er auf und klopfte Trip dreimal herzhaft auf die Schulter. »Tut mir leid, das sind nun mal unsere Grundsätze«, sagte er schließlich.

Trip Fontaine sah schon alle Hoffnung schwinden, da fiel sein Blick auf das Familienfoto auf Mr. Lisbons Pult. Lux stand vor einem Riesenrad. In der roten Faust hielt sie einen kandierten Apfel, in dessen glänzender Oberfläche sich der Babyspeck unter ihrem Kinn spiegelte. Auf einer Seite hatten sich ihre zuckerverklebten Lippen geöffnet, und ein blitzender Zahn war zu sehen.

»Und wenn wir mehrere wären?« fragte Trip Fontaine. »Wenn wir Ihre anderen Töchter auch einladen würden, wenn wir in einer Gruppe gingen, meine ich? Und sie pünktlich zu der Zeit, die Sie bestimmen, wieder nach Hause brächten?«

Trip Fontaine machte dieses neue Angebot mit sehr beherrschter Stimme, aber seine Hände zitterten, und seine Augen wurden feucht. Mr. Lisbon sah ihn lange an.

»Bist du im Footballteam, mein Junge?«

»Ja, Sir?«

»Was spielst du?«

»Halbstürmer.«

»Ich habe früher Ausputzer gespielt.«

»Das ist eine wichtige Position, Sir. Direkt vor der Torlinie.«

»Genau.«

»Wissen Sie, Sir, wir haben ein großes Spiel gegen Country Day, und danach steigt ein Riesenfest und so, und alle aus der Mannschaft kommen mit Mädchen.«

»Du bist ein gutaussehender Bursche. Du findest bestimmt jede Menge Mädchen, die mit dir hingehen.«

»Jede Menge Mädchen interessieren mich aber nicht, Sir«, erwiderte Trip Fontaine.

Mr. Lisbon sank wieder auf seinen Stuhl. Er holte tief Atem. Er blickte auf das Foto seiner Familie, auf das eine, verträumt lächelnde Gesicht, das es nicht mehr gab. »Ich werde mit ihrer Mutter sprechen«, sagte er schließlich. »Ich werde sehen, was sich machen läßt.«

So kam es, daß ein paar von uns die Mädchen ausführen durften; das erste und einzige Mal ohne Aufsicht. Sobald Trip Fontaine aus Mr. Lisbons Klassenzimmer herauskam, ging er daran, sein Team zusammenzustellen. Beim Footballtraining am Nachmittag sagte er: »Ich geh mit Lux Lisbon zum Schulfest. Ich brauche nur noch drei Männer für die anderen Mädchen. Wer ist dabei?« Beim Kurzsprint, keuchend, in bulligen Schulterpolstern und schmutzigen Socken, versuchte jeder von uns, Trip Fontaine davon zu überzeugen, daß er ihn wählen müsse. Jerry Burden bot drei Joints umsonst. Parkie Denton sagte, sie könnten den Cadillac seines Vaters nehmen. Jeder von uns sagte irgend etwas. Buzz Romano, den sie »Rope« nannten wegen des erstaunlich dressierten kleinen Kuscheltiers, das er uns im Duschraum immer vorführte, drückte beide Hände auf seinen Hodenschützer und wälzte sich stöhnend auf dem Boden: »Ich sterbe! Ich sterbe! Du mußt mich nehmen, Tripster.«

Am Ende gewannen Parkie Denton wegen des Cadillacs, Kevin Head, weil er Trip Fontaine beim Tuning seines Autos geholfen hatte, und Joe Hill Conley, weil er alle Schulpreise gewann, und Trip meinte, das würde Mr. und Mrs. Lisbon beeindrucken. Am nächsten Tag präsentierte Trip Mr. Lisbon seine Kandidaten, und Ende der Woche gab Mr. Lisbon die Entscheidung bekannt, die er und seine Frau getroffen hatten: Erstens: Sie würden in der Gruppe fahren; zweitens: Sie würden nur auf das Tanzfest gehen und nirgendwo anders hin; drittens: Sie würden Punkt elf zu Hause sein. Mr. Lisbon erklärte Trip, um diese Bedingungen sei nicht herumzukommen. »Ich gehöre zum Aufsichtspersonal«, sagte er.

Es ist schwer zu sagen, was diese Verabredung den Mädchen bedeutete. Als Mr. Lisbon ihnen die Erlaubnis erteilte, auf das Fest zu gehen, fiel Lux ihm um den Hals und küßte ihn mit der unbefangenen Begeisterung eines kleinen Mädchens. »Sie hatte mich seit Jahren nicht mehr so geküßt«, sagte er. Die anderen Mädchen reagierten weniger enthusiastisch. Therese und

Mary spielten gerade Dame, und Bonnie schaute dabei zu. Sie rissen sich nur einen Moment lang von dem verbeulten Metallbrett los, um ihren Vater nach den anderen Jungen in der Gruppe zu fragen. Er nannte ihnen die Namen. »Und wer geht mit wem?« fragte Mary.

»Die verlosen uns einfach«, sagte Therese und brachte sich mit sechs klirrenden Sprüngen zu ihrer eigenen Seite in Sicherheit.

Ihre lauwarme Reaktion war im Hinblick auf die Familiengeschichte durchaus einleuchtend. Im Verein mit anderen Gemeindemüttern hatte Mrs. Lisbon schon früher Gruppen-Rendezvous arrangiert. Die Perkins-Jungen hatten die Lisbon-Mädchen in fünf Aluminiumkanus bei Belle Isle durch einen schmutzigen Kanal gepaddelt, und Mr. und Mrs. Lisbon sowie Mr. und Mrs. Perkins waren in wachsamer Distanz in Ruderbooten hinterhergefahren. Mrs. Lisbon glaubte, die dunkleren Triebe ließen sich durch fröhliches Herumtollen an frischer Luft bändigen – Sublimierung der Liebe durch Frisbeespielen. Neulich machten wir auf einem größeren Ausflug (für den wir außer Langeweile und grauem Himmel keine besonderen Gründe hatten) in Pennsylvania Station, und beim Kerzenkauf in einem sehr rustikalen Laden hörten wir von einem Brauch der Amish, wenn diese auf Freiersfüßen gehen: Der junge Mann macht mit seiner hausbackenen Angebeteten eine Spazierfahrt in einer schwarzen Kutsche, und die Eltern der Dame folgen in einem zweiten Wagen. Auch Mrs. Lisbon war für strikt überwachtes Liebeswerben. Aber während der junge Amish später im Dunkel der Nacht zurückkehrt und Steinchen an das Fenster seines Mädchens wirft (wobei alle so tun, als hörten sie nichts), gab es bei Mrs. Lisbon keine nächtliche Amnestie. Ihre Kanus legten nie an Lagerfeuern an.

Die Mädchen konnten nur das Übliche erwarten. Und da Mr. Lisbon Aufsicht hatte, würden sie an der gewohnten kurzen Leine gehalten werden. Es war schwierig genug, einen Lehrer zum Vater zu haben und ihn Tag für Tag in einem der drei Anzüge sehen zu müssen, in denen er den Lebensunterhalt für die Familie verdiente. Die Lisbon-Mädchen genossen Schulgeldfreiheit, dank der Stellung ihres Vaters, aber Mary hatte einmal zu Julie Ford gesagt, sie komme sich wie ein »Sozialfall« vor. Nun würde er also bei dem Fest auch noch die Aufsicht führen, zusammen mit ein paar anderen Lehrern, die sich freiwillig gemeldet hatten oder dazu verdonnert worden waren, meistens gerade die Lehrer, die am linkischsten waren und keinerlei Sport trieben, oder die ewigen Mauerblümchen, für die das Fest nur ein Mittel war, einen von vielen einsamen Abenden herumzubringen. Lux schien es nichts auszumachen, weil sie den Kopf mit Trip Fontaine voll hatte. Sie hatte wieder angefangen, Namen auf ihre Unterwäsche zu schreiben, nahm aber diesmal wasserlösliche Tinte, damit sie die »Trips« auswaschen konnte, ehe ihre Mutter sie entdeckte. (Aber dafür hatte sein Name dann schon den ganzen Tag an ihrer Haut gelegen.) Es ist anzunehmen, daß sie ihren Schwestern die Gefühle für Trip gestand, aber in der Schule hörte nie ein Mädchen seinen Namen aus ihrem Mund. Trip und Lux saßen in der Mittagspause zusammen, und manchmal sahen wir sie auf der Suche nach einem Schrank oder einer Abstellkammer oder irgendeinem Verschlag, in dem sie verschwinden konnten, durch die Gänge laufen, aber selbst in der Schule war ja Mr. Lisbon immer zur Stelle, und nachdem sie sich engeren Kontakt ein paarmal verkniffen hatten, kamen sie, an der Cafeteria vorbei, die mit einer Gummimatte belegte Rampe zu Mr. Lisbons Klassenzimmer herauf und gingen nach einer flüchtigen Berührung ihrer Hände getrennte Wege.

Die anderen Mädchen kannten die Jungen kaum, die sie ausführen sollten. »Sie sind ja nicht einmal gefragt worden«, sagte Mary Peters. »Als hätte man sie verkuppelt. Ekelhaft.« Dennoch hielten sie an der Verabredung fest, vielleicht, um Lux eine Freude zu machen, oder sich selbst eine Freude zu machen, oder auch nur, um das ewige Einerlei eines Freitagabends zu durchbrechen. Als wir Jahre später mit Mrs. Lisbon sprachen, sagte sie, sie habe wegen dieser Verabredung keinerlei Bedenken gehabt, und erwähnte zur Untermauerung ihrer Behauptung, daß sie den Mädchen extra für den Abend neue Kleider genäht hatte. Ja, in der Woche vor dem Fest war sie mit ihnen sogar in ein Stoffgeschäft gefahren. Die Mädchen wanderten zwischen den Regalen mit den Schnittmustern herum, von denen jedes ein in Seidenpapier vorgefertigtes Traumkleid enthielt. Aber am Ende machte die Wahl des Schnittmusters überhaupt keinen Unterschied. Mrs. Lisbon gab bei der Oberweite zwei Zentimeter zu, bei der Taille und der Länge vier, und heraus kamen vier identische formlose Säcke.

Es gibt noch ein Foto von diesem Abend (Beweisstück Nr. 10). Die Mädchen stehen in ihren Tanzkleidern nebeneinander, Schulter an kantiger Schulter wie Pionierfrauen. Ihre steifen Frisuren (»Unfrisuren«, sagte Tessie Neppi, die Friseuse) haben etwas von diesem unerschütterlichen Hochmut europäischen Schicks, der der rauhen Wildnis trotzt. Auch die Kleider haben etwas Pionierhaftes, vorn mit Spitzeneinsatz und hohem Kragen. Da sind sie, wie wir sie kannten, wie wir sie noch kennenlernen werden: die nervöse Bonnie, die vor dem Blitz scheut; Therese, die argwöhnischen Augen zugekniffen; Mary in sittsamer Pose; und Lux, die nicht zur Kamera schaut, sondern in die Luft. Es regnete an diesem Abend, und über ihrem Kopf hatte sich gerade ein Leck gebildet. Der Tropfen klatschte ihr auf die Wange, unmittelbar, bevor Mr. Lisbon »Bitte lächeln« sagte. Wenn auch kaum perfekt (von links fällt ein Licht ein, das ablenkt), vermittelt das Foto dennoch etwas von elterlichem Stolz auf wohlgeratene Sprößlinge und von dem Moment der Schwellensituation. Ein Ausdruck der Erwartung leuchtet in den Gesichtern der Mädchen. Wie sie einander umfassen, sich gegenseitig ins Bild ziehen, scheinen sie auf irgendeine Entdeckung oder Veränderung in ihrem Leben gefaßt zu sein. *Im Leben.* So zumindest sehen wir es. Bitte berühren Sie es nicht. Wir stecken das Bild jetzt wieder in seinen Umschlag.

Nachdem das Foto aufgenommen war, warteten die Mädchen, jede in ihrer Weise, auf die Jungen. Bonnie und Therese setzten sich hin und spielten Karten. Mary stellte sich starr und steif in die Mitte des Wohnzimmers, weil sie ihr Kleid nicht verknittern wollte. Lux machte die Haustür auf und wankte auf die Veranda hinaus. Im ersten Moment dachten wir, sie hätte sich den Fuß verstaucht, aber dann sahen wir, daß sie hohe Absätze anhatte. Sie marschierte zur Übung auf und ab, bis an der Ecke Parkie Dentons Auto erschien. Da drehte sie um, klingelte an der Tür, um ihre Schwestern zu warnen, und verschwand wieder im Haus.

Wir Ausgeschlossenen beobachteten die Jungen, als sie vorfuhren. Parkie Dentons gelber Cadillac glitt die Straße hinunter, und die Jungen schienen wie getragen von der Atmosphäre im Inneren des Wagens. Obwohl es regnete und die Scheibenwischer liefen, war im Wagen eine warme Glut. Als die Jungen an Joe Larsons Haus vorüberfuhren, grüßten sie uns mit steil aufgerichteten Daumen.

Trip Fontaine stieg zuerst aus. Er hatte seine Jackettärmel hochgekrempelt wie die Dressmen in den Modezeitschriften seines Vaters. Er trug eine schmale Krawatte. Parkie Denton hatte einen blauen Blazer an genau wie Kevin Head, und dann sprang hinten aus dem Wagen Joe Hill Conley in einem viel zu großen Tweedsakko, das seinem Vater gehörte, dem Lehrer und Kommunisten. Aber jetzt zauderten die Jungen, standen um den Wagen herum, ohne auf den Regen zu achten, bis Trip Fontaine endlich den Weg zum Haus hinaufging. An der Tür verloren wir sie aus den Augen, aber sie erzählten uns, zu Anfang sei diese Verabredung verlaufen wie alle anderen. Die Mädchen waren nach oben gegangen und gaben vor, noch nicht fertig zu sein, und Mr. Lisbon führte die Jungen ins Wohnzimmer.

»Die Mädchen kommen sofort«, sagte er mit einem Blick auf seine Uhr. »Du lieber Gott! Ich muß ja selber gleich los.« Mrs. Lisbon trat an den Türbogen. Sie drückte eine Hand an die Schläfe, als hätte sie Kopfschmerzen, aber ihr Lächeln war höflich.

»Guten Abend.«

»Guten Abend, Mrs. Lisbon.« (Im Einklang.)

Sie hatte die Wahrhaftigkeit, sagte Joe Hill Conley später, von jemand, der gerade im Nebenzimmer geweint hatte. Er hatte gespürt (das sagte er natürlich erst viele Jahre später, als er behauptete, jederzeit die Energie seiner Chakras anzapfen zu können), daß von Mrs. Lisbon ein uralter Schmerz ausging, die Summe aller Trauer ihres Volkes. »Sie gehörte einer traurigen Rasse an«, sagte er. »Es war nicht erst Cecilia. Die Traurigkeit war viel früheren Ursprungs. Sie war älter als Amerika. Und die Mädchen hatten sie auch.« Er hatte vorher nie bemerkt, daß sie Bifokalgläser trug. »Sie schnitten ihre Augen in zwei Hälften.«

»Wer von euch fährt?« fragte Mrs. Lisbon.

»Ich«, antwortete Parkie Denton.

»Wie lange hast du den Führerschein?«

»Seit zwei Monaten. Aber ich habe davor schon ein Jahr lang die Übungserlaubnis gehabt.«

»Es ist uns im allgemeinen gar nicht recht, wenn die Mädchen im Auto mitfahren. Die vielen Unfälle heutzutage. Es regnet, die Straßen werden sicher glitschig sein. Ich hoffe deshalb, du wirst vorsichtig sein.«

»Bestimmt.«

»Okay«, sagte Mr. Lisbon, »Ende des Verhörs. Mädchen!« – zur Decke hinaufgerufen – »Ich muß jetzt fahren. Ich sehe euch auf dem Fest, Jungs.«

Er ging hinaus und ließ die Jungen mit seiner Frau allein. Sie sah ihnen nicht in die Augen, musterte sie jedoch insgesamt, so wie eine Oberschwester, die die Krankenblätter liest. Dann ging sie zur Treppe und blickte hinauf. Nicht einmal Joe Hill Conley konnte sich vorstellen, was sie dachte. Vielleicht dachte sie an Cecilia, die vor vier Monaten das letzte Mal diese Treppe hinaufgegangen war. An die Treppe vielleicht, die sie selbst bei ihrer ersten Verabredung mit einem Jungen hinuntergestiegen war. An Geräusche, die nur eine Mutter hören kann. Keiner der Jungen konnte sich erinnern, Mrs. Lisbon je so zerstreut gesehen zu haben. Es war, als hätte sie plötzlich vergessen, daß sie überhaupt da waren. Sie berührte ihre Schläfe (es waren doch Kopfschmerzen).

Endlich erschienen die Mädchen auf dem oberen Treppenabsatz. Es war düster dort oben (drei der zwölf Birnen des Leuchters waren ausgebrannt), und sie hielten die Hände leicht auf das Geländer gelegt, als sie heruntersteigen. Ihre losen Kleider erinnerten Kevin Head an Chorgewänder. »Aber ihnen selbst schien das gar nicht aufzufallen. Ich glaube sogar, die Kleider gefielen ihnen. Oder aber sie waren einfach so glücklich darüber, ausgehen zu können, daß ihnen ganz gleich war, was sie anhatten. Mir war's auch gleich. Sie sahen toll aus.«

Erst als die Mädchen unten an der Treppe ankamen, fiel den Jungen ein, daß sie gar nicht ausgemacht hatten, wer wen ausführen sollte. Trip Fontaine hatte natürlich Lux schon für sich gebucht, aber die anderen Mädchen waren noch zu haben. Zum Glück wirkten Frisuren und Kleider vereinheitlichend. Wieder waren die Jungen nicht einmal sicher, welches Mädchen welches war. Anstatt zu fragen, taten sie das einzige, was ihnen einfiel: Sie überreichten die Ansteckblumen.

»Wir haben Weiß genommen«, sagte Trip Fontaine. »Wir wußten ja nicht, welche Farben ihr anziehen würdet. Der Mann im Blumenladen sagte, Weiß paßt zu allem.«

»Ich bin froh, daß ihr Weiß genommen habt«, sagte Lux. Sie nahm die Blume, die in einen durchsichtigen Plastikkasten eingeschlossen war.

»Wir haben keine zum Umbinden um den Arm genommen«, bemerkte Parkie Denton. »Die sind immer gleich hin.«

»Ja, die sind nichts«, sagte Mary. Dann sprach keiner mehr. Und keiner rührte sich. Lux inspizierte die Blume in ihrer Zeitkapsel. Im Hintergrund sagte Mrs. Lisbon: »Warum laßt ihr sie euch nicht von den Jungen anstecken?«

Daraufhin traten die Mädchen vor und boten schüchtern die Vorderteile ihrer Kleider dar. Die Jungen nahmen die Blumen aus den Plastiketuis und achteten darauf, daß sie sich nicht an den Dekornadeln stachen. Sie spürten, daß Mrs. Lisbon sie beobachtete, und obwohl sie den Lisbon-Mädchen nahe genug waren, um ihren Atem zu spüren und den Duft des ersten Parfüms zu riechen, das sie tragen durften, bemühten sie sich tapfer, die Mädchen nicht zu stechen oder auch nur zu berühren. Behutsam hoben sie den Stoff über dem Oberkörper der Mädchen an und befestigten weiße Blumen über ihren Herzen. Das Lisbon-Mädchen, dem ein Junge die Blume ansteckte, wurde für den Abend seine Begleiterin. Als sie es geschafft hatten, wünschten sie Mrs. Lisbon gute Nacht und führten die Mädchen zum Cadillac hinaus, wobei sie ihnen die leeren Blumenschachteln über die Köpfe hielten, um ihr Haar vor dem Nieselregen zu schützen.

Von da an lief es besser als erwartet. Zu Hause hatten wir Jungen uns die Lisbon-Mädchen in den Klischeelandschaften unserer verarmten Phantasie vorgestellt – in der Meeresbrandung planschend oder neckisch flüchtend auf der Eisbahn, während uns die Bommeln ihrer Mützen wie reife Früchte vor den Gesichtern baumelten. Im Auto jedoch, neben den lebendigen Mädchen, erkannten die Jungen die Armseligkeit dieser Bilder. Umgekehrte Ideen wurden ebenfalls aufgegeben: Vorstellungen, die Mädchen seien gestört oder verrückt (wie die verrückte Alte, die man jeden Tag im Aufzug trifft, sich, wenn man endlich mit ihr spricht, als absolut vernünftig entpuppt). Eine Offenbarung dieser Art etwa wurde den Jungen beschert. »Sie waren gar nicht so anders als meine Schwester«, sagte Kevin Head. Lux, die sich beschwerte, sie dürfe das nie, wollte vorn sitzen. Sie schob sich zwischen Trip Fontaine und Parkie Denton. Mary, Bonnie und Therese quetschten sich auf den Rücksitz, Bonnie in der Mitte, wo der Buckel war. Joe Hill Conley und Kevin Head setzten sich rechts und links an die Türen.

Selbst aus der Nähe wirkten die Mädchen nicht niedergeschlagen. Sie krochen ins Auto und störten sich nicht daran, daß es so eng war. Mary saß halb auf Kevin Heads Schoß. Augenblicklich begannen sie zu schwatzen. Über jede Familie in den Häusern, an denen der Wagen vorüberfuhr, hatten sie etwas zu sagen, und das hieß, daß sie so neugierig zu uns herausgeschaut hatten wie wir zu ihnen hinein. Im Sommer vor zwei Jahren hatten sie gesehen, wie Mr. Tubbs, der Abteilungsleiter bei UAW, der Frau eine runtergehauen hatte, die seiner Frau nach einem kleinen Auffahrunfall nach Hause gefolgt war. Sie argwöhnten, daß die Hessens Nazis gewesen waren oder mindestens Nazisympathisanten. Sie fanden die Aluminiumverschalung am Haus der Kriegers abscheulich. »Mr. Bel vedere hat wieder zugeschlagen«, sagte Therese, auf den Präsidenten der Baumaterialfirma anspielend, deren Werbespots regelmäßig abends im Fernsehen liefen. Wie wir hatten die Mädchen Erinnerungen, die fest mit verschiedenen Büschen, Bäumen und Garagendächern verknüpft waren. Sie erinnerten sich an die Rassenunruhen, als am Ende unserer Straße Panzer erschienen und Soldaten von der Nationalgarde mit Fallschirmen in unseren Gärten abgesprungen waren. Sie waren eben unsere Nachbarn.

Zuerst sagten die Jungen gar nichts, überwältigt von der Redseligkeit der Lisbon-Mädchen. Wer hätte geahnt, daß sie soviel redeten, so viele Meinungen hatten, mit so vielen Fingern auf die Sehenswürdigkeiten der Welt zeigten? Die Mädchen hatten auch gelebt, wenn sie unseren sporadischen Blicken entzogen waren, hatten sich auf Weisen entwickelt, die wir uns nicht vorstellen konnten, hatten jedes der klinisch sauberen Bücher im Familienregal gelesen. Irgendwoher, durch das Fernsehen oder durch Beobachtungen in der Schule, kannten sie die Etikette, die beim Ausgehen mit Jungen zu beachten war, und verstanden es, ein Gespräch in Gang zu halten oder peinliches Schweigen zu überbrücken. Nur an ihrem hochgesteckten Haar, das wie aus dem Sessel quellendes Roßhaar aussah oder wie Drahtgewirr, merkte man, daß sie unerfahren waren. Mrs. Lisbon hatte den Mädchen nie irgendwelche Schönheitstips gegeben und Frauenzeitschriften im Haus verboten (eine ›Cosmopolitan‹-Umfrage: »Gehören Sie zu denen, die multiple Orgasmen haben?« hatte das Faß zum Überlaufen gebracht). Sie hatten ihr Bestes getan.

Lux drehte auf der ganzen Fahrt am Radio herum, um irgendwo ihren Lieblingsschlager zu finden. »Das macht mich echt verrückt«, sagte sie. »Du weißt, daß sie ihn irgendwo spielen, aber du mußt erst suchen.« Parkie Denton fuhr zur Jefferson Avenue hinunter, vorbei am Wainwright-Haus mit dem grünen Schild, das es als historisches Gebäude kennzeichnete, und weiter zu den großen Herrenhäusern am Seeufer. Falsche Gaslaternen brannten in den Gärten. An jeder Ecke wartete ein schwarzes Dienstmädchen auf den Bus. Sie fuhren weiter, am glitzernden See entlang und schließlich unter dem löchrigen Dach der Ulmen nahe der Schule hindurch.

»Warte mal eine Sekunde«, sagte Lux. »Ich möchte noch eine rauchen, ehe wir reingehen.«

»Das riecht Dad doch«, sagte Bonnie von hinten.

»Nein, ich hab Pfefferminzbonbons.« Sie schüttelte sie.

»Aber an deinen Kleidern kann er's riechen.«

»Sag ihm einfach, daß in der Toilette welche geraucht haben.«

Parkie Denton kurbelte das vordere Fenster herunter, während Lux rauchte. Sie ließ sich Zeit und stieß den Rauch durch die Nase aus. Einmal streckte sie Trip Fontaine ihr Kinn entgegen, spitzte ihre Lippen und blies mit Schimpansenprofil drei vollendete Rauchringe.

»Laß die mal nicht als Jungfrauen sterben«, sagte Joe Hill Conley. Er lehnte sich rasch nach vorn und durchstach einen mit dem Finger.

»Hey, das ist obszön«, sagte Therese.

»Genau, Conley«, sagte Trip Fontaine. »Reiß dich zusammen.«

Auf dem Weg zur Sporthalle trennten sich die Paare. Einer von Bonnies hohen Absätzen blieb im Kies stecken, und sie stützte sich auf Joe Hill Conley, um ihn wieder herauszuziehen. Trip Fontaine und Lux gingen zusammen weiter, schon ein Paar. Kevin Head ging mit Therese hinein, und Parkie Denton bot Mary seinen Arm.

Der leichte Regen hatte einen Moment aufgehört, und stellenweise waren die Sterne zu sehen. Als Bonnie ihren Schuh aus dem Kies gezogen hatte, sah sie in die Höhe und machte Joe Hill Conley auf den Himmel aufmerksam. »Immer ist es der Große Wagen«, sagte sie. »Wenn man sich die Himmelskarten anschaut, wimmelt's überall von Sternen, aber wenn man direkt raufschaut, sieht man immer nur den Großen Wagen.«

»Das kommt von den Lichtern«, sagte Joe Hill Conley. »Aus der Stadt.«

»Hm«, machte Bonnie.

Die Mädchen lächelten, als sie die mit erleuchteten Kürbissen und Vogelscheuchen in den Schulfarben geschmückte Turnhalle betraten. Der Festausschuß hatte sich für ein Erntethema entschieden. Stroh lag auf dem Basketballfeld verteilt, und auf dem Tisch mit dem Cidre quollen aus Füllhörnern knollige Flaschenkürbisse. Mr. Lisbon war schon da, mit einer orangefarbenen Fliege, die für festliche Gelegenheiten reserviert war. Er unterhielt sich mit Mr. Tonover, dem Chemielehrer. Er nahm von dem Erscheinen seiner Töchter überhaupt keine Notiz, aber es kann sein, daß er sie nicht sah. Die Flutlichter waren mit orangefarbenem Gel aus dem Theater zugeschmiert, und die Zuschauertribüne lag im Dunkeln. Eine geliehene Spiegelkugel hing von der Ergebnistafel herunter und fleckte den Raum mit Licht.

Wir waren mit unseren Mädchen schon da und tanzten mit ihnen, als hätten wir Schaufensterpuppen im Arm, während wir über ihre Chiffonschultern nach den Lisbon-Mädchen Ausschau hielten. Wir sahen sie hereinkommen, unsicher auf ihren hohen Absätzen. Mit großen Augen sahen sie sich in der Sporthalle um und ließen nach kurzem Palaver untereinander ihre Begleiter stehen, um den ersten von sieben Ausflügen zur Toilette zu unternehmen. Hopie Riggs war gerade am Waschbecken, als die Mädchen eintraten. »Man hat genau gemerkt, daß sie ihre Kleider peinlich fanden«, sagte sie. »Sie sagten zwar nichts, aber man hat's gemerkt. Ich hatte an dem Abend ein Kleid mit Samtmieder und einem Taftrock an. Ich komme heute noch hinein.« Nur Mary und Bonnie brauchten die Toilette, Lux und Therese waren lediglich zur Gesellschaft mitgekommen. Lux warf nur einen kurzen Blick in den Spiegel, den sie brauchte, um sich ihrer Schönheit zu vergewissern, und Therese mied ihn ganz.

»Es ist kein Papier da«, rief Mary aus der Kabine. »Werft mir welches rüber.«

Lux riß eine Handvoll Papiertücher aus dem Apparat und lupfte sie über die Kabinentür.

»Es schneit«, sagte Mary.

»Sie waren richtig laut«, erzählte uns Hopie Riggs. »Sie haben sich aufgeführt, als wären sie zu Hause. Aber ich hatte hinten was am Kleid, und das hat Therese mir weggemacht.« Als wir fragten, ob die Lisbon-Mädchen sich in der vertraulichen Atmosphäre der Toilette über die Jungen unterhalten hatten, mit denen sie da waren, antwortete Hope: »Mary sagte, sie sei froh, daß ihr Knabe kein totaler Spinner sei. Aber das war alles. Ich glaube, die Jungen waren ihnen weniger wichtig, als bei dem Fest dabeisein zu können. Mir ging's genauso. Ich war mit Tim Carter dort, diesem Schlumpf.«

Als die Mädchen aus der Toilette kamen, füllte sich die Tanzfläche langsam. Kevin Head forderte Therese auf, und bald waren sie im Getümmel verschwunden. »Gott, war ich damals jung«, sagte er Jahre später. »Und hatte ich eine Angst! Aber sie genauso. Ich habe ihre Hand genommen, und wir wußten beide nicht, wie wir es machen sollten. Die Finger ineinander schieben oder nicht. Schließlich haben wir's getan. Daran erinnere ich mich noch am deutlichsten. An diese Fingergeschichte.«

Parkie Denton erinnerte sich an Marys gemessene Bewegungen, ihre Haltung. »*Sie* führte«, sagte er. »In einer Hand hatte sie ein zusammengeknülltes Kleenex.« Beim Tanzen machte sie höflich Konversation, ungefähr so wie schöne junge Frauen im Film, wenn sie mit Herzogen Walzer tanzen. Sie hielt sich kerzengerade wie Audrey Hepburn, für die alle Frauen schwär-

127

men und Männer nichts übrig haben. Sie schien in ihrem Kopf ein Bild zu haben, wie ihre Füße sich über den Boden bewegen, wie sie zusammen wirken sollten, und sie konzentrierte sich verbissen darauf, es zu verwirklichen. »Ihr Gesicht war ruhig, aber im Innern war sie total angespannt«, sagte Parkie Denton. »Ihre Rückenmuskeln waren wie Klaviersaiten.« Schnelle Nummern tanzte Mary weniger gut. »Wie alte Leute auf Hochzeiten, wenn sie es versuchen.«

Lux und Trip wanderten auf der Suche nach einem Platz, wo sie allein sein konnten, durch die Sporthalle. Bonnie folgte ihnen. »Und ich bin ihr gefolgt«, sagte Joe Hill Conley. »Sie tat so, als wollte sie nur ein bißchen herumgehen, aber heimlich hat sie Lux ständig im Auge behalten.« Sie drängten sich auf der einen Seite ins Gewühl der Tanzenden hinein und auf der anderen wieder hinaus. Sie glitten an der hinteren Wand der Halle entlang, gingen unter dem geschmückten Basketballkorb hindurch und gelangten schließlich zu den Zuschauerbänken. In einer Musikpause rief Mr. Durid, der Vertrauenslehrer, die Leute auf, den König und die Königin des Festes zu wählen, und während alle zu der Wahlurne aus Glas hinübersahen, die auf dem Getränketisch stand, schlüpften Trip Fontaine und Lux Lisbon unter die Tribüne.

Bonnie blieb ihnen auf den Fersen. »Es war, als hätte sie Angst, allein gelassen zu werden«, sagte Joe Hill Conley. Obwohl sie ihn nicht darum gebeten hatte, folgte er ihr. Unter den Bänken, in einem der Lichtstreifen, die durch die Ritzen fielen, sah er, daß Trip Fontaine Lux eine Flasche vor das Gesicht hielt, um sie das Etikett lesen zu lassen. »Hat jemand dich hier reinkommen sehen?« fragte Lux ihre Schwester.

»Nein.«

»Und dich?«

»Auch nicht«, antwortete Joe Hill Conley.

Dann sprach keiner mehr. Alle schauten wieder die

Flasche an, die Trip Fontaine in der Hand hielt. Lichtreflexe von der Spiegelkugel schimmerten auf ihrer Oberfläche und erleuchteten die sonnige Frucht auf dem Etikett.

»Pfirsichlikör«, erklärte Trip Fontaine Jahre später in der Wüste, wo er sich davon und von allem anderen befreien wollte. »Mädchen sind ganz verrückt darauf.«

Er hatte den Alkohol mit einem gefälschten Ausweis am Nachmittag gekauft und den ganzen Abend im Futter seines Jacketts herumgetragen. Während jetzt die anderen drei zusahen, schraubte er die Flasche auf und trank den Sirup, der wie Nektar oder Honig war. »Man muß ihn mit einem Kuß schmecken«, sagte er. Er hielt Lux die Flasche an die Lippen. »Nicht runterschlucken.« Dann nahm er noch einen Schluck und drückte Lux seinen Mund zum Pfirsichkuß auf die Lippen. In ihrem Hals gluckste es vor unterdrückter Heiterkeit. Sie lachte, ein Tropfen Likör rann ihr das Kinn hinunter, wo sie ihn mit beringtem Finger aufhielt. Aber dann wurden sie beide ernst und hielten schluckend und küssend ihre Gesichter aneinandergedrückt. Als sie sich trennten, sagte Lux: »Das Zeug schmeckt echt gut.«

Trip reichte Joe Hill Conley die Flasche. Er hielt sie Bonnie an den Mund, aber die wandte sich ab. »Ich will nichts«, sagte sie.

»Komm schon«, sagte Trip. »Nur mal kosten.«

»Sei nicht so langweilig«, sagte Lux.

Nur ein Streifen von Bonnies Gesicht war sichtbar, dort, wo die Augen waren, und im silbernen Licht füllten sie sich mit Tränen. Unten im Dunkeln, wo ihr Mund war, stieß Joe Hill Conley mit der Flasche zu. Ihre feuchten Augen weiteten sich. Ihre Wangen füllten sich. »Nicht runterschlucken«, befahl Lux. Und dann goß Joe Hill Conley den Inhalt seines Mundes in den Bonnies. Er sagte, sie habe während des ganzen Kusses die Zähne zusammengebissen und gegrinst wie ein Totenschädel. Der Pfirsichlikör wanderte zwischen seinem Mund und ihrem hin und her, aber dann fühlte er, wie sie schluckte und sich entspannte. Jahre später brüstete sich Joe Hill Conley damit, daß er die seelische Einstellung einer Frau am Geschmack ihres Mundes analysieren könnte, und behauptete, diese Erkenntnis hätte er ganz zufällig an jenem Abend mit Bonnie unter den Zuschauerbänken gewonnen. Er konnte ihr ganzes Wesen in dem Kuß spüren, sagte er, als sei ihre Seele durch ihre Lippen entflohen, wie die Renaissance glaubte. Zuerst schmeckte er das Fett ihrer Lippenpomade, dann das traurige Rosenkohlaroma ihrer letzten Mahlzeit und darunter den Staub verlorener Nachmittage und das Salz der Tränendrüsen. Der Pfirsichlikör verlor an Geschmack, während er von den Säften ihrer inneren Organe kostete, die alle von Leiden leicht sauer schmeckten. Manchmal wurden ihre Lippen sonderbar kalt, und wenn er dann linste, sah er, daß sie beim Küssen ihre verschreckten Augen weit aufgerissen hatte. Danach ging der Likör herum. Wir fragten die Jungen, ob sie mit den Mädchen intime Gespräche geführt oder sie nach Cecilia gefragt hätten, aber sie verneinten. »Ich wollte keinen Wurm reinbringen«, sagte Trip Fontaine. Und Joe Hill Conley: »Es gibt eine Zeit zu reden und eine Zeit zu schweigen.« Obwohl er in Bonnies Mund geheimnisvolle Tiefen schmeckte, versuchte er nicht, sie zu erforschen, weil er nicht wollte, daß sie aufhörte, ihn zu küssen.

Wir sahen die Mädchen unter der Tribüne hervorkommen. Sie zogen ihre Kleider hinter sich her und wischten sich die Münder. Lux bewegte sich frech zur Musik. Erst da kam Trip Fontaine endlich dazu, mit ihr zu tanzen, und Jahre später erzählte er uns, das weite Kleid habe seine Begierde nur gesteigert. »Man konnte fühlen, wie schlank sie unter diesem ganzen Geschlinge war. Es hat mich wahnsinnig gemacht.«

Mit dem Fortgang des Abends gewöhnten sich die Mädchen an ihre Kleider und lernten sich in ihnen bewegen. Lux entdeckte eine Möglichkeit, den Rücken so zu krümmen, daß das Kleid vorn eng anlag. Wir gingen an ihnen vorbei, so oft wir konnten, gingen zwanzigmal zur Toilette und tranken zwanzig Gläser Cidre. Wir versuchten die Jungen auszuhorchen, um aus zweiter Hand an allem teilzuhaben, aber sie wollten die Mädchen nicht eine Minute allein lassen. Als die Wahl des Festkönigs und seiner Königin abgeschlossen war, stieg Mr. Durid auf das Podium und gab die Sieger bekannt. Alle wußten, daß es nur Trip Fontaine und Lux Lisbon sein konnten, und sogar die Mädchen in den Hundertdollarkleidern applaudierten, als die beiden nach vorn gingen. Dann tanzten sie, und wir alle tanzten auch und klatschten Head und Conley und Denton ab, um selbst einmal mit den Lisbon-Mädchen zu tanzen. Als wir sie endlich in den Armen hielten, waren sie erhitzt, feucht unter den Armen, und aus ihren hohen Kragen stieg Hitze auf. Wir hielten ihre schweißfeuchten Hände und schwangen sie unter der Spiegelkugel herum. Wir verloren sie unter der Formlosigkeit ihrer Kleider und fanden sie wieder, drückten ihre weichen Körper und atmeten das Bukett ihrer Anstrengung. Einige von uns fanden sogar den Mut, ein Bein zwischen ihre Beine zu schieben und uns in unserer Qual an sie zu drücken. In den Kleidern sahen die Lisbon-Mädchen wieder ganz gleich aus, wie sie lächelnd von einem Arm zum anderen glitten und »Danke, danke« sagten. Ein loser Faden verfing sich in David Starks Armbanduhr, und als Mary ihn löste, fragte er sie: »Amüsierst du dich?«

»So gut wie nie in meinem Leben«, sagte sie.

Sie sprach die Wahrheit. Nie zuvor waren die Lisbon-Mädchen so heiter gewesen, so gesellig, so gesprächig und unbefangen. Nach einem Tanz, als Therese und Kevin Head an der Tür frische Luft schnappten, fragte Therese: »Warum habt ihr uns eigentlich eingeladen?«

»Wie meinst du das?«

»Ich meine, tun wir euch leid?«

»Überhaupt nicht.«

»Lügner.«

»Ich finde dich hübsch. Das ist der Grund.«

»Wirken wir so plemplem, wie es alle von uns denken?«

»Wer denkt das?«

Sie antwortete nicht, hielt nur die Hand zur Tür hinaus, um zu sehen, ob es regnete. »Cecilia war komisch, aber wir sind's nicht.« Und dann: »Wir wollen einfach leben. Wenn man uns leben lassen würde.«

Später, auf dem Weg zum Auto, hielt Bonnie Joe Hill Conley an, um noch einmal die Sterne zu betrachten. Alles war bewölkt. Während sie in den trüben Himmel hinaufsahen, fragte sie: »Glaubst du, daß es einen Gott gibt?«

»Ja.«

»Ich auch.«

Mittlerweile war es halb elf geworden, und die Mädchen hatten nur noch eine halbe Stunde, um nach Hause zu kommen. Das Fest ging seinem Ende entgegen, und Mr. Lisbons Auto rollte vom Lehrerparkplatz. Kevin Head und Therese, Joe Hill Conley und Bonnie, Parkie Denton und Mary trafen alle am Cadillac zusammen, aber Lux und Trip kamen nicht. Bonnie rannte in die Sporthalle zurück, um sie zu suchen, aber sie waren nicht zu finden.

»Vielleicht sind sie mit deinem Vater nach Hause gefahren«, sagte Parkie Denton.

»Das bezweifle ich«, sagte Mary. Sie schaute ins Dunkle hinaus und nestelte dabei an ihrer zerdrückten Ansteckblume. Die Mädchen zogen ihre hochhackigen Schuhe aus, um besser gehen zu können, und suchten zwischen den geparkten Autos und bei der Fahnenstange, die man an dem Tag, an dem Cecilia gestorben war, auf Halbmast gesetzt hatte, obwohl Sommer war und außer den Gärtnern es niemand bemerkte. Die Mädchen, die eben noch so vergnügt gewesen waren, wurden still und vergaßen die Jungen. Sie schwärmten im Rudel aus, trennten sich und kamen wieder zusammen. Sie suchten drüben beim Theater, hinter dem Naturwissenschaftlichen Flügel und selbst in dem Hof, in dem die kleine Statue eines Mädchens stand, die zum Gedenken an Laura White gestiftet worden war und deren Bronzerock gerade die erste Patina ansetzte. Narben kreuzten, symbolisch, ihre geschweißten Handgelenke, aber den Lisbon-Mädchen fiel es nicht auf, und sie sagten nichts, als sie um zehn vor elf zum Auto zurückkamen. Sie stiegen ein, um sich nach Hause fahren zu lassen.

Auf der Rückfahrt war es die meiste Zeit still. Joe Hill Conley und Bonnie saßen hinten neben Kevin Head und Therese. Parkie Denton fuhr und beschwerte sich später, daß er dadurch keine Gelegenheit gehabt hätte, Mary näherzukommen. Mary jedoch brachte die ganze Fahrt damit zu, vor dem Spiegel in der Sonnenblende ihr Haar zu richten. Therese sagte: »Vergiß es. Wir sind sowieso geliefert.«

»Luxie ja. Wir nicht.«

»Hat jemand ein Pfefferminz oder einen Kaugummi?« fragte Bonnie. Niemand hatte etwas, und sie wandte sich Joe Hill Conley zu. Sie musterte ihn einen Moment aufmerksam, dann zog sie ihm mit ihren Fingern einen neuen Scheitel auf der linken Seite. »Das sieht besser aus«, sagte sie. Beinahe zwei Jahrzehnte später ist das bißchen Haar, das ihm geblieben ist, noch immer von Bonnies unsichtbarer Hand gescheitelt.

Vor dem Lisbon-Haus küßte Joe Hill Conley Bonnie ein letztes Mal, und sie ließ es sich gefallen. Therese bot Kevin Head die Wange. Durch beschlagene Fenster sahen die Jungen zum Haus hinauf. Mr. Lisbon war schon zurück, und im Elternschlafzimmer brannte Licht.

»Wir bringen euch zur Tür«, sagte Parkie Denton.

»Nein, nicht«, sagte Mary.

»Warum nicht?«

»Eben so.« Sie stieg aus, ohne ihm auch nur die Hand zu geben.

»Es war wirklich schön«, sagte Therese hinten, und Bonnie flüsterte in Joe Hill Conleys Ohr: »Rufst du mich an?«

»Garantiert.«

Quietschend gingen die Autotüren auf. Die Mädchen stiegen aus, zupften an ihren Kleidern und gingen ins Haus.

Zwei Stunden später, Onkel Tucker war gerade zum Kühlschrank in der Garage hinausgegangen, um sich noch ein Sechserpack Bier zu holen, fuhr das Taxi vor. Er sah Lux aussteigen und in ihre Handtasche greifen, um die Fünfdollarnote herauszunehmen, die Mrs. Lisbon jeder Tochter am Abend vor dem Weggehen gegeben hatte. »Man sollte immer Taxigeld dabei haben«, pflegte sie zu predigen, obwohl dies der erste Abend war, an dem sie den Mädchen das Ausgehen erlaubte. Lux wartete nicht auf ihr Wechselgeld. Sie machte sich auf den Weg zum Haus, hob beim Gehen ihr Kleid und starrte zu Boden. Hinten hatte ihr Mantel einen weißen Fleck. Die Haustür wurde geöffnet, und Mr. Lisbon trat auf die Veranda. Sein Jackett hatte er ausgezogen, aber er hatte immer noch die orangefarbene Fliege um. Er kam die Treppe herunter, um Lux entgegenzugehen. Lux begann mit den Händen Entschuldigungen vorzubringen. Als Mr. Lisbon sie unterbrach, ließ sie den Kopf hängen und nickte dann widerwillig. Onkel Tucker konnte sich nicht erinnern, wann genau Mrs. Lisbon auf der Bildfläche erschienen war. Irgendwann jedoch nahm er im Hintergrund Musik wahr, und als er zum Haus hinaufblickte, sah er Mrs. Lisbon an der offenen Tür stehen. Sie hatte einen karierten Morgenrock an und ein Glas in der Hand. Hinter ihr strömte die Musik heraus, dröhnendes Orgelbrausen und seraphische Harfenklänge. Da Onkel Tucker bereits am Mittag zu trinken angefangen hatte, hatte er den Kasten Bier, den er jeden Tag konsumierte, fast ganz intus. Er begann zu weinen, während er aus der Garage spähte und Musik die Luft der Straße füllte. »Es war so eine Musik, wie sie gespielt wird, wenn man stirbt«, sagte er.

Es war Kirchenmusik, eine Auswahl aus den drei Platten, die Mrs. Lisbon sonntags gern immer wieder abspielte. Wir wußten aus Cecilias Tagebuch von der Musik (»Sonntag morgen, Mama spielt schon wieder diesen Mist«), und Monate später, als sie auszogen, fanden wir die Platten im Abfall, den sie am Bordstein zurückließen. Sie heißen – wie wir im Verzeichnis der Beweisstücke aufgeführt haben – ›Songs of Faith‹ von Tyrone Little and the Believers, ›Eternal Rapture‹ vom Toledo Baptist Choir und ›Singing Thy Praises‹ von den Grand Rapids Gospelers. Auf jedem Cover fallen Lichtstrahlen durch eine Wolkendecke. Wir haben die Platten nicht ein einziges Mal ganz abgespielt. Es ist die gleiche Musik, die wir im Radio abschalten, etwas zwischen Motown und Rock and Roll, ein leuchtendes Licht in der Finsternis der Welt und absolut beschissen. Chöre singen mit hellen Stimmen, Tonleitern schwingen sich zu harmonischen Crescendos empor – Zuckerwatte im Ohr. Wir hatten uns immer gefragt, wer sich solche Musik anhörte, und uns einsame Witwen in Altenheimen vorgestellt oder Pastorenfamilien beim Herumreichen der Schinkenplatten. Nicht ein einziges Mal stellten wir uns vor, diese frommen Stimmen könnten durch die Dielenritzen aufwärts steigen, um Plätze zu weihen, wo die Lisbon-Mädchen niederknieten, um sich mit Bimsstein die Hornhaut von den großen Zehen zu reiben. Pater Moody bekam die

Musik einige Male zu hören, wenn er sonntagsnachmittags Kaffeebesuch machte. »Mein Geschmack war es nicht«, sagte er später. »Ich hab lieber was Erhabeneres. Händels ›Messias‹. Mozarts ›Requiem‹. Das war, wenn ich das mal sagen darf, im Grunde genau das, was man in einem protestantischen Haushalt zu hören erwartete.«

Während die Musik lief, stand Mrs. Lisbon unbewegt an der Tür. Mr. Lisbon schob Lux vorwärts. Lux stieg die Treppe hinauf und überquerte die Veranda, aber ihre Mutter ließ sie nicht eintreten. Mrs. Lisbon sagte etwas, das Onkel Tucker nicht hören konnte. Lux öffnete ihren Mund. Mrs. Lisbon beugte sich vor und hielt ihr Gesicht reglos ganz dicht an das von Lux. »Alkoholprobe«, erläuterte uns Onkel Tucker. Die Probe dauerte nicht länger als fünf Sekunden. Dann holte Mrs. Lisbon aus, um Lux ins Gesicht zu schlagen. Lux zuckte zusammen, aber der Schlag erfolgte nie. Mit erhobenem Arm erstarrte Mrs. Lisbon. Sie sah zur dunklen Straße hinaus, als beobachteten hundert Augen sie und nicht nur die Onkel Tuckers. Mr. Lisbon drehte sich herum. Und Lux ebenfalls. Alle drei starrten sie in die größtenteils dunkle Umgebung hinaus, wo Bäume tropften und in Garagen Autos schliefen, deren Motoren die ganze Nacht metallisch knackten, während sie abkühlten. Sie standen ganz still, dann fiel Mrs. Lisbons Hand schlaff herab, und Lux sah ihre Chance. Sie schoß an ihr vorbei die Treppe hinauf in ihr Zimmer.

Erst Jahre später erfuhren wir, was mit Lux und Trip Fontaine gewesen war. Selbst da erzählte Trip Fontaine es mit äußerstem Widerstreben, wobei er, wie die Zwölf Schritte es befahlen, strikt behauptete, ein neuer Mensch zu sein. Nach ihrem Tanz als König und Königin des Abends, hatte Trip Lux durch das Gedränge applaudierender Untertanen zu eben der Tür geschoben, an der Therese und Kevin Head gestanden hatten, um Luft zu schnappen. »Uns war heiß vom Tanzen«, sagte er. Lux hatte noch die Tiara auf, die Mr. Durid ihr aufs Haar gedrückt hatte. Beide trugen sie königliche Bänder quer über der Brust. »Und was tun wir jetzt?« hatte Lux gefragt.

»Was wir wollen.«

»Ich meine, als König und Königin. Müssen wir irgendwas tun?«

»Nein, das war alles. Wir haben getanzt. Wir haben die Bänder bekommen. Es gilt nur heute abend.«

»Ich dachte, es gilt das ganze Jahr.«

»Ja, schon. Aber wir brauchen nichts zu tun.«

Lux überlegte. »Ich glaube, es hat aufgehört zu regnen«, sagte sie.

»Gehen wir raus!«

»Lieber nicht. Wir müssen ja gleich fahren.«

»Wir können doch das Auto im Auge behalten. Ohne uns fahren die nicht.«

»Aber mein Vater«, sagte Lux.

»Sag einfach, du mußtest erst noch deine Krone in den Schrank schließen.«

Es hatte wirklich zu regnen aufgehört, aber es war dunstig, als sie die Straße überquerten und Hand in Hand über das durchweichte Footballfeld gingen. »Siehst du den rausgeschlagenen Rasenbrocken da?« fragte Trip. »Da hab ich diesen Kerl heute genommen. Mit einem Cross-body block.«

Sie gingen über die Fünfziger-, über die Vierziger-Linie, bis ganz nach hinten, wo keiner sie sah. Der weiße Streifen, den Onkel Tucker später auf Lux' Mantel sah, stammte von der Torlinie, auf der sie sich niederlegte. Während des Akts flammten jenseits des Spielfeldes Scheinwerfer auf, deren Strahlen über sie hinweg glitten und den Torpfosten erleuchteten. Mittendrin sagte Lux: »Immer verpatze ich alles. Jedesmal«, und sie fing an zu schluchzen. Viel mehr erzählte uns Trip Fontaine nicht mehr.

Wir fragten ihn, ob er sie in das Taxi gesetzt habe, aber er verneinte. »Ich bin an dem Abend zu Fuß nach Haus gegangen. Es war mir völlig gleich, wie sie nach Hause kam. Ich bin einfach abgehauen.« Dann: »Komisch, das. Ich meine, ich hab sie gemocht. Ich hab sie wirklich gemocht. Aber da hatte ich die Nase voll von ihr.«

Die anderen Jungen kutschierten die ganze Nacht in unserem Viertel herum. Sie fuhren am Little Club vorbei, am Jachtklub, am Jagdklub. Sie fuhren durch das Village, wo die Halloween-Dekorationen dem Thanksgiving-Schmuck Platz gemacht hatten. Um halb zwei Uhr morgens, als sie immer noch nicht aufhören konnten, an die Mädchen zu denken, die im Auto noch ganz präsent waren, beschlossen sie, ein letztes Mal am Haus der Lisbons vorbeizufahren. Sie hielten, damit Joe Hill Conley mal kurz hinter einen Baum gehen konnte, dann fuhren sie die Cadieux hinunter und brausten an den kleinen Häusern vorbei, die früher einmal Unterkünfte für Sommerarbeiter gewesen waren. Sie passierten eine Siedlung, an deren Stelle früher eines unserer großen Herrenhäuser gestanden hatte. Auf dem Grund des architektonisch gestalteten Parks protzten dort jetzt Klinkerhäuser mit »antiken« Türen und Mammutgaragen. Sie bogen in die Jefferson Avenue ein, kamen am Kriegerdenkmal und an den schwarzen Toren der noch verbliebenen Millionäre vorbei und fuhren schweigend den Mädchen entgegen, die für sie endlich real geworden waren. Als sie sich dem Haus näherten, sahen sie in einem oberen Zimmer Licht. Parkie Denton hob die Hand, damit die anderen Jungen einschlagen konnten. »Volltreffer«, sagte er. Aber ihr Jubel war von kurzer Dauer. Noch ehe sie anhielten, wußten sie, was geschehen war. »Es traf mich wie ein Magenschwinger. Ich wußte plötzlich, daß diese Mädchen nie wieder ausgehen durften«, sagte Kevin Head Jahre später zu uns. »Die alte Hexe hatte sie wieder eingesperrt. Fragt mich nicht, woher ich das wußte. Ich wußte es einfach.«

Die Jalousien an den Fenstern waren herabgefallen wie Augenlider, und die verwilderten Blumenbeete ließen das Haus verödet erscheinen. In dem Fenster, in dem das eine Licht brannte, bewegte sich jedoch die Jalousie. Eine Hand rollte sie zurück, und ein goldgelbes Stück Gesicht kam zum Vorschein – Bonnie, Mary, Therese oder sogar Lux – und blickte zur Straße hinaus. Parkie Denton hupte einmal, kurz und hoffnungsvoll, aber gerade als das Mädchen die Hand ans Glas legte, ging das Licht aus.

4

Einige Wochen, nachdem Mrs. Lisbon das Haus zu einem Gefängnis der höchsten Sicherheitsstufe gemacht hatte, begannen die Erscheinungen, bei denen Lux oben auf dem Dach beim Liebesakt zu sehen war.

Nach dem Schulfest zog Mrs. Lisbon unten im Haus die Jalousien herunter. Wir konnten nur noch die eingesperrten Schatten der Mädchen sehen, die unsere Phantasie zu den wildesten Bildern anregten. Dazu kam, daß die Bäume im Garten, als der Herbst in den Winter überging, schwerer herabhingen und dichter wurden, so daß sie das Haus verbargen, obwohl es hinter ihrer Kahlheit doch gerade hätte hervortreten müssen. Immer schien eine Wolke über dem Haus der Lisbons zu hängen. Es gab keine Erklärung dafür außer der übernatürlichen, daß das Haus sich verdunkelte, weil Mrs. Lisbon es so wollte. Der Himmel verfinsterte sich, das Licht floh den Tag, und wir bewegten uns ständig in einer zeitlosen Düsternis, in der wir die Stunde nur noch am Geschmack unserer Rülpser erkennen konnten – morgens Zahnpasta, nachmittags Rindfleisch vom Schulessen.

Ohne Erklärung wurden die Mädchen aus der Schule genommen. Eines Morgens blieben sie einfach weg und am folgenden Morgen wieder. Als Mr. Woodhouse nachfragte, schien Mr. Lisbon keine Ahnung zu haben, daß die Mädchen fehlten. »Er sagte immer wieder: ›Haben Sie draußen schon nachgesehen?‹«

Jerry Burden knackte die Kombination von Marys Garderobenschrank und sah, daß sie die meisten ihrer Bücher dagelassen hatte. »Innen hatte sie Ansichtskarten an die Wand geklebt. Bescheuertes Zeug. Sofas und solchen Scheiß.« (Kunstkarten in Wirklichkeit, die einen Biedermeierstuhl und ein Chippendalesofa in rosarotem Chintz zeigten.) Ihre Hefte lagen in einem Stapel auf dem obersten Bord, jedes mit dem Namen eines brandneuen Fachs beschriftet, über das sie nie mehr etwas lernen würde. In ›Amerikanische Geschichte‹, inmitten sprunghafter Aufzeichnungen, fand Jerry Burden folgende Zeichnung: ein Mädchen mit Zöpfen, unter der Last eines gigantischen Felsbrockens gebeugt. Ihre Wangen sind aufgebläht, und aus dem runden Mund steigen Dampfwolken auf. In einer dieser sich weitenden Wolken steht dunkel nachgezeichnet das Wort *Druck*.

In Anbetracht von Lux' Unpünktlichkeit hatten alle mit energischem Durchgreifen gerechnet, aber kaum jemand hatte erwartet, daß es so hart ausfallen würde. Als wir jedoch Jahre später mit Mrs. Lisbon sprachen, behauptete sie, Bestrafung hätte sie mit ihrer Entscheidung nie im Sinn gehabt. »Zu der Zeit machte die Schule alles nur schlimmer«, sagte sie. »Von den anderen Kindern sprach niemand mit den Mädchen. Außer den Jungen, und man weiß ja, worauf die es abgesehen hatten. Die Mädchen brauchten Zeit für sich. Eine Mutter spürt so etwas. Ich dachte, wenn sie zu Hause blieben, würden die Wunden besser verheilen.« Unser Gespräch mit Mrs. Lisbon war kurz. Sie traf sich mit uns am Busbahnhof der kleinen Ortschaft, in der sie jetzt lebt, weil das die einzige Stelle war, an der man Kaffee bekommen konnte. Ihre Hände waren rot und rauh, und sie hatte Zahnfleischschwund. Ihr Unglück hatte sie nicht zugänglicher gemacht, ihr vielmehr die Unkenntlichkeit eines Menschen verliehen, der mehr gelitten hatte, als auszudrücken ist. Dennoch wollten wir vor allem mit ihr sprechen, weil wir überzeugt waren, daß sie als Mutter der Mädchen besser als jeder andere verstand, warum sie sich getötet hatten. Aber sie sagte: »Das ist ja das Beängstigende. Ich verstehe es *nicht*. Wenn sie einmal aus einem heraus sind, die Kinder, dann sind sie anders.« Als wir sie fragten, warum sie Dr. Hornickers Angebot einer psychologischen Beratung nie angenommen hatte, wurde sie ärgerlich. »Dieser Arzt wollte doch nur uns die Schuld geben. Er fand, Ronnie und ich seien schuld.« In dem Moment fuhr ein Bus in die Halle ein, und durch die offene Tür an Steig Zwei, blies eine Kohlenmonoxidwolke über den Tresen mit den Stapeln frischer Donuts. Mrs. Lisbon sagte, sie müßte gehen.

Sie hatte mehr getan, als die Mädchen aus der Schule zu nehmen. Am folgenden Sonntag, nach der Heimkehr von einer feurigen Predigt, hatte sie Lux befohlen, ihre Rockplatten zu vernichten. Mrs. Pitzenberger (die zufällig nebenan ein Zimmer tapezierte) hörte den schrecklichen Streit. »Sofort!« sagte Mrs. Lisbon immer wieder, während Lux versuchte, mit ihr zu reden, zu verhandeln, und schließlich in Tränen ausbrach. Durch das obere Flurfenster sah Mrs. Pitzenberger Lux wütend in ihr Zimmer stampfen und gleich darauf mit mehreren Pfirsichkisten zurückkehren. Die Kisten waren schwer, und Lux ließ sie die Treppe hinunterrutschen wie Schlitten. »Sie tat so, als würde sie sie einfach runtersausen lassen, aber kurz bevor sie zu schnell wurden, hat sie sie immer gepackt.« Im Wohnzimmer hatte Mrs. Lisbon das Feuer angezündet, und Lux, die jetzt lautlos weinte, begann ihre Platten, eine nach der anderen, den Flammen zu übergeben. Wir erfuhren nie, welche Platten bei diesem Autodafé der Vernichtung anheimfielen, aber offenbar hielt Lux Platte für Platte hoch und flehte Mrs. Lisbon um Gnade an. Der Geruch wurde rasch unerträglich, und der Kunststoff schmolz über den Schürhaken, so daß Mrs. Lisbon Lux befahl, Schluß zu machen. (Sie warf die restlichen Platten mit dem Müll jener Woche weg.) »Trotzdem«, sagte Will Timber, der sich da gerade ein Traubeneis holte, »konnte man den brennenden Kunststoff bis zu Mr. Z. riechen, dem Partyladen in der Kercheval Street.«

In den folgenden Wochen sahen wir die Mädchen praktisch überhaupt nicht. Lux sprach nie wieder mit Trip Fontaine, und Joe Hill Conley rief Bonnie nicht an, wie er versprochen hatte. Mrs. Lisbon fuhr mit den Mädchen zu ihrer Großmutter, um sich bei dieser alten Frau Rat zu holen, die alles hinter sich hatte. Als wir sie in Roswell, New Mexico, anriefen – wohin sie verzogen war, nachdem sie dreiundvierzig Jahre lang in demselben ebenerdigen Haus gelebt hatte –, antwortete die alte Dame (Mrs. Lema Crawford) nicht auf Fragen zu ihrem Anteil an der Strafaktion, sei es aus Störrischkeit, sei es wegen der Rückkopplung, die sie mit ihrem Hörgerät am Telefon hatte. Aber sie erwähnte eigenes Liebesleid gut sechzig Jahre früher. »Man kommt nie darüber hinweg«, sagte sie. »Aber man erreicht allmählich einen Punkt, wo es einem nicht mehr soviel ausmacht.« Und dann, kurz bevor sie auflegte: »Herrliches Wetter hier unten. Das war die beste Entscheidung meines Lebens, da oben den ganzen Kram hinzuschmeißen und wegzuziehen.«

Der rauchige Klang ihrer Stimme machte uns die Szene lebendig: die alte Frau am Küchentisch, das dünne Haar unter einem Elastikturban, Mrs. Lisbon mit verkniffenem Mund und grimmiger Miene auf einem Stuhl gegenüber und die vier Sünderinnen, die mit gesenkten Köpfen dastanden und an Nippes und Porzellanfigürchen herumspielten. Keine Diskussion darüber, wie sie sich fühlen oder was sie vom Leben erwarten; nur die abfallende Linie – Großmutter, Mutter, Töchter –, und draußen im Garten fällt der Regen auf die toten Gemüsebeete.

Mr. Lisbon fuhr weiter jeden Morgen zum Unterricht, und die Familie ging weiter sonntags in die Kirche, aber das war auch alles. Das Haus zog sich hinter die trüben Schleier erstickender Jugend zurück, und selbst unsere Eltern begannen Bemerkungen darüber zu machen, wie düster und ungesund dieses Haus aussähe. Nachts lockten seine miasmatischen Dünste Waschbären an, und es war nichts Ungewöhnliches, morgens einen toten zu finden, von einem Auto überfahren, als er sich von den Mülltonnen der Lisbons hatte davonmachen wollen. Einmal zündete Mrs. Lisbon auf der vorderen Veranda kleine Rauchbomben an, die einen schwefligen Gestank verbreiteten. Niemand hatte vorher schon einmal solche Dinger gesehen, aber es wurde getuschelt, sie seien zum Schutz gegen Waschbären. Und dann, ungefähr um die Zeit, als die erste Kältewelle hereinbrach, sah man oben auf dem Dach Lux mit gesichtslosen Jungen und Männern kopulieren.

Anfangs war unmöglich zu sagen, was da vor sich ging. Ein Zellophankörper wedelte auf den Schieferschindeln mit den Armen auf und ab wie ein Kind, das einen Engel in den Schnee zeichnet. Dann wurde ein zweiter, dunklerer Körper erkennbar, manchmal in der Uniform irgendeines Fast-food-Restaurants, manchmal mit Goldkettchen behangen, ein anderes Mal im langweiligen grauen Anzug eines Buchhalters. Vom Speicher der Pitzenbergers aus konnten wir durch das feine Geäder kahler Ulmenäste schließlich Lux' Gesicht erkennen. Sie hockte, in eine Wolldecke eingepackt, da und rauchte eine Zigarette, unwahrscheinlich nahe im Kreis unseres Feldstechers, weil sie ihre Lippen nur Zentimeter entfernt bewegte, aber ganz ohne Ton.

Wir konnten nicht verstehen, wie sie so etwas auf ihrem eigenen Haus tun konnte, noch dazu, wo ihre Eltern ganz in der Nähe schliefen. Gewiß, für Mr. und Mrs. Lisbon war es unmöglich, sie auf ihrem eigenen Dach zu sehen, und wenn Lux und ihr jeweiliger Partner erst einmal oben waren, waren sie relativ sicher; aber vorher gab es doch die unvermeidlichen Geräusche, wenn sie hinunterschleichen mußte, um die Jungen und Männer hereinzulassen, wenn sie sie dann in einer Dunkelheit, die mit nervöser Spannung aufgeladen war, die knarrende Treppe hinaufführen mußte, während die Geräusche der Nacht in ihren Ohren summten. Die Männer schwitzten, sie riskierten ja eine Anklage wegen Unzucht mit einer Minderjährigen, sie setzten ihre Karrieren und ihre Ehen aufs Spiel, nur um die Treppe hinauf durch ein Fenster aufs Dach geführt zu werden und sich dort der Leidenschaft hinzugeben, wobei sie sich die Knie aufschürften und in stehenden Pfützen wälzten. Wir erfuhren nie, wie Lux sie kennenlernte. Soweit wir sehen konnten, verließ sie das Haus nie. Nicht einmal nachts schlich sie sich hinaus, um es vielleicht auf einem unbebauten Grundstück zu treiben oder unten am See, sondern zog es vor, die Liebe am Ort ihrer Gefangenschaft zu betreiben. Wir lernten eine Menge über die Techniken der Liebe, und weil wir die Wörter nicht kannten, um zu benennen, was wir sahen, mußten wir uns unsere eigenen Bezeichnungen ausdenken. Darum sprachen wir von »Jodeln in der Schlucht« und »Schlauch abbinden«, von »Stöhnen in der Grube«, »der Schildkröte den Hals verrenken« und »Stinkwurz kauen«. Jahre später, als wir selbst unsere Unschuld verloren, flüchteten wir uns in unserer Panik in eine Pantomime von Lux' Zuckungen oben auf dem Dach. Und sogar jetzt, wollten wir ehrlich mit uns sein, müßten wir zugeben, daß es stets dieser bleiche Geist ist, der bei uns liegt, immer mit den Füßen in der Dachrinne und der einen leuchtenden Hand am Schornstein, ganz gleich, was Hände und Füße unserer jeweiligen Geliebten tun. Und wir müßten auch zugeben, daß in den Momenten tiefster Intimität, wenn wir nachts mit unseren klopfenden Herzen allein sind und Gott bitten, uns zu retten, daß dann am häufigsten Lux zu uns kommt, Sukkubus jener fernen Nächte.

Berichte von ihren erotischen Abenteuern erhielten wir aus den unwahrscheinlichsten Quellen, von Burschen aus Arbeitervierteln mit aufgestellten Haaren, die schworen, sie seien selbst mit Lux auf dem Dach gewesen; und obwohl wir sie gründlich ausfragten, um Widersprüchlichkeiten in ihren Geschichten zu finden, gelang uns das nie. Sie sagten, es sei immer zu dunkel im Haus gewesen, um etwas sehen zu können. Das einzig Lebendige: Lux' Hand, drängend und gelangweilt zugleich, die sie an der Gürtelschnalle vorwärtszog. Der Weg durch das Haus war ein Hinderniskurs. Dan Tyco mit seinem Stiernacken trat auf dem oberen Treppenabsatz auf etwas Weiches und hob es auf. Erst nachdem Lux ihn durch das Fenster aufs Dach hinausgeführt hatte, konnte er im Mondlicht sehen, was er in der Hand hielt: das angebissene Brot, dem Pater Moody fünf Monate zuvor schon begegnet war. Andere Jungen stießen auf Teller mit Spaghetti, leere Dosen, als würden die Mädchen nicht mehr von Mrs. Lisbon versorgt und lebten von Raubzügen.

Nach den Beschreibungen der Jungen hatte Lux abgenommen, wir konnten das durch den Feldstecher nicht erkennen. Alle sechzehn sprachen von ihren vorstehenden Rippen, ihren mageren Schenkeln, und einer, der bei einem milden Winterregen mit Lux aufs Dach gestiegen war, erzählte uns, wie sich in den Salznäpfchen über ihren Schlüsselbeinen das Wasser gesammelt hatte. Einige Jungen erwähnten den sauren Geschmack ihres Speichels – Geschmack von Verdauungssäften, die keine Arbeit hatten –, aber alle diese Zeichen von Unterernährung oder Krankheit oder Kummer (die kleinen Fieberbläschen an ihren Mundwinkeln, die haarlose Stelle über ihrem linken Ohr) vermochten nicht den überwältigenden Eindruck von Lux als eines sinnlichen Engels zu schmälern. Wie von zwei gewaltigen schlagenden Schwingen seien sie an den Schornstein geheftet gewesen, sagten sie und sprachen von dem feinen blonden Flaum auf ihrer Oberlippe, der sich wie Gefieder anfühlte. Ihre Augen blitzten, brannten im Feuer ihrer Mission, wie das nur bei einem Wesen möglich war, das weder an der Herrlichkeit der Schöpfung noch an ihrer Sinnlosigkeit Zweifel hatte. Die Worte, die die Jungen gebrauchten, ihre zuckenden Augenbrauen, ihre Furcht und ihre Bestürzung machten offenkundig, daß sie Lux bei ihrem Aufstieg nur als äußerst unbedeutende Trittsteine gedient hatten, und letztlich konnten sie uns, obwohl sie zum Gipfel hinaufgetragen worden waren, nicht sagen, was jenseits lag. Einige von ihnen erwähnten das alles andere überwiegende Gefühl von Lux' unermeßlicher Güte.

Obwohl sie kaum längere Gespräche führte, erhielten wir aus dem wenigen, das von dem wenigen, was sie sagte, zu uns gelangte, eine Vorstellung von ihrem Gemütszustand. Sie erklärte Bob McBrearley, sie könnte nicht leben, wenn sie »es nicht regelmäßig bekomme«. Sie sagte das allerdings mit einem Brooklyn-Akzent, als ahmte sie eine Filmszene nach. Vieles an ihrem Verhalten roch nach Theater. Willie Tate gab zu, daß es ihr trotz aller ungeduldigen Begierde »nicht viel Spaß zu machen schien«, und viele Jungen berichteten von ähnlicher Desinteressiertheit. Wenn sie den Kopf von der weichen Unterlage ihres Halses hoben, sahen sie, daß ihre Augen geöffnet waren, ihre Stirn nachdenklich zusammengezogen; oder sie fühlten auf dem Höhepunkt der Leidenschaft plötzlich, wie sie ihnen auf dem Rücken einen Pickel ausdrückte. Und dennoch sagte Lux auf dem Dach, den Berichten zufolge, Flehentliches wie: »Steck ihn rein. Nur einen Moment. Dann fühlen wir uns einander nah.« Zu anderen Zeiten behandelte sie den Liebesakt wie einen lästigen kleinen Job, schob die Jungen zurecht und öffnete Reißverschlüsse und Schnallen mit der müden Verdrießlichkeit eines Garderobenfräuleins. In ihrer Verhütungsstrategie zeigte sie wilde Schwankungen. Manche berichteten von kompliziertesten Verfahren, bei denen sie drei oder vier Gelees oder Cremes zugleich einführte und obendrein ein weißes Spermizid dazugab, das sie als »Sahnequark« bezeichnete. Gelegentlich begnügte sie sich mit ihrer »australischen Methode«, die darin bestand, daß sie eine Colaflasche aufschüttelte und ihr Körperinneres abspritzte. Häufig benutzte sie keimfreie pharmazeutische Produkte. Zu anderen Zeiten, vermutlich durch Mrs. Lisbons Blockade am Einkauf gehindert, griff sie auf die klugen Methoden zurück, die die Hebammen vergangener Jahrhunderte entwickelt hatten. Essig erwies sich als brauchbar, ebenso Tomatensaft. Das kleine Schiffchen der Liebe versank in sauren Meeren. Hinter dem Schornstein hatte Lux ein Sortiment Flaschen und einen übelriechenden Lappen aufbewahrt. Neun Monate später, als die von dem neuen jungen Paar angeheuerten Dachdecker die Flaschen fanden, riefen sie zu der jungen Frau hinunter: »Schaut aus, als hätte hier oben jemand Salat gegessen.«

Es war zu jeder Zeit verrückt, auf dem Dach zu lieben, aber es im Winter zu tun, das ließ auf geistige Verwirrung, Verzweiflung und eine Tendenz zur Selbstzerstörung in einem Ausmaß schließen, das zu dem bißchen gestohlener Lust unter den tropfenden Bäumen in keinem Verhältnis stand. Wenn auch einige von uns in Lux eine Naturgewalt sahen, die gegen Kälte gefeit war, eine Eisgöttin, die die Jahreszeit selbst hervorgebracht hatte, so wußten die meisten doch, daß sie nur ein junges Mädchen war, das Gefahr lief oder es darauf anlegte, sich in der Kälte den Tod zu holen. Wir waren daher gar nicht überrascht, als drei Wochen nach Beginn von Lux' höhenakrobatischen Darbietungen der Rettungswagen wieder einmal vorfuhr. Bis zu dieser, seiner dritten Fahrt war uns der Wagen bereits so vertraut geworden wie Mrs. Buells hysterische Stimme, wenn sie Chase nach Hause rief. Als er die Auffahrt hinaufrollte, trübte alte Bekanntschaft unseren Blick für die neuen Winterreifen und die Salzkruste an den Kotflügeln. Wir sahen den Sheriff – den Dünnen mit dem Bärtchen – schon vom Fahrersitz springen, ehe er es wirklich tat, und alles was danach passierte, war ein einziges Déjà-vu. Wir warteten nur darauf, die Mädchen in Nachthemden an den Fenstern vorbeihuschen, die Lichter, die den Weg der Sanitäter zum Opfer markierten, aufleuchten zu sehen, erst im Vorsaal, dann im Flur, im oberen Flur, im Schlafzimmer rechts, bis das Spielautomatenhaus in Blöcken erleuchtet war. Es war nach neun und kein Mond am Himmel. Vögel hatten in den alten Straßenlampen ihre Nester gebaut, so daß das Licht durch Stroh und abgeworfene Federn sickerte. Die Vögel waren längst nach Süden geflogen, aber in gesprenkeltem Licht erschienen der Sheriff und der Dicke nun wieder an der Haustür. Sie trugen die Trage genau, wie wir erwartet hatten, aber als das Licht auf der Veranda aufflammte, waren wir auf das, was wir sahen, nicht gefaßt: Lux Lisbon, aufrecht sitzend und quicklebendig.

Sie schien Schmerzen zu haben, aber als man sie aus dem Haus trug, griff sie geistesgegenwärtig ein ›Reader's Digest‹, das sie später im Krankenhaus von Anfang bis Ende las. Und trotz ihrer Krämpfe (sie hielt die Hände auf den Bauch gedrückt) hatte Lux es gewagt, den verbotenen pinkfarbenen Lippenstift aufzulegen, der – wie uns die Jungen vom Dach erzählten – nach Erdbeeren schmeckte. Die Schwester von Woody Clabault hatte den gleichen, und einmal, nachdem wir die Hausbar seiner Eltern geplündert hatten, setzten wir ihm so lange zu, bis er sich die Lippen mit dem Stift anmalte und jeden von uns küßte, damit endlich auch wir erfuhren, wie er schmeckte. Durch das Aroma der Cocktails hindurch, die wir uns an diesem Abend zusammenmixten – Ginger Ale, Bourbon, Limettensaft, Scotch –, konnten wir den Erdbeerlack auf Woody Clabaults Lippen schmecken, die sich dort vor dem offenen Kamin, der nur Attrappe war, in die von Lux verwandelten. Rockmusik donnerte aus dem Kassettenrecorder; wir warfen uns in Sesseln herum, glitten von Zeit zu Zeit körperlos zur Couch, um unsere Köpfe in das Erdbeerfaß zu tauchen, aber am nächsten Tag wollten wir uns an nichts von alledem erinnern, wir sprechen heute das erstemal darüber. Die Erinnerung an jenen Abend wurde sowieso verdrängt von der an Lux, wie sie in den Notwagen gehoben wurde, denn trotz Diskrepanzen in Zeit und Raum waren es Lux' Lippen, die wir schmeckten, und nicht die von Clabault.

Ihr Haar gehörte gewaschen, das sah man. George Pappas, der den Wagen erreichte, ehe der Sheriff die Türen schloß, beschrieb, wie sich das Blut in Lux' Wangen angesammelt hatte. »Man konnte die Adern sehen«, sagte er. In der einen Hand die Zeitschrift, die andere auf ihren Bauch gedrückt, saß sie auf der Trage wie in einem schwankenden Rettungsboot. Ihr Strampeln, ihre Schreie, ihre Grimassen der Qual betonten nur die Reglosigkeit Cecilias, die uns jetzt in der Erinnerung noch toter erschien als sie wirklich war. Mrs. Lisbon sprang nicht in den Rettungswagen wie damals, sondern blieb auf dem Rasen stehen und winkte, als wäre Lux in den Bus gestiegen, der sie ins Sommerlager brachte. Weder Mary, Bonnie noch Therese kamen heraus. Als wir später darüber sprachen, hatten viele von uns das Gefühl, in diesem Moment einen seelischen Knacks erlitten zu haben, der sich mit den nachfolgenden Todesfällen nur noch verschlimmerte. Das vorherrschende Symptom dieses Zustandes war eine Unfähigkeit, sich an Geräusche zu erinnern. Wagentüren fielen lautlos zu; Lux' Mund (elf Füllungen nach Dr. Roths Unterlagen) schrie lautlos; und die Straße, die ächzenden Bäume, die Ampel, die knackend auf verschiedene Farben schaltete, das Summen des Elektrokastens am Fußgängerüberweg – all diese sonst lärmenden Stimmen verstummten oder hatten angefangen, in einer Tonhöhe zu kreischen, die für unsere Ohren zu hoch waren, und jagten uns dennoch kalte Schauer über den Rücken. Der Ton kehrte erst wieder, als Lux fort war. Fernsehapparate explodierten mit konserviertem Gelächter. Väter planschten beim Bad für den schmerzenden Rücken.

Erst nach einer halben Stunde rief Mrs. Patz' Schwester vom Bon-Secours-Krankenhaus mit der vorläufigen Meldung an, Lux habe einen Blinddarmdurchbruch. Es überraschte uns zu hören, daß es sich nicht um eine selbst beigebrachte Verletzung handelte. Mrs. Patz sagte allerdings: »Das ist der Streß. Das arme Ding steht unter einem solchen Druck, daß der Blinddarm einfach geplatzt ist. Meiner Schwester ist es genauso gegangen.« Brent Christopher, der sich mit einer elektrischen Säge an diesem Abend beinahe die rechte Hand abgeschnitten hatte (er baute eine neue Küche ein), sah, wie Lux in die Notaufnahme geschoben wurde. Obwohl sein Arm verbunden und sein Hirn von Schmerzmitteln benebelt war, erinnerte er sich, daß die Assistenzärzte Lux auf das Krankenbett neben ihm hoben. »Sie hat durch den Mund geatmet, hyperventiliert und sich dabei den Bauch gehalten. Und dabei hat sie dauernd ›Aua, aua‹ gesagt.« Nachdem die Assistenzärzte davongeeilt waren, um den Stationsarzt zu holen, waren Brent Christopher und Lux anscheinend einen Moment allein. Sie hörte auf zu weinen und sah zu ihm hinüber. Er hielt seine bandagierte Hand hoch. Sie betrachtete sie ohne Interesse. Dann hob sie den Arm und zog den Vorhang zu, der die Betten voneinander trennte.

Ein Dr. Finch (oder French – die Unterlagen sind unleserlich) untersuchte Lux. Er fragte, wo sie Schmerzen habe, nahm Blut ab, klopfte ihr aufs Knie, ließ sie »A« sagen, bis es sie würgte, und schaute ihr in Augen, Ohren und Nase. Er untersuchte ihre Leiste und fand keine Schwellung. Sie zeigte mittlerweile keine Zeichen von Schmerz mehr, und nach den ersten Minuten schon hörte der Arzt auf, ihr wegen ihres Blinddarms Fragen zu stellen. Manche meinten, für den erfahrenen Arzt seien die Zeichen eindeutig gewesen: ängstlicher Blick und häufiges Berühren des Bauches. Wie dem auch sei, der Arzt wußte sofort Bescheid. »Wann hast du deine letzte Periode gehabt?« fragte er.

»Das ist eine Weile her.«

»Einen Monat?«

»Zweiundvierzig Tage.«

»Du möchtest nicht, daß deine Eltern etwas merken?«

»Danke, nein.«

»Warum der Wirbel? Wozu der Notwagen?«

»Weil ich nur so aus dem Haus komme.«

Sie flüsterten. Der Arzt war über das Bett gebeugt, Lux saß aufrecht. Brent Christopher hörte ein Geräusch, das er als Zähneklappern identifizierte. Dann sagte Lux: »Ich möchte nur einen Test. Können Sie einen machen?«

Der Arzt stimmte nicht mit Worten zu, aber als er in den Korridor hinausging, sagte er aus irgendeinem Grund zu Mrs. Lisbon, die eben angekommen war, nachdem sie ihren Mann mit den Mädchen zu Hause zurückgelassen hatte: »Ihre Tochter wird bald wieder auf den Beinen sein.« Dann ging er in sein Büro, wo ihn später eine Schwester intensiv pfeiferauchend vorfand. Wir haben uns Verschiedenes vorgestellt, was Dr. Finch an diesem Tag durch den Kopf gegangen sein könnte: daß er sich in eine Vierzehnjährige mit verspäteter Periode verliebt hatte; daß er im Kopf nachrechnete, wieviel Geld er auf der Bank hatte, wieviel Benzin in seinem Auto, wie weit er kommen konnte, ehe seine Frau und seine Kinder etwas merkten. Wir haben nie verstanden, warum Lux ins Krankenhaus ging und nicht zur »Familienplanung«, aber die meisten waren sich einig, daß sie die Wahrheit sagte und letztlich keine andere Möglichkeit sah, zu einem Arzt zu kommen. Als Dr. Finch zurückkehrte, sagte er: »Ich werde deiner Mutter sagen, wir machen einige Magen- und Darmuntersuchungen.« Da stand Brent Christopher auf und schwor sich im stillen, Lux persönlich bei der Flucht zu helfen. Er hörte sie sagen: »Wie lange dauert es, bis das Ergebnis kommt?«

»Ungefähr eine halbe Stunde.«

»Nehmen Sie wirklich ein Kaninchen?«

Der Arzt lachte.

Im Stehen spürte Brent Christopher den pochenden Schmerz in seiner Hand, ihm wurde schwarz vor Augen, ihm wurde schwindlig; aber ehe er wieder in Bewußtlosigkeit versank, sah er Dr. Finch vorüberkommen und auf Mrs. Lisbon zugehen. Sie hörte es als erste, dann hörten es die Schwestern und dann wir. Joe Larson rannte über die Straße und versteckte sich bei den Lisbons im Gebüsch, und das war der Moment, als er Mr. Lisbons mädchenhaftes Weinen hörte. »Eigentlich ein ganz melodisches Geräusch«, sagte er. Mr. Lisbon saß in seinem Schwingsessel, die Füße oben auf der Fußstütze, die Hände vor dem Gesicht. Das Telefon läutete. Er sah es an. Er hob ab. »Gott sei Dank«, sagte er. »Gott sei Dank.« Lux hatte, wie sich herausstellte, nur eine schlimme Verdauungsstörung.

Neben dem Schwangerschaftstest unterzog Dr. Finch Lux einer umfassenden gynäkologischen Untersuchung. Von Miss Angelica Turnette, einer Verwaltungsangestellten des Krankenhauses, erhielten wir später die Unterlagen, die wir zu unserem teuersten Besitz zählen (bei ihrem Gehalt kam sie kaum über die Runden). Der Befund des Arztes, eine Serie aufreizender Zahlen, zeigt uns Lux in einem steifen Papierhemd, wie sie auf die Waage steigt (45), den Mund für das Thermometer öffnet (36,5) und in einen Plastikbecher uriniert (WBC 6–8 occ. Zusammenballung; viel Schleim; Leukozyten 2+). Die simplen Worte »leichte

Erosion« geben den Zustand ihrer Gebärmutterwand wieder, und mit einer Fortschrittlichkeit, von der man später Abstand genommen hat, wurde eine Fotografie ihrer rosigen Zervix gemacht. Sie sieht aus wie die Blende einer Kamera, die auf eine äußerst niedrige Belichtung eingestellt ist. (Sie starrt uns jetzt an wie ein entzündetes Auge und fixiert uns in stummer Anklage.)

»Der Schwangerschaftstest war negativ, aber es war klar, daß sie sexuell aktiv war«, berichtete uns Miss Turnette. »Sie hatte HPV (Human-Papilloma-Viren, Auslöser von Kondylomen). Je mehr Partner man hat, desto mehr HPV. So einfach ist das.«

Dr. Hornicker hatte an jenem Abend zufällig Dienst und schaffte es, Lux ein paar Minuten ohne Mrs. Lisbons Wissen zu sehen. »Das Mädchen wartete noch auf die Untersuchungsergebnisse, darum war sie verständlicherweise angespannt«, sagte er. »Aber es war noch etwas anderes da, ein zusätzliches Unbehagen.« Lux hatte sich angezogen und saß auf der Kante des Bettes in der Notaufnahme. Als Dr. Hornicker sich vorstellte, sagte sie: »Sie sind der Arzt, der mit meiner Schwester gesprochen hat.«

»Das ist richtig.«

»Wollen Sie jetzt mir Fragen stellen?«

»Nur wenn du das möchtest.«

»Ich bin nur hier«, sie senkte die Stimme, »weil ich mich vom Gynäkologen untersuchen lassen wollte.«

»Du möchtest also nicht, daß ich dir Fragen stelle?«

»Ceel hat uns von Ihren Tests erzählt. Ich bin jetzt einfach nicht in der Stimmung.«

»In was für einer Stimmung bist du denn?«

»In überhaupt keiner. Ich bin bloß irgendwie müde.«

»Schläfst du nicht genug?«

»Ich schlaf die ganze Zeit.«

»Und trotzdem bist du immer noch müde?«

»Ja.«

»Was glaubst du, woher das kommt?«

Bis zu diesem Punkt hatte Lux lebhaft geantwortet und dabei mit den Beinen gebaumelt, die nicht bis zum Boden hinunterreichten. Jetzt hielt sie inne und betrachtete Dr. Hornicker. Sie lehnte sich zurück und zog den Kopf ein, so daß die leichte Fülle unter ihrem Kinn schwoll.

»Eisenmangel«, sagte sie. »Liegt in der Familie. Ich wollte mir vom Doktor ein paar Vitamine geben lassen.«

»Sie steckte so richtig in der Verleugnung«, erklärte Dr. Hornicker uns später. »Es lag auf der Hand, daß sie nicht schlief – ein Depressionssymptom nach dem Lehrbuch –, und sie tat so, als hätten ihre Schwierigkeiten und im Verein damit auch die Probleme ihrer Schwester Cecilia keine echte Bedeutung.« Bald danach kam Dr. Finch mit den Testergebnissen herein, und Lux sprang vergnügt vom Bett. »Aber sogar ihre Freude hatte etwas Manisches.«

Kurz nach diesem Zusammentreffen begann Dr. Hornicker im zweiten seiner zahlreichen Berichte seine Ansicht über die Lisbon-Mädchen zu revidieren. Unter Hinweis auf eine kürzlich erschienene Studie von Dr. Judith Weisberg, in der »der Verlustprozeß bei Jugendlichen, die ein Geschwister durch Selbstmord verloren haben« (siehe Liste öffentlich geförderter Studien) untersucht wurde, lieferte Dr. Hornicker eine Erklärung für das unberechenbare Verhalten der Lisbon-Mädchen – ihren Rückzug, ihre plötzlichen Gefühlsausbrüche oder ihre Starre. In dem Bericht wird behauptet, die überlebenden Lisbon-Mädchen litten infolge von Cecilias Selbstmord an einem »posttraumatischen Streßsyndrom«. »Es ist nicht ungewöhnlich«, schrieb Dr. Hornicker, »daß Geschwister eines jugendlichen Selbstmörders suizidales Verhalten ausagieren in dem Bemühen, ihren Schmerz zu verarbeiten. Das Vorkommen wiederholten Selbstmords in einzelnen Familien ist hoch.« In einer Randbemerkung ließ er die wissenschaftliche Manier fallen und kritzelte: »Lemminge«.

Als diese These sich in den nächsten Monaten herumsprach, überzeugte sie viele, weil sie die Dinge vereinfachte. Schon hatte Cecilias Selbstmord in der Rückschau die Natur eines lange vorhergesagten Ereignisses angenommen. Niemand fand ihn mehr schockierend, und wenn man ihn als Grundursache akzeptierte, waren weitere Erklärungen nicht mehr notwendig. Wie Mr. Hutch es formulierte: »Sie haben Cecilia zur Bösen gemacht.« Ihr Selbstmord wurde aus dieser Perspektive als eine Art Krankheit gesehen, die alle, die sich zu nahe heranwagten, ansteckte. In der Badewanne im Saft ihres eigenen Bluts schmorend, hatte Cecilia einen fliegenden Virus freigesetzt, den sich die anderen Mädchen gerade in dem Bemühen, sie zu retten, selbst zugezogen hatten. Niemand interessierte es, wie Cecilia selbst an den Virus gekommen war. Übertragung wurde Erklärung. Wohlgeborgen in ihren Zimmern hatten die anderen Mädchen einen befremdlichen Geruch wahrgenommen, die Nasen in die Luft gestreckt, ihn aber ignoriert. Schwarze Rauchfäden waren unter ihren Türen hindurchgekrochen, hatten sich hinter ihren über Bücher gekrümmten Rücken in die Höhe geschlängelt, um sich zu den unheilvollen Gestalten zu formen, die Rauch oder Schatten in Comics annehmen: ein Mörder mit schwarzem Hut und gezücktem Dolch, ein Amboß, der gleich herabfällt. Ansteckender Selbstmord machte es augenfällig. Stachelige Bakterien setzten sich im Nährboden der Hälse der Mädchen fest. Am Morgen hatte ein weicher Mundpilz wuchernd ihre Mandeln überzogen. Die Mädchen fühlten sich angeschlagen. Am Fenster verdüsterte sich das Licht des Lebens. Umsonst rieben sie sich die Augen. Sie fühlten sich schwer, geistig matt. Haushaltsgegenstände verloren ihre Bedeutung. Ein Nachttischwecker wurde zu einem Stück geformten Kunststoffs, das in einer Welt, die aus irgendeinem Grund daran interessiert war, etwas mit dem Namen Zeit maß. Wenn wir in diesem Sinn an die Mädchen dachten, dann sahen wir sie als fiebergeschüttelte Geschöpfe mit pelzigem Atem, die Tag um Tag in ihrer Isolierstation dahinsiechten. Wir gingen mit nassem Haar ins Freie, weil wir hofften, selbst die Grippe zu bekommen und so ihr Delirium teilen zu können.

In der Nacht sagte uns das Kreischen der Katzen, die sich paarten oder miteinander kämpften, ihr gellendes Miauen in der Dunkelheit, daß die Welt reines Gefühl war, das unter ihren Geschöpfen hin und her gespielt wurde, und daß die Qual des einäugigen Siamkaters sich nicht von der der Lisbon-Mädchen unterschied, ja, daß selbst die Bäume in Gefühl getaucht waren. Die erste Schieferschindel rutschte vom Dach, verfehlte die Veranda um ein paar Zentimeter und grub sich in den weichen Rasen. Aus der Ferne konnten wir die Teerpappe darunter sehen, die Wasser durchließ. Im Wohnzimmer stellte Mr. Lisbon einen alten Farbkanister unter ein Leck und sah zu, wie er sich mit dem Mitternachtsblau von Cecilias Zimmerdecke füllte (sie hatte diese Farbe wegen ihrer Ähnlichkeit mit dem Nachthimmel gewählt; der Kanister stand schon seit Jahren im Schrank). In den folgenden Tagen fingen andere Kanister anderswo Wasserströme auf, auf dem Heizkörper, dem Kaminsims, dem Eßzimmertisch, aber kein Dachdecker kam. Wahrscheinlich, so vermuteten die Leute, weil die Lisbons es nicht mehr ertragen konnten, daß jemand in ihr Haus eindrang. Im Regenwald ihres Wohnzimmers erduldeten sie alleine ihre Lecks. Mary wahrte den Schein, indem sie die Post holte (Heizungsrechnungen, Reklame, nie mehr etwas Persönliches). Sie kam in grellgrünen oder pinkfarbenen Pullis heraus, die mit roten Herzen verziert waren. Bonnie trug eine Art Kittel, den wir bald ihr härenes Hemd nannten, vor allem wegen der Federn, die immer daran hingen. »Wahrscheinlich hat ihr Kopfkissen ein Loch«, sagte Vince Fusilli. Das Federkleid – nicht weiß, wie man erwarten würde, sondern grau-beige – stammte von minderwertigen Zuchtenten, deren Stallgeruch windabwärts getragen wurde, sobald Bonnie, über und über mit Federkielen gespickt, erschien. Aber es kam niemand sehr nahe heran. Niemand wagte sich mehr zum Haus, weder unsere Mütter oder Väter noch der Priester; und selbst der Briefträger unterließ es lieber, den Briefkasten zu berühren, und hob statt dessen den Deckel mit dem Rücken von Mrs. Eugenes ›Family Circle‹ an. Jetzt begann der leise Verfall des Hauses sich deutlicher zu zeigen. Wir sahen plötzlich, wie zerschlissen die Vorhänge geworden waren, und merkten dann, daß wir gar nicht auf Vorhänge blickten, sondern auf eine Schmutzschicht mit blankgewischten Gucklöchern. Am schönsten war es, zuzusehen, wie sie eines machten: Ein rosiger Handballen drückte sich flach ans Glas und wischte hin und her, um das leuchtende Mosaik eines Auges bloßzulegen, das zu uns hinaussah. Übrigens hingen auch die Regenrinnen durch.

Allein Mr. Lisbon verließ noch das Haus, und unsere einzige Verbindung zu den Mädchen waren die Zeichen, die sie an ihm hinterließen. Sein Haar sah übermäßig wohlfrisiert aus, als wollten die Mädchen, da sie sich selbst nicht mehr für andere putzen konnten, ihn putzen. An seinen Wangen flatterten nie mehr Kleenexfetzchen mit roten Punkten wie winzige japanische Flaggen, und daraus schlossen viele, daß seine Töchter angefangen hatten, ihn zu rasieren, und dies mit weit größerer Sorgfalt taten, als Joe dem Trottel von seinen Brüdern zuteil wurde. (Mrs. Loomis allerdings behauptete, er habe sich nach dem, was mit Cecilia passiert war, einen elektrischen Rasierapparat gekauft.) Wie dem auch sei, Mr. Lisbon wurde das Medium, durch das wir einen Schimmer von der Stimmung der Mädchen erhielten. Wir sahen sie durch den Tribut, den sie von ihm forderten: die verquollenen roten Augen, die er kaum noch öffnete, um seine Töchter dahinschwinden zu sehen; seine Schuhe, die an den Spitzen abgestoßen waren vom ewigen Treppauf, das jedesmal zu einem neuen starren Körper zu führen drohte; seine bleiche Gesichtsfarbe, die im Mitleiden mit ihnen immer matter wurde; und der hoffnungslose Blick eines Menschen, der erkannte, daß all dies Sterben das einzige Leben war, das ihm je gegeben wurde. Wenn er zur Arbeit aufbrach, stärkte Mrs. Lisbon ihn nicht mehr mit einem Becher Kaffee. Dennoch griff er am Steuer automatisch nach dem Becher in dem Halter am Armaturenbrett – und führte den kalten Kaffee der letzten Woche an seine Lippen. In der Schule ging er mit einem künstlichen Lächeln und feuchten Augen durch die Korridore, oder er rief mit demonstrativ jungenhaftem Übermut: »Hüft-Check!« und drückte die Schüler an die Wand. Aber er hielt zu lange fest, wie erstarrt, bis die Jungen schließlich irgend etwas wie: »Loslassen« oder »Jetzt sind Sie auf der Strafbank, Mr. Lisbon« sagten, nur, um ihn da herauszureißen. Kenny Jenkins wurde von Mr. Lisbon in den Schwitzkasten genommen und sprach von der Gelassenheit, die sie beide überkam. »Es war unheimlich. Ich konnte seinen Atem riechen und alles, aber ich hab nicht versucht, rauszukommen. Es war ungefähr so, wie wenn man in einem Menschenhaufen ganz unten liegt und total zusammengequetscht wird, aber alles ganz friedlich und so.« Manche bewunderten ihn dafür, daß er weiter unterrichtete; andere verurteilten es als Gefühllosigkeit. Allmählich sah er in seinem grünen Anzug wie ein Skelett aus, als hätte Cecilia ihn im Sterben kurz auf die andere Seite gezogen. Er erinnerte uns an Abraham Lincoln, schlaksig, schweigsam, den Schmerz der Welt auf seinen Schultern. Niemals ging er an einem Trinkbrunnen vorüber, ohne sich die bescheidene Wohltat eines Schlucks zu gönnen.

Ganz unvermittelt dann, weniger als sechs Wochen, nachdem die Mädchen mit der Schule aufgehört hatten, kündigte Mr. Lisbon. Von Dini Fleisher, der Sekretärin des Direktors, erfuhren wir, daß Mr. Woodhouse in den Weihnachtsferien Mr. Lisbon zu einer Besprechung bestellt hatte. Dick Jensen, der Vorsitzende des Treuhänderausschusses, nahm auch teil. Mr. Woodhouse bat Dini, Eierlikör aus dem Karton zu bringen, der in dem kleinen Bürokühlschrank stand. Ehe Mr. Lisbon annahm, fragte er: »Der ist doch ohne Alkohol?«

»Es ist Weihnachten«, sagte Mr. Woodhouse.

Mr. Jensen sprach vom Rose-Bowl-Sportstadion. Er sagte zu Mr. Lisbon: »Sie haben doch an der Universität von Miami studiert, richtig?«

An dieser Stelle bedeutete Mr. Woodhouse Dini, sie sollte gehen, aber noch ehe sie zur Tür hinaus war, hörte sie Mr. Lisbon sagen: »Richtig. Aber ich kann mich nicht erinnern, daß ich Ihnen das erzählt habe, Dick. Mir scheint, Sie haben sich meine Akte angesehen.«

Die Männer lachten, ohne Heiterkeit. Dini schloß die Tür.

Am siebenten Januar, als die Schule wieder begann, gehörte Mr. Lisbon nicht mehr zum Lehrkörper. Offiziell hatte er unbezahlten Urlaub genommen, aber die neue Mathelehrerin, Miss Kolinski, fühlte sich ihrer Stelle offenbar sicher genug, um die Planeten aus ihrer Umlaufbahn unter der Zimmerdecke zu entfernen. Die gefallenen Sterne lagen in der Ecke wie der letzte Müllhaufen des Universums. Mars mit der Erde verkeilt, Jupiter in der Mitte gesprungen, der arme Neptun von Saturns Ringen angeschnitten. Wir erfuhren nie genau, was bei der Besprechung gesagt worden war, aber das Wesentliche war klar: Dini Fleisher erzählte uns, daß kurz nach Cecilias Selbstmord die ersten Beschwerden von Eltern kamen. Sie behaupteten, ein Mann, der nicht einmal die eigene Familie in Ordnung halten könne, sei nicht geeignet, ihre Kinder zu unterrichten, und der Chor der Mißbilligung war mit dem langsamen Verfall des Hauses der Familie Lisbon stetig lauter geworden. Mr. Lisbons Persönlichkeit hatte ein übriges getan – der ewige grüne Anzug, der Rückzug aus der Lehrerkantine, dieser durchdringende Tenor, der die Stimmen des Männerchors durchschnitt wie das Klagegeschrei eines alten Weibes. Er wurde entlassen. Und kehrte in ein Haus zurück, in dem an manchen Tagen die Lichter überhaupt nicht angingen, nicht einmal abends, und auch die Haustür nicht geöffnet wurde.

Jetzt lag das Haus wirklich im Sterben. Solange Mr. Lisbon noch regelmäßig zur Schule gefahren war, hatte er mit den Süßigkeiten, die er den Mädchen mitbrachte – Mounds-Schokoladenriegel, Orangenbonbons, regenbogenfarbenes Eis am Stiel –, einen dünnen Hauch frischen Lebens in Fluß gehalten. Wir konnten uns vorstellen, wie es den Mädchen dort drinnen ging, weil wir wußten, was sie aßen. Wir konnten die Kopfschmerzen nachvollziehen, die sie vom gierigen Hinunterschlingen der Eiskrem bekamen. Wir konnten soviel Schokolade essen, daß uns schlecht wurde. Aber als Mr. Lisbon nicht mehr aus dem Haus ging, brachte er auch keine Süßigkeiten mehr mit. Wir konnten nicht einmal sicher sein, daß die Mädchen überhaupt aßen. Beleidigt über Mrs. Lisbons Zettel, lieferte der Milchmann überhaupt keine Milch mehr, ob nun gute oder schlecht gewordene. Kroger brachte keine Lebensmittel mehr. Mrs. Lisbons Mutter, Lema Crawford, erwähnte bei eben dem von Störgeräuschen beeinträchtigten Anruf in New Mexico, daß sie

Mrs. Lisbon den größten Teil ihres Eingemachten vom Sommer gegeben hatte (vor dem Wort »Sommer« hatte sie gezögert, weil das der Sommer gewesen war, in dem Cecilia gestorben war, während die Gurken und die Erdbeeren und sogar sie selbst, einundsiebzig Jahre alt, weiter gewachsen und gediehen waren). Sie erzählte uns außerdem, daß Mrs. Lisbon unten im Keller einen reichlichen Vorrat an Konserven gehabt hatte sowie frisches Wasser und anderes für den Fall eines Atomangriffs. Sie hatten da unten anscheinend eine Art Luftschutzkeller, gleich neben dem Hobbyraum, aus dem wir Cecilia nachgesehen hatten, als sie die Treppe hinauf ihrem Tod entgegengegangen war. Mr. Lisbon hatte sogar eine Campingtoilette mit Propangas installiert. Aber das war in den Tagen, als sie erwarteten, daß die Gefahr von außen kommen würde, und nichts war inzwischen unsinniger geworden als ein Schutzraum des Überlebens in einem Haus, das im Begriff war, ein einziger großer Sarg zu werden.

Unsere Sorge wuchs, als wir Bonnie offenkundig verfallen sahen. Onkel Tucker sah sie stets kurz nach Sonnenaufgang, wenn er selbst zu Bett ging, auf die vordere Veranda hinauskommen, wohl in der irrigen Annahme, in der Straße schliefen alle. Immer trug sie den Kittel voller Federn, und manchmal hatte sie das Kopfkissen dabei, das Onkel Tucker wegen der Art, wie sie es an sich drückte, »Liebesrolle« nannte. Aus einem aufgerissenen Zipfel quollen Federn, die wie dicht fallender Schnee um ihren Kopf wirbelten. Sie nieste. Ihr langer Hals war dünn und weiß, und sie hatte den rachitischen, mühsamen Gang eines Biafrakindes, als fehlte ihren Hüftgelenken die Schmiere. Weil Onkel Tucker von seiner Bier-Flüssigdiät selbst so klapprig war, glaubten wir seinen Behauptungen über Bonnies Körpergewicht. Es war nicht etwa so, als hätte Mrs. Amberson gesagt, Bonnie sieche dahin. Im Vergleich mit ihr sah jeder so aus. Aber Onkel Tuckers

Gürtelschnalle aus Silber und Türkis wirkte an ihm so massig wie der juwelenbesetzte Gürtel eines Schwergewichtschampions. Er wußte, wovon er sprach. Und von seiner Garage aus beobachtete er, eine Hand am Kühlschrank, wie Bonnie Lisbon mit unkoordinierten Bewegungen die zwei Stufen von der Veranda heruntersteig, über den Rasen zu dem kleinen Erdhügel ging, der von den Grabungsarbeiten vor Monaten übrig geblieben war, und am Ort des Todes ihrer Schwester den Rosenkranz zu beten begann. Das Kissen in der einen Hand, ließ sie die Perlen durch die andere laufen und achtete darauf, daß sie fertig war, ehe in den Häusern der Straße die ersten Lichter angingen und das Viertel erwachte.

Wir wußten nicht, ob es Askese oder Hunger war. Sie sähe friedlich aus, sagte Onkel Tucker, zeige nicht Lux' fiebrige Gier und nicht Marys Verkniffenheit. Wir fragten, ob sie ein Lackbildchen der Jungfrau Maria bei sich gehabt habe, aber das glaubte er nicht. Sie kam jeden Morgen heraus, aber manchmal, wenn ein Charlie-Chan-Film lief, vergaß Onkel Tucker, nach ihr zu sehen.

Onkel Tucker war es auch, der als erster den Geruch entdeckte, den wir niemals identifizieren konnten. Eines Morgens, als Bonnie herauskam und zum Erdhügel ging, ließ sie die Haustür offen, und Onkel Tucker nahm einen Geruch wahr, der mit nichts Ähnlichkeit hatte, was ihm je begegnet war. Zuerst glaubte er, es sei bloß ein plötzlicher starker Schwall von Bonnies Nasser-Vogel-Ausdünstung, aber der Geruch blieb auch, nachdem sie wieder ins Haus gegangen war, und als wir erwachten, rochen wir ihn ebenfalls. Noch während das Haus langsam in Verfall überging und Gerüche von faulem Holz und feuchten Teppichen von sich gab, begann dieser andere Geruch von den Lisbons herüberzuwehen, der in unsere Träume eindrang und uns trieb, uns immer wieder die Hände zu waschen. Er war so dicht, daß er flüssig zu sein schien, und wenn man in seine Strömung trat, hatte man das Gefühl, bespritzt zu werden. Wir bemühten uns, seinen Ursprung zu finden, suchten im Garten nach toten Eichhörnchen oder einem Sack Dünger, aber der Geruch enthielt zuviel Sirup, um der Tod selbst zu sein. Er gehörte eindeutig auf die Seite des Lebens und erinnerte David Black an einen raffinierten Pilzsalat, den er in New York gegessen hatte, als er mit seinen Eltern dort gewesen war.

»So riechen eingesperrte Pussis«, erklärte Paul Baldino siebengescheit, und wir hatten nicht genug Ahnung, um ihm zu widersprechen, jedoch Schwierigkeiten, uns vorzustellen, daß ein solches Aroma den Ventrikeln der Liebe entströmen sollte. Der Geruch war zum Teil Mundgeruch, Käse, Milch, Zungenbelag, aber auch der versengte Geruch gebohrter Zähne. Es war jene Art schlechter Atem, an den man sich gewöhnt, je näher man rückt, bis man ihn eigentlich gar nicht mehr bemerkt, weil es auch der eigene Atem ist. Über die Jahre haben natürlich die offenen Münder von Frauen uns einzelne Ingredienzen dieses ursprünglichen Geruchs ins Gesicht geblasen, und gelegentlich, wenn wir im Dunkel der Untreue oder der Zufallsbekanntschaft einer Nacht auf fremden Laken lagen, haben wir jeden neuen speziellen Geruch gierig aufgenommen, wegen seiner teilweisen Verbindung mit den Dünsten, die aus dem Haus der Lisbons zu wehen begannen, kurz nachdem es zugesperrt worden war, und eigentlich niemals aufgehört haben. Selbst jetzt können wir, wenn wir uns konzentrieren, diesen Geruch noch wahrnehmen. Er suchte uns in unseren Betten auf und fand uns auf dem Platz beim Ballspiel; er schwebte die Treppe bei den Karafilis hinunter, so daß die alte Mrs. Karafilis träumte, sie sei wieder in Bursa beim Kochen der Weinblätter. Er erreichte uns sogar durch den Gestank der Zigarre von Joe Bartons

Großvater, als er uns das Fotoalbum aus seiner Marinezeit zeigte und uns erklärte, die üppigen Frauen in den Unterröcken seien nur seine Cousinen. Der Geruch war überwältigend, dennoch dachten wir merkwürdigerweise kein einziges Mal daran, den Atem anzuhalten oder, als letztes Mittel, durch den Mund zu atmen, und nach den ersten Tagen sogen wir das Aroma ein wie Muttermilch.

Düstere, träge Monate folgten: ein eisiger Januar; ein bitterkalter Februar; ein schmutziger, matschiger März. Damals hatten wir noch richtige Winter, riesige Schneeverwehungen, Tage, an denen die Schule ausfiel. Wenn wir an verschneiten Morgen zu Hause waren und uns im Radio anhörten, welche Schulen geschlossen wurden (eine Parade indianischer County-Namen, Washtenaw, Shiawassee – bis zu unserem angelsächsischen Wayne), erlebten wir noch das prickelnde Gefühl, warm im Unterstand zu sitzen wie die Pioniere. Wegen der wechselnden Winde von den Fabriken und der steigenden Temperatur der Erde fällt der Schnee heute nie mehr in stürmischem Gestöber, sondern in langsamem Wachstum in der Nacht, flüchtiger Schaum. Die Welt, der Arbeit müde, bietet uns wieder einmal nur eine halbgebackene Jahreszeit. Damals, zur Zeit der Lisbon-Mädchen, fiel jede Woche Schnee, und wir schippten in unseren Einfahrten Haufen, die höher waren als unsere Autos. Streuwagen schütteten Salz auf die Straße. Die Weihnachtslichter wurden aufgemacht, und der alte Wilson sprang wie jedes Jahr seine extravagante Dekoration holen: einen sechs Meter hohen Schneemann und drei bewegliche Rentiere, die einen dicken Santa Claus im Schlitten zogen. Die Dekoration lockte immer eine ganze Autoschlange in unsere Straße, aber in dem Jahr hielt die Schlange zweimal an. Wir sahen die Familien, wie sie lächelnd auf den dicken Nikolaus zeigten und dann vor dem Lisbon-Haus still und begierig wurden wie Gaffer an

165

einer Unfallstelle. Das Haus wirkte noch trostloser dadurch, daß die Lisbons keinen Lichterschmuck anbrachten. Auf dem Rasen der Pitzenbergers nebenan bliesen drei schneebedeckte Engel auf roten Trompeten. Bei den Bates' auf der anderen Seite glühten vielfarbige Kugeln in den bereiften Büschen. Erst im Januar, als Mr. Lisbon schon eine Woche arbeitslos war, kam er heraus, um die Lichter aufzumachen. Er dekorierte die vorderen Büsche, aber als er die Lichter anschloß, war er mit der Wirkung nicht glücklich. »Eines davon ist ein Blinklicht«, sagte er zu Mr. Bates, als dieser zu seinem Wagen ging. »Auf dem Karton steht, es sei durch eine rote Spitze gekennzeichnet, aber ich habe sie alle durchgesehen und kann das Ding nicht finden. Ich hasse Blinklichter.« Das mochte stimmen, aber sie blinkten weiter, wann immer er daran dachte, sie abends einzuschalten.

Den ganzen Winter blieben die Mädchen ungreifbar. Manchmal kam die eine oder andere heraus, in der Kälte die Arme um ihren Oberkörper geschlungen, eine Atemwolke vor dem Gesicht, und ging nach einer Minute wieder hinein. Abends saß Therese auch jetzt noch an ihrem Amateurradio und morste Botschaften in die Welt hinaus, die sie von zu Hause forttrugen in warme südliche Staaten oder sogar an die Spitze Südamerikas. Tim Winer suchte im Äther Thereses Frequenz und behauptete einige Male, sie gefunden zu haben. Einmal unterhielt sie sich mit einem Mann in Georgia über seinen Hund (Arthritis in der Hüfte, operieren oder nicht?), und ein andermal verständigte sie sich über dieses Medium ohne Genus und ohne nationale Grenze mit einem Menschen, dessen wenige Antworten Winer aufzuzeichnen gelang. Es waren lauter Punkte und Striche, aber wir brachten ihn dazu, es ins Englische zu übertragen. Das Gespräch verlief ungefähr so:

»Du auch?«

»Mein Bruder.«
»Wie alt?«
»Einundzwanzig. Gutaussehend. Toller Geiger.«
»Wie?«
»Eine Brücke, ganz nahe. Schnelle Strömung.«
»Wie darüber hinweg?«
»Niemals.«
»Wie ist Kolumbien?«
»Warm. Friedlich. Komm doch.«
»Würde ich gern.«
»Das mit *bandidos* stimmt nicht.«
»Muß Schluß machen. Mutter ruft.«
»Hab Dach blau gemalt, wie du gesagt hast.«
»Bye.«
»Bye.«

Und das war es. Die Bedeutung ist klar, denken wir, und zeigt, daß Therese selbst im März noch in freiere Welten strebte. Ungefähr um diese Zeit forderte sie von einer Reihe von Colleges Bewerbungsunterlagen an. (Die Reporter sollten dem später große Bedeutung beimessen.) Die Mädchen bestellten außerdem Kataloge für Dinge, die sie niemals kaufen konnten, und der Briefkasten der Lisbons füllte sich auf einmal wieder: Möbelkataloge von Scott-Shruptine, Designerkleidung, exotische Urlaubsreisen. Nicht in der Lage, irgendwohin zu reisen, flogen die Mädchen in ihrer Phantasie zu goldverzierten siamesischen Tempeln oder wanderten an einem alten Mann mit Eimer und Blätterbesen vorüber, der ein moosbedecktes Fleckchen Japan saubermachte. Sobald wir die Namen dieser Prospekte erfuhren, ließen wir sie uns ebenfalls kommen, um zu sehen, wohin die Mädchen wollten. ›Far East Adventures‹. ›Footloose Tours‹. ›Tunnel to China Tours‹. ›Orient Express‹. Wir bekamen sie alle. Und stapften, während wir in den Seiten blätterten, mit den Mädchen über staubige Gebirgspässe, wo wir von Zeit zu Zeit haltmachten und ihnen die schweren

Rucksäcke abnehmen halfen. Dann legten wir unsere Hände auf ihre warmen, feuchten Schultern und blickten in papayafarbene Sonnenuntergänge. Wir tranken mit ihnen zusammen Tee in einem Wasserpavillon über feurigen Goldfischen. Wir taten alles, wozu wir Lust hatten, und Cecilia hatte sich nicht umgebracht: Sie war eine Braut in Kalkutta mit einem roten Schleier und hennagefärbten Fußsohlen.

Nur so konnten wir uns den Mädchen nahe fühlen, durch diese unmöglichen Ausflüge, die uns für immer verdorben haben, so daß wir mit Träumen glücklicher sind als mit Ehefrauen. Manche von uns trieben Mißbrauch mit den Katalogen, nahmen sie allein mit in ihr Zimmer oder schmuggelten sie unter dem Hemd hinaus. Aber wir hatten sonst kaum etwas zu tun, und es schneite unaufhörlich, und der Himmel war immer grau.

Wir würden Ihnen gern zuverlässig berichten, wie es im Haus der Lisbons zuging oder wie den Mädchen in ihrem Gefängnis zumute war. Manchmal sehnen wir uns, von diesen Nachforschungen erschöpft, nach einem noch so kleinen Hinweis, irgendeinem Stein von Rosette, der endlich die Mädchen erklärt. Aber wenn man auch mit Gewißheit sagen kann, daß jener Winter nicht glücklich war, mehr kann man nicht behaupten. Ein Versuch, den Schmerz der Mädchen genau zu bestimmen, hat Ähnlichkeit mit den Selbstuntersuchungen, die der Arzt uns empfiehlt (ja, dieses Alter haben wir mittlerweile erreicht). Regelmäßig müssen wir mit klinischer Distanz unseren intimsten Beutel untersuchen und uns, indem wir ihn drücken, eindrücklich seine anatomische Realität einschärfen; zwei Schildkröteneier in ein Nest winziger Sandkörnchen gebettet, mit kleinen verzweigten Röhren, die mit Knorpelknötchen genoppt sind. Man verlangt von uns, in dieser kartographisch kaum erfaßten Region zwischen natürlichen Knoten und Wendungen unbefugt eingedrungene Emporkömmlinge aufzuspüren. Bis zu dem Moment, als wir zu forschen anfingen, ahnten wir nicht, wie viele Buckel und Beulen wir haben. Und so liegen wir also auf dem Rücken, tasten, weichen zurück, tasten erneut, und die Saat des Todes verliert sich in dem Schlamassel, als das Gott uns geschaffen hat.

Nicht anders ist es mit den Mädchen. Kaum haben wir angefangen, ihren Schmerz zu ertasten, ertappen wir uns bei der Frage, ob diese besondere Wunde tödlich war oder nicht oder ob (blinde Ärzte, die wir sind) es überhaupt eine Wunde ist. Ebensogut könnte es ein Mund sein, der ebenso feucht und warm ist. Die Narbe könnte über dem Herzen oder der Kniescheibe sein. Wir können es nicht sagen. Wir können uns nur blind die Beine und Arme hinauftasten, über den weichen zweiflügeligen Torso zum Gesicht unserer Vorstellung. Es spricht zu uns. Aber wir können es nicht hören.

Jeden Abend beobachteten wir die Zimmerfenster der Mädchen. Am Tisch beim Abendessen wandten sich unsere Gespräche unweigerlich der mißlichen Lage der Familie zu. Würde Mr. Lisbon eine andere Stellung bekommen? Wie würde er seine Familie ernähren? Wie lange konnten die Mädchen es aushalten, so eingesperrt zu sein? Selbst die alte Mrs. Karafilis unternahm einen ihrer seltenen Ausflüge ins Erdgeschoß (sonst nur am Badetag), nur um die Straße hinunter das Lisbon-Haus anzustarren. Wir konnten uns nicht erinnern, daß die alte Mrs. Karafilis je an der Welt Anteil genommen hatte. Solange wir sie kannten, wohnte sie im Keller und wartete auf den Tod. Manchmal nahm uns Demo Karafilis zum Fußballspielen mit hinunter, und zwischen Heizrohren, extra Gästebetten, verbeulten Koffern schlugen wir uns zu dem kleinen Zimmer durch, das die alte Mrs. Karafilis in Erinnerung an Kleinasien eingerichtet hatte. Künstliche Trauben hingen von einem Deckenspalier herab; die Mauern aus Löschbeton waren blau wie der Himmel der alten Heimat. Aufgeklebte Postkarten bildeten Fenster in eine andere Zeit und eine andere Welt, in denen die alte Mrs. Karafilis immer noch lebte. Grüne Berge erhoben sich im Hintergrund, und zu ihren Füßen sah man die Ruinen osmanischer Grabstätten und rote Dächer und in einer Technicolor-Ecke eine kleine Rauchfahne über einem Mann, der frisches Brot verkaufte. Demo Karafilis sagte uns nie, was mit seiner Großmutter nicht stimmte, und fand es auch gar nicht merkwürdig, daß sie sie unten im Keller hielten, bei dem riesigen Heizkessel und den gurgelnden Abflußrohren (unser flach liegender Vorort war immer von Überschwemmung bedroht). Aber wie sie vor den Postkarten stehenblieb, einen Daumen mit der Zunge befeuchtete und ihn immer auf dieselbe ausgebleichte Stelle drückte, wie sie mit ihren Goldzähnen lächelte und dabei den Landschaften zunickte, als grüße sie Vorüberkommende, das alles sagte uns, daß die alte Mrs. Karafilis von einer Geschichte geformt und traurig gemacht worden war, von der wir nichts wußten. Wenn sie uns doch einmal sah, sagte sie »Mach das Licht zu, *mou*«, und wir taten es und ließen sie im Dunkeln zurück, wo sie sich mit dem Fächer fächelte, den ihr das Bestattungsunternehmen, das die Beerdigung ihres Mannes ausgerichtet hatte, jedes Jahr zu Weihnachten schickte. (Der Fächer, aus billiger Pappe, mit einem Stäbchen zum Halten wie bei einem Eis am Stiel, zeigte Jesus beim Gebet im Garten Gethsemane. Hinter ihm ballten sich unheilschwangere Wolken zusammen, und auf der Rückseite wurde für das Bestattungsunternehmen geworben.) Außer zum Baden kam die alte Mrs. Karafilis nur nach oben – mit einem Strick um die Mitte, an dem Demos Vater leicht zog, während Demo und seine Brüder von hinten anschoben –, wenn alle zwei Jahre ›Train to Istanbul‹ im Fernsehen kam. Dann pflegte sie so aufgeregt wie ein kleines Mädchen auf der Couch zu sitzen und vorgebeugt auf die Zehnsekunden-Szene zu warten, in der der Zug ein paar grüne Hügel passierte, denen ihr Herz gehörte. Sie riß dann beide Arme hoch und schrie wie ein Jochgeier, während der Zug – so war es jedesmal – schon im Tunnel verschwand.

Die alte Mrs. Karafilis machte sich nicht viel aus Klatsch, vor allem weil sie ihn nicht verstand, und das, was sie verstand, erschien ihr trivial. Als junge Frau hatte sie sich in einer Höhle versteckt, um nicht von den Türken umgebracht zu werden. Einen ganzen Monat lang hatte sie nichts anderes gegessen als Oliven und die Kerne hinuntergeschluckt, um sich den Magen zu füllen. Sie hatte mitangesehen, wie Mitglieder ihrer Familie niedergemetzelt wurden, wie Männer, die in der Sonne aufgehängt waren, ihre eigenen Genitalien aßen, und wenn sie jetzt hörte, wie Tommy Riggs den Lincoln seiner Eltern zu Bruch gefahren hatte oder wie der Weihnachtsbaum der Perkins in Flammen aufgegangen und dabei die Katze verbrannt war, sah sie das Drama nicht. Sie spitzte nur die Ohren, wenn jemand die Lisbon-Mädchen erwähnte, und dann auch nicht, um Fragen zu stellen oder nähere Einzelheiten zu erfahren, sondern um mit ihnen in telepathische Verbindung zu treten. Wenn wir in ihrer Hörweite von den Mädchen sprachen, hob die alte Mrs. Karafilis den Kopf, stand unter Mühen aus ihrem Sessel auf und schlurfte, auf ihren Stock gestützt, über den kalten Betonboden. An einem Ende des Kellers fiel durch einen Fensterschacht schwaches Licht ein, und sie ging zu den kalten Scheiben und blickte zu einem Fleck Himmel hinauf, der durch ein Netzwerk von Spinnweben sichtbar war. Das war alles, was sie von der Welt der Mädchen sehen konnte, lediglich diesen selben Himmel über ihrem Haus, aber es sagte ihr genug. Uns kam der Gedanke, daß sie und die Mädchen in den Wolkenformationen geheime Zeichen des

Leidens lasen, daß trotz des Altersunterschieds etwas Zeitloses zwischen ihnen hin und her ging, als rate sie den Mädchen in ihrem gebrabbelten Griechisch: »Vergeudet nicht eure Zeit an das Leben.« Modriges Laub und verwehte Blätter füllten den Fensterschacht, und ein zerbrochener Stuhl lag darin, von damals, als wir die Festung gebaut hatten. Licht schimmerte durch das Hauskleid der alten Mrs. Karafilis, das so dünn und einfallslos gemustert war wie Küchenkrepp. Ihre Sandalen waren das Richtige für ein *hammam*, einen warmen, dampfigen Ort, aber nicht für diesen zugigen Raum. An dem Tag, an dem sie von der neuerlichen Einkerkerung der Mädchen hörte, hob sie ruckartig den Kopf, nickte, lächelte nicht. Aber hatte es schon gewußt, wie es schien.

Bei ihrem wöchentlichen Bad in Bittersalz sprach sie von den Mädchen oder mit ihnen, wir konnten es nicht sagen. Wir gingen nicht zu nahe heran, schauten auch nicht durchs Schlüsselloch, weil das Widersprüchliche, was wir flüchtig von der alten Mrs. Karafilis gesehen hatten – ihre hängenden Brüste aus einem anderen Jahrhundert, ihre blauen Beine, ihr gelöstes Haar, das bestürzenderweise so lang und glänzend wie das eines jungen Mädchens war –, uns tief verlegen machte. Wir erröteten sogar beim Geräusch des laufenden Wassers, wenn sie mit gedämpfter Stimme, die das Wasser übertönte, über Schmerzen klagte, während die Schwarze, die selbst nicht mehr die Jüngste war, sie vorsichtig hineinbugsierte, und wenn die beiden, hinter der Badezimmertür mit ihrer Gebrechlichkeit allein, miteinander schrien und sangen, erst die alte Schwarze, dann die alte Mrs. Karafilis, ein griechisches Lied, bis schließlich nur noch die Geräusche des schwappenden Wassers zu hören waren, dessen Farbe wir uns nicht vorstellen konnten. Hinterher erschien sie so bleich wie zuvor, den Kopf in ein Handtuch gewickelt. Wir konnten hören, wie ihre Lunge sich blähte, als die Schwarze ihr den Strick um die Mitte legte und begann, sie die Treppe hinunterzulotsen. Trotz ihres Wunsches, sobald wie möglich zu sterben, sah die alte Mrs. Karafilis bei diesen Abstiegen immer ängstlich aus und umklammerte, die Augen hinter randlosen Brillengläsern vergrößert, fest das Geländer. Manchmal erzählten wir ihr, wenn sie vorüberkam, das Neueste von den Mädchen, und dann rief sie »*Mana*«, was ungefähr »Du liebe Scheiße« hieß, wie Demo sagte, aber wirklich überrascht schien sie nie zu sein. Jenseits der Fenster, durch die sie wöchentlich einen Blick hinauswarf, jenseits der Straße, lebte die Welt, die, wie die alte Mrs. Karafilis wußte, schon seit Jahren im Sterben lag.

Letztlich war es nicht der Tod, den sie überraschend fand, sondern die Hartnäckigkeit des Lebens. Sie konnte nicht verstehen, wieso die Lisbons sich so still verhielten; wieso sie nicht zum Himmel schrien oder verrückt wurden. Als sie Mr. Lisbon die Weihnachtslichter aufmachen sah, schüttelte sie nur den Kopf und brummte. Sie ließ das Spezialgeländer los, das extra für sie im Erdgeschoß angebracht worden war, wagte auf Meereshöhe ein paar Schritte ohne Stütze und litt zum erstenmal seit sieben Jahren keine Schmerzen. Demo erklärte es uns so: »Wir Griechen sind ein Volk mit starken Gefühlen. Selbstmord können wir verstehen. Weihnachtslichter aufmachen, nachdem die eigene Tochter Selbstmord begangen hat – das können wir nicht verstehen. Meine *yia yia* hat in Amerika nie verstanden, wieso dauernd alle so tun, als wären sie glücklich.«

Der Winter ist die Jahreszeit des Alkoholismus und der Hoffnungslosigkeit. Man braucht nur die Trinker in Rußland oder die Selbstmörder an der Cornell-Universität zu zählen. So viele Prüfungskandidaten haben sich in die Schlucht dieses gebirgigen Campus gestürzt, daß die Universität mitten im Winter einen Feiertag eingeführt hat, um die Spannung zu lockern. (Allgemein als »Selbstmordtag« bekannt, tauchte dieser Feiertag bei einer Computersuche, die wir gemacht haben, neben »Selbstmordfahrt« und »Selbstmordauto« auf.) Wir verstehen diese jungen Leute von der Cornell-Universität auch nicht; da stürzt sich eine Bianca, die gerade ihr erstes Diaphragma hat und noch ihr ganzes Leben vor sich, nur mit ihrer eigenen Daunenweste gepolstert, von der Brücke; und der düster über das Dasein grübelnde Bill mit seinen Nelkenzigaretten und seinem Mantel von der Heilsarmee springt nicht wie Bianca, sondern klettert über das Geländer und hängt dort um den lieben Tod strampelnd über dem Abgrund, ehe er losläßt. (Bei 33 Prozent der Leute, die Brücken wählen, zeigt die Schultermuskulatur Risse; die anderen 67 Prozent springen einfach.) Wir erwähnen das an dieser Stelle nur, um zu zeigen, daß selbst Studenten, die in akademischer Freiheit saufen und bumsen können, sich in großer Zahl das Leben nehmen. Stellen Sie sich vor, wie es für die Lisbon-Mädchen war, die ohne plärrendes Stereo und schnell verfügbaren Bums in ihrem Haus eingesperrt waren.

Die Zeitungen, die später über einen, wie sie es nannten, »Selbstmord-Pakt« schrieben, taten die Mädchen als leblose Geschöpfe ab, für die der Tod kaum eine Veränderung bedeutete. In Miss Perls großzügigen Berichten, in denen ein Zeitraum von zwei oder drei Monaten und das Leiden von vier Menschen in einen Absatz mit der Überschrift »Wenn Jugend keine Zukunft sieht« zusammengebraut werden, erscheinen die Mädchen als nicht voneinander unterscheidbare Wesen, die im Kalender schwarze Kreuze eintragen oder einander bei schwarzen Messen eigener Art an den Händen halten. Vorstellungen von Satanismus oder einer milden Form Schwarzer Kunst geistern durch Miss Perls Überlegungen. Sie maß der Geschichte mit der Plattenverbrennung große Bedeutung bei und zitierte häufig Rock-Texte, die auf Tod oder

Selbstmord anspielten. Miss Perl freundete sich mit einem einheimischen Diskjockey an und hörte sich einen ganzen Abend lang die Platten an, die nach Auskunft ihrer Klassenkameradinnen zu Lux' Lieblingsplatten gehört hatten. Bei diesen »Recherchen« machte sie einen Fund, auf den sie ganz besonders stolz war: ein Lied der *Cruel Crux* mit dem Titel ›Virgin Suicide‹. Obwohl es weder Miss Perl noch uns gelang, festzustellen, ob das Album unter denen war, die Mrs. Lisbon Lux zu verbrennen zwang, hier der Refrain:

> *Virgin suicide*
> *What was that she cried?*
> *No use in stayin'*
> *On this holocaust ride*
> *She gave me her cherry*
> *She's my virgin suicide*

Das Lied unterstützt natürlich die Vorstellung, daß dunkle Mächte die Mädchen im Griff hatten, irgendein Monolith des Bösen, für den wir nicht verantwortlich waren. Ihr Verhalten jedoch war alles andere als monolithisch. Während Lux sich auf dem Dach mit ihren Liebhabern traf, züchtete Therese in einem Wasserglas fluoreszierende Seepferdchen, und am anderen Ende des Flures sah Mary stundenlang in ihren Handspiegel. Der Spiegel, der einen pinkfarbenen ovalen Plastikrahmen hatte, war von nackten Glühbirnen eingerahmt wie der Schminkspiegel in der Garderobe einer Schauspielerin. Ein Schalter erlaubte Mary, verschiedene Tageszeiten und Witterungen zu simulieren. Es gab Einstellungen für »Morgen«, »Nachmittag« und »Abend« sowie für »grelles Sonnenlicht« und »bewölkter Himmel«. Stundenlang pflegte Mary vor dem Spiegel zu sitzen und zuzusehen, wie ihr Gesicht durch wechselnde Scheinwelten glitt. Bei Sonne trug sie eine dunkle Brille, bei bewölktem Himmel zog sie sich etwas Warmes über. Mr. Lisbon sah sie manchmal den Schalter schnell an- und ausknipsen und durch zehn oder zwanzig Tage hintereinander eilen, und oft mußte sich eine ihrer Schwestern vor den Spiegel setzen, damit sie gute Ratschläge geben konnte. »Schau, die Ringe unter deinen Augen kommen bei Bewölkung stark heraus. Daran ist unsere helle Haut schuld. Bei Sonnenschein – Augenblick – siehst du, da, jetzt sind sie weg. Darum solltest du an bewölkten Tagen mehr Schminke auflegen. An sonnigen Tagen wirken unsere Gesichter leicht verwischt, also brauchen wir Farbe. Lippenstift und sogar Lidschatten.«

Auch das grelle Licht von Miss Perls Prosa ist geeignet, die Konturen der Mädchen zu verwischen. Sie gebraucht Schlagworte, um die Mädchen zu beschreiben, bezeichnet sie als »mysteriös« oder »eigenbrötlerisch« und geht an einer Stelle soweit, zu behaupten, sie hätten sich »von den heidnischen Aspekten des katholischen Glaubens angezogen gefühlt«. Wir sind nie ganz dahintergekommen, was dieser Satz eigentlich bedeuten sollte, aber viele meinten, er beziehe sich auf den Versuch der Mädchen, die Ulme der Familie zu retten.

Der Frühling war gekommen. Die Bäume schlugen aus. Die vereisten Straßen brachen im Tauwetter auf. Mr. Bates meldete wie jedes Jahr neue Schlaglöcher und schickte eine getippte Liste an das Verkehrsreferat. Anfang April erschienen wieder die Freunde von der Parkverwaltung, um die zum Tode verurteilten Bäume erneut durch Bänder zu kennzeichnen. Diesmal nahmen sie nicht rote, sondern gelbe Bänder, die folgendermaßen beschriftet waren: »An diesem Baum wurde Ulmenkrankheit diagnostiziert; er muß gefällt werden, um weiterer Verbreitung der Krankheit vorzubeugen – Anordnung der Parkverwaltung.« Man mußte dreimal um einen Baum herumgehen, um den ganzen Satz lesen zu können. Die Ulme im Vorgarten der Lisbons (siehe

Beweisstück Nr. 1) war unter den Verurteilten, und bei noch kühler Witterung fuhr eine Wagenladung Männer vor, die ihn absägen wollten.

Wir waren mit der Methode vertraut. Erst wurde ein Mann in einem Glasfiberkäfig zum Baumwipfel hinaufgezogen. Nachdem er ein Loch in den Baum gebohrt hatte, legte er das Ohr an die Borke, als wollte er den versagenden Puls des Baumes abhören; dann ging er ohne jedes Zeremoniell daran, die kleineren Äste abzuschneiden, die in die geöffneten orangefarbenen Handschuhe der Männer unten fielen. Sie schichteten die Äste sauber aufeinander, als handelte es sich um Bauholz, und verfütterten sie dann an die Kreissäge hinten auf dem Lastwagen. Sägemehlschauer sprühten auf die Straße, und Jahre später, wenn wir in irgendeiner altmodischen Bar saßen, erinnerte uns das Sägemehl auf dem Boden immer an die Einäscherung unserer Bäume. Nachdem die Männer den Stamm von all seinen Ästen entblößt hatten, zogen sie ab, um andere Bäume kahlzuschneiden, und eine Zeitlang blieb der Baum, vergeblich bemüht, seine Armstümpfe zu heben, in seiner Verunstaltung stehen, ein Geschöpf, das man mundtot geschlagen hatte und das erst verstummt sein mußte, ehe uns bewußt wurde, daß es die ganze Zeit gesprochen hatte. In diesem Todeskandidatenstadium sahen alle Bäume wie der Gartengrill der Familie Baldino aus, und wir begriffen, daß Sammy the Shark seinen Fluchttunnel weitsichtig so entworfen hatte, daß er nicht aussah wie Bäume von heute, sondern wie solche von morgen, und er so, wenn er in Zukunft je zur Flucht gezwungen sein sollte, auf dem Weg durch einen von hundert identischen Baumstümpfen entkommen konnte.

Normalerweise kamen die Leute heraus, um von ihren Bäumen Abschied zu nehmen. Es war nichts Ungewöhnliches, eine Familie in sicherem Abstand von den Kettensägen im Garten versammelt zu sehen, müde Eltern mit zwei oder drei langhaarigen Teenagern und einem Pudel mit einer Schleife im Fell. Die Leute betrachteten die Bäume als ihr Eigentum. Ihre Hunde hatten sie täglich markiert. Ihre Kinder hatten sie als Laufmal beim Baseballspielen benutzt. Die Bäume waren dagewesen, als sie eingezogen waren, und hatten versprochen, noch da zu sein, wenn sie auszogen. Aber als die Parkverwaltung anrückte, um sie zu fällen, wurde klar, daß unsere Bäume nicht uns gehörten, sondern der Stadt, die mit ihnen tun konnte, was sie wollte.

Die Lisbons jedoch kamen nicht heraus, als ihrer Ulme die Äste gestutzt wurden. Die Mädchen sahen mit cremeweißen Gesichtern aus einem Fenster im oberen Stock zu. Der Mann oben im Baum ging im Wechsel vor und zurück, während er der Ulme ihre herrliche grüne Krone abschnitt. Er hackte den kranken Ast ab, der im vergangenen Sommer erschlafft war und gelbe Blätter hervorgebracht hatte. Er ging daran, auch die gesunden Äste abzuhacken, und als er fertig war, stand der Baumstamm wie eine graue Säule im Vorgarten der Lisbons. Als die Männer abfuhren, waren wir nicht sicher, ob er tot oder lebendig war.

In den folgenden zwei Wochen warteten wir darauf, daß die Parkverwaltung ihr Werk vollenden würde, aber sie brauchten drei Wochen, ehe sie zurückkehrten. Diesmal kletterten zwei Männer mit Kettensägen aus dem Lastwagen. Sie gingen um den Baumstamm herum, um Maß zu nehmen, dann stützten sie die Sägen auf ihre Oberschenkel und zogen die Starterschnur. Wir waren zu der Zeit unten bei Chase Buell im Keller und spielten Pool, aber das Kreischen drang durch die Decke. Die Heizventile aus Aluminium klapperten. Die bunten Kugeln zitterten auf dem grünen Filz. Das Geräusch der Kettensägen füllte unsere Köpfe wie der Bohrer des Zahnarztes, und wir rannten hinaus, um zu sehen, wie die Männer der Ulme auf den

Leib rückten. Sie hatten Schutzbrillen gegen fliegende Späne auf, aber sonst schlurften sie so gelangweilt daher wie Männer, die Massaker gewöhnt sind. Einer spie Tabaksaft aus. Dann drehten sie die Motoren auf und wollten gerade den Baum zu Kleinholz machen, als der Vorarbeiter aus dem Lastwagen sprang und wie ein Wilder mit den Armen winkte. Über den Rasen rannten in einer Phalanx die Lisbon-Mädchen auf die Männer zu. Mrs. Bates, die zuschaute, sagte, sie habe geglaubt, die Mädchen wollten sich auf die Kettensägen stürzen. »Sie rannten direkt auf sie zu. Und sie hatten ganz wilde Augen.« Die Männer von der Parkverwaltung wußten nicht, warum der Vorarbeiter so herumtobte. »Ich war im blinden Winkel«, sagte der eine. »Die Mädchen sind direkt unter meiner Säge durchgeschlüpft. Gott sei Dank, daß ich sie noch rechtzeitig gesehen habe.« Beide Männer sahen sie rechtzeitig und hielten ihre Sägen zurückweichend in die Luft. Die Lisbon-Mädchen rannten an ihnen vorbei. Sie hätten ein Spiel spielen können. Sie sahen sich um, als hätten sie Angst, hinter ihnen wäre ein Fänger. Aber dann erreichten sie die Sicherheitszone. Die Männer schalteten ihre Kettensägen aus, und die pulsierende Luft verfiel in Stille. Die Mädchen umringten den Baum und faßten sich an den Händen.

»Gehen Sie weg«, sagte Mary. »Das ist unser Baum.«

Sie standen mit den Gesichtern zum Baum, ihre Wangen an den Stamm gedrückt. Therese und Mary hatten Schuhe an, Bonnie und Lux waren barfuß herausgelaufen, und darum glaubten viele, die Rettungsaktion sei ein spontaner Einfall gewesen. Sie schmiegten sich an den Baumstamm, der über ihnen ins Nichts ragte.

»Aber Mädchen«, sagte der Vorarbeiter. »Ihr seid zu spät dran. Der Baum ist schon tot.«

»Das sagen Sie«, entgegnete Mary.

»Er hat Käfer. Wir müssen ihn fällen, damit sie nicht an andere Bäume gehen.«

»Es gibt keinerlei wissenschaftliche Beweise dafür, daß das Fällen den Befall unterbindet«, sagte Therese. »Diese Bäume sind uralt. Sie haben ihre eigenen evolutionären Strategien, um mit Käfern fertigzuwerden. Warum überlassen Sie es nicht einfach der Natur?«

»Wenn wir es der Natur überließen, wären bald keine Bäume mehr übrig.«

»Das wird auch so bald der Fall sein«, sagte Lux.

»Wenn der Pilz nicht auf den Schiffen aus Europa rübergekommen wäre«, sagte Bonnie, »wär das alles nie passiert.«

»Man kann den Geist nicht wieder in die Flasche stecken, Kinder. Jetzt müssen wir eben unsere eigenen Techniken anwenden, um zu retten, was zu retten ist.«

Es kann sein, daß das Gespräch nicht so stattfand. Wir haben es mit Hilfe unvollständiger Berichte zusammengestückelt und können nur für das Wesentliche geradestehen. Die Mädchen waren tatsächlich der Meinung, die Bäume würden auf sich selbst gestellt besser überleben, und sie gaben menschlichem Hochmut die Schuld an der Krankheit. Aber viele Leute meinen, das sei nur Verschleierungstaktik gewesen. Diese Ulme war, wie jeder wußte, Cecilias Lieblingsbaum gewesen. In dem Teer, mit dem eines seiner Astlöcher zugemacht worden war, war noch der Abdruck ihrer kleinen Hand. Mrs. Scheer erinnerte sich, daß Cecilia im Frühling oft unter dem Baum gestanden und versucht hatte, die wirbelnden Propeller seiner Blüten zu fangen. (Wir erinnern uns dieser grünen, von einem fasrigen Flügel umgebenen Samen, die wie kleine Helikopter zu Boden kreiselten, aber wir sind nicht sicher, ob sie von den Ulmen kamen oder von, sagen wir, den Kastanien, und keiner von uns hat eines dieser botanischen Handbücher, die sich bei Förstern und Realisten so großer Beliebtheit erfreuen.) Jedenfalls konnten sich viele Leute in unserem Viertel leicht vorstellen, daß die Mädchen die Ulme mit Cecilia in Verbindung brachten. »Sie wollten nicht den Baum retten«, sagte Mrs. Scheer. »Sie wollten ihr Andenken retten.«

Drei Ringe bildeten sich um den Baum: der blonde Ring der Lisbon-Mädchen, der waldgrüne der Männer von der Parkverwaltung und, weiter draußen, der Ring der Zuschauer. Die Männer versuchten, vernünftig mit den Mädchen zu reden, sie wurden barsch, versuchten, sie mit einer Fahrt im Lastwagen zu bestechen, und drohten ihnen schließlich. Der Vorarbeiter schickte seine Männer in die Mittagspause, weil er glaubte, die Mädchen würden aufgeben, aber nach fünfundvierzig Minuten standen sie immer noch rund um den Baum. Schließlich ging er zum Haus, um mit Mr. und Mrs. Lisbon zu sprechen, aber zu unserer Überraschung boten sie keine Hilfe an. Sie kamen zusammen an die Tür, Mr. Lisbon hatte den Arm um seine Frau gelegt, eine seltene Demonstration körperlicher Zuneigung.

»Wir haben den Auftrag, Ihre Ulme zu fällen«, sagte der Vorarbeiter. »Aber Ihre Mädchen lassen uns nicht.«

»Woher wissen Sie, daß der Baum krank ist?« fragte Mrs. Lisbon.

»Glauben Sie mir, wir wissen es. Er hat ganz gelbe Blätter. Er *hatte* gelbe Blätter. Wir haben den Ast schon abgeschnitten. Der Baum ist tot, Herrgott noch mal.«

»Wir sind für Aritex«, sagte Mr. Lisbon. »Ist Ihnen das ein Begriff? Unsere Töchter haben uns einen Bericht gezeigt. Es ist eine weniger aggressive Therapie.«

»Und es wirkt nicht. Schauen Sie, wenn wir den Baum hier stehenlassen, dann sind die anderen im nächsten Jahr auch alle weg.«

»Das werden sie, wie es aussieht, sowieso sein«, sagte Mr. Lisbon.

»Ich möchte nicht die Polizei rufen müssen.«

»Die Polizei?« fragte Mrs. Lisbon. »Die Mädchen stehen doch nur in ihrem eigenen Garten. Seit wann ist das verboten?«

Daraufhin gab der Vorarbeiter auf, aber er machte seine Drohung nicht wahr. Als er zu seinem Lastwagen zurückkam, hatte dahinter Miss Perls blauer Pontiac angehalten. Ein Fotograf schoß bereits die Aufnahmen, die später in der Zeitung erscheinen sollten. Weniger als eine Stunde war vergangen, seit die Mädchen sich schützend um den Baum gestellt hatten, aber Miss Perl, die da aufkreuzte wie gerufen, gab niemals den Informanten preis, der ihr den Tip gegeben hatte. Viele glauben, die Mädchen selbst seien es gewesen, weil sie sich Publicity erhofften, aber es gibt keine Möglichkeit, das nachzuprüfen. Während der Fotograf weiter seine Bilder schoß, befahl der Vorarbeiter seinen Leuten, in den Wagen zu steigen. Am folgenden Tag erschien ein kurzer Artikel, mit einem grobkörnigen Bild der Mädchen, wie sie den Baum umringen (Beweisstück Nr. 8). Sie scheinen ihn anzubeten wie eine Gruppe Druiden. Auf dem Bild sieht man nicht, daß der Baum nackt und bloß sechs Meter über ihren gesenkten Köpfen endet.

»Vier Schwestern von Cecilia Lisbon, dem jungen Mädchen von der East Side, dessen Selbstmord im vergangenen Sommer auf ein nationales Problem aufmerksam machte, setzten am Mittwoch in dem Bemühen, die Ulme zu retten, die Cecilia so sehr geliebt hatte, ihr eigenes Leben aufs Spiel. Der Baum war im letzten Jahr als krank diagnostiziert worden und sollte in diesem Frühjahr gefällt werden.« Aus dem eben Zitierten ist klar zu erkennen, daß Miss Perl die Theorie akzeptierte, wonach die Mädchen den Baum im Gedenken an Cecilia retten wollten, und nach dem, was wir in Cecilias Tagebuch gelesen haben, sehen wir keinen Grund zu widersprechen. Jahre später jedoch, als wir mit Mr. Lisbon sprachen, verwarf dieser das. »Therese war diejenige, die sich für Bäume interessierte. Sie wußte alles über sie. Sie kannte alle Arten. Wie tief die Wurzeln gingen. Ich kann mich, ehrlich gesagt, nicht erinnern, daß Cecilia sich je für Pflanzen interessierte.«

Erst nachdem die Männer von der Parkverwaltung abgefahren waren, lösten die Mädchen ihren Ring auf. Sie rieben sich die wunden Arme und gingen zum Haus zurück, ohne einem von uns, die wir in den Nachbargärten versammelt waren, einen Blick zu gönnen. Als sie hineingingen, hörte Chase Buell Mary sagen: »Die kommen wieder«. Mr. Patz, der bei einer Gruppe von ungefähr zehn Leuten gestanden hatte, meinte: »Ich war auf ihrer Seite. Als die Parkmänner abfuhren, hätte ich am liebsten applaudiert.«

Der Baum blieb am Leben – vorläufig jedenfalls. Die Parkverwaltung arbeitete weiter ihre Liste ab und fällte andere Bäume in unserer Straße, aber niemand war couragiert oder fehlgeleitet genug, sich ihnen zu widersetzen. Die Ulme der Buells mit der Autoreifenschaukel fiel; die der Fusillis verschwand eines Tages, während wir in der Schule waren; und die Ulme der Shalaans mußte auch daran glauben. Bald zog die Parkverwaltung in andere Straßen weiter, doch das unaufhörliche Kreischen ihrer Kettensägen erlaubte uns und den Mädchen nie, sie einfach zu vergessen.

Die Baseball-Saison begann, und wir verloren uns auf grünen Spielfeldern. Früher hatte Mr. Lisbon die Mädchen manchmal zu Heimspielen mitgebracht, und sie saßen dann auf der Tribüne und feuerten uns an wie alle anderen. Mary redete mit den Cheerleaders. »Sie wollte auch immer Cheerleader werden. Aber ihre Mutter hat's nicht erlaubt«, erzählte uns Kristi McCulchan. »Ich habe ihr ein paar von den Anfeuerungssprüchen beigebracht, und sie war echt gut.« Wir bezweifelten es nicht. Wir beobachteten immer nur die Lisbon-Mädchen und nicht unsere angeheiterten Cheerleaders. Bei engen Spielen drückten die vier die Fäuste auf den Mund, und sie glaubten, jeder Schlag über das Spielfeld hinaus würde einen *home run* bringen. Sie hüpften auf und nieder und sprangen auf die Füße, wenn der Ball allzu früh in die Handschuhe des Außenfeldspielers klatschte. Im Jahr der Selbstmorde kamen die Mädchen zu keinem einzigen Spiel, und wir erwarteten es auch gar nicht anders. Allmählich hörten wir auf, die Tribüne nach ihren aufgeregten Gesichtern abzusuchen, und stahlen uns auch nicht mehr unter die Bänke, um zu sehen, was wir von hinten und scheibchenweise von ihnen erspähen konnten.

Obwohl wir am Schicksal der Lisbon-Mädchen Anteil nahmen und weiter an sie dachten, entglitten sie uns. Die Bilder von ihnen, die wir schätzten – im Badeanzug, wie sie durch die dünnen Wasserfontänen des Rasensprengers sprangen oder vor einem Gartenschlauch davonliefen, der sich durch Wasserdruck zur Riesenschlange gemausert hatte –, begannen zu verblassen, ganz gleich, wie andächtig wir in unseren geheimsten Momenten, wenn wir im Bett neben zwei zusammengegurteten Kissen lagen, die eine menschliche Form nachahmen sollten, über sie meditierten. Es gelang unserem inneren Ohr nicht mehr, die genauen Tonhöhen und Melodien der Stimmen der Lisbon-Mädchen zu evozieren. Selbst die Jasminseife von Jacobsen, die wir in einer alten Brotbüchse aufbewahrten, war feucht geworden, hatte ihren Duft verloren und roch jetzt wie ein nasses Streichholzheftchen. Jedoch war die Tatsache, daß die Mädchen langsam versanken, noch nicht völlig in unser Bewußtsein gedrungen, und an manchem Morgen fanden wir beim Erwachen eine noch unversehrte Welt vor: Wir streckten uns, wir standen auf, und erst nachdem wir uns am Fenster die Augen gerieben hatten, fiel uns das verfallende Haus gegenüber ein mit den moosverdunkelten Fenstern, die die Mädchen vor unseren Blicken verbargen. Die Wahrheit war: Wir begannen, die Lisbon-Mädchen zu vergessen. Die Farben ihrer Augen verblaßten, die Erinnerung, wo Muttermale, Grübchen, Narben waren. Es war so lange her, daß die Lisbon-Mädchen gelächelt hatten, daß wir uns ihre engstehenden Zähne nicht mehr vorstellen konnten. »Sie sind jetzt nur noch Erinnerungen«, sagte Chase Buell traurig. »Wir können sie abschreiben.« Doch noch beim Aussprechen der Worte rebellierte er gegen sie wie wir alle. Und anstatt die Mädchen dem Vergessen zu übergeben, versammelten wir noch einmal alle ihre Besitztümer, alles, was wir uns während unserer seltsamen Pflegschaft angeeignet hatten: Cecilias Basketballstiefel; Thereses Mikroskop; einen Schmuckkasten, in dem eine Strähne von Marys spülwasserblondem Haar auf Baumwolle gebettet lag; die Fotokopie von Cecilias Lackbildchen der Jungfrau Maria; eines von Lux' Schlauchtops. Wir häuften alles in der Mitte von Joe Larsons Garage auf und öffneten die automatische Tür ein Stück, um einen Blick hinauszuwerfen. Die Sonne war untergegangen, der Himmel dunkel. Jetzt, da die Männer von der Parkverwaltung weg waren, gehörte die Straße wieder uns. Zum erstenmal seit Monaten flammte im Haus der Lisbons ein Licht auf und erlosch wieder. Ein zweites Licht, in einem Nebenzimmer, flackerte wie zur Antwort. In den Aureolen der Straßenlaternen fiel uns ein trübes Wimmeln auf, das wir im ersten Moment nicht erkannten, weil es so vertraut war, ein sinnloses Muster von Ekstase und Wahnsinn: der erste Schwarm Eintagsfliegen in diesem Jahr.

Ein Jahr war vergangen, und wir wußten immer noch nichts. Von fünf Mädchen waren vier übrig, und alle – die Lebenden und die Tote – wurden sie zu Schatten. Selbst ihre verschiedenen Besitztümer, die zu unseren Füßen lagen, konnten ihre Existenz nicht wieder greifbar machen, und nichts schien anonymer als ein bestimmtes Abendtäschchen aus Kunstleder mit Goldkettchen, das jedem Mädchen auf der Welt hätte gehören können. Daß wir einst den Mädchen nahe genug gewesen waren, um durch die Duftwogen ihrer verschiedenen Shampoos zu wandern (durch den Kräutergarten zur Zitronenplantage und weiter in den Hain grüner Äpfel), erschien immer unwirklicher.

Wie lange konnten wir den Mädchen treu bleiben? Wie lange konnten wir ihr Andenken rein halten? Es war doch so, daß wir sie nicht mehr kannten, und ihre neuen Gewohnheiten – das Fenster zu öffnen, beispielsweise, um ein zusammengeknülltes Papiertuch hinauszuwerfen – veranlaßten uns zu der Frage, ob wir sie je richtig gekannt hatten oder ob unsere Wachsamkeit nur die Spuren von Phantomen gesichert hatte. Unsere Talismane wirkten nicht mehr. Bei der Berührung von Lux' Schottenrock stieg nur eine nebelhafte Erinnerung daran auf, wie sie ihn in der Schule angehabt hatte – wie eine Hand gelangweilt mit der silbernen Kiltnadel spielte, sie öffnete, die Falten über ihren nackten Knien ungesichert ließ, so daß sie jeden Moment auseinanderfallen konnten, aber nie, nie ... Wir mußten den Rock minutenlang reiben, um es klar vor uns zu sehen. Und jedes Dia in unserem Karussell begann ebenso zu verblassen, oder wir drückten auf den Knopf, und es fiel absolut nichts in den Projektor, und wir saßen da und starrten auf Unebenheiten an einer weißen Wand.

Wir hätten die Mädchen ganz verloren, hätten sie nicht mit uns Verbindung aufgenommen. Gerade als wir alle Hoffnung aufgeben wollten, ihnen je wieder nahe zu kommen, tauchten neue Lackbildchen der Heiligen Jungfrau auf. Mr. Hutch fand eines unter dem Scheibenwischer seines Wagens und knüllte es, da er seine Bedeutsamkeit nicht erkannte, einfach zusammen und schob es in den Aschenbecher. Ralph Hutch entdeckte es später unter Asche und Zigarettenstummeln. Als er es uns brachte, war das Bild an drei Stellen angeschmort. Dennoch konnten wir sofort erkennen, daß es das gleiche Bildchen war wie jenes, das Cecilia in der Badewanne an sich gedrückt hatte, und als wir den Ruß abwischten, erschien auf der Rückseite die Telefonnummer »555 – MARY«.

Hutch war nicht der einzige, der ein Bildchen fand. Mrs. Hessen fand eines in ihren Rosenbüschen aufgespießt. Joey Thompson hörte eines Tages ein unvertrautes Schwirren in den Rädern seines Fahrrads, und als er nachschaute, sah er, zwischen die Speichen geklemmt, ein Bildchen der Heiligen Jungfrau. Schließlich fand auch Tim Winer, in den Fensterrahmen seines Arbeitszimmers gesteckt, ein Bildchen, das zu ihm hereinsah. Das Bild war schon einige Zeit da, sagte er zu uns, denn Feuchtigkeit hatte die Glanzfolie der Oberfläche durchdrungen, so daß das Gesicht der Heiligen Jungfrau eine Spur gangränös wirkte. Sonst sah sie unverändert aus: in einem blauen Mantel mit einem Schmetterlingskragen aus Goldlamé. Auf dem Kopf trug sie eine Imperial-Margarine-Krone. Ein Rosenkranz war um ihre Taille gegürtet, und wie immer trug die Heilige Mutter diesen seligen Gesichtsausdruck von jemand, der regelmäßig Lithium nimmt. Niemand beobachtete die Mädchen je dabei, wie sie die Kärtchen verteilten, und niemand wußte, warum sie es taten. Aber selbst heute noch, so viele Jahre später, können wir uns mit Leichtigkeit an das Prickeln erinnern, das wir jedesmal bekamen, wenn jemand mit einem neuen Fund kam. Die Bildchen besaßen eine Bedeutung, die wir nicht ganz erfassen konnten, und ihr trauriger Zustand – Risse, Moder – ließ sie uralt erscheinen. »Es war ein Gefühl«, schrieb Tim Winer in sein Tagebuch, »wie wenn man das Fußkettchen eines Mädchens ausgräbt, das in Pompeji erstickt ist. Gerade hatte sie es umgelegt und schlenkerte es vor dem Fenster hin und her, um das Funkeln der Edelsteine zu bewundern, als diese plötzlich vom Ausbruch des Vulkans in roter Glut aufleuchteten.« (Winer las viel Mary Renault.)

Wir waren allmählich davon überzeugt, daß die Mädchen uns, abgesehen von den Jungfrauenbildchen, noch auf andere Weise Signale gaben. Irgendwann im Mai begann Lux' chinesische Laterne einen Morse-Code zu blinken, der nicht zu entschlüsseln war. Jeden Abend, wenn es draußen dunkel wurde, flammte ihre Laterne auf, und von der Hitze der Birne getrieben drehte sich eine innere Laterna magica, die Schatten auf die Wände projizierte. Wir glaubten, die Schatten ergäben eine Botschaft, und ein Blick durch den Feldstecher bestätigte das, aber es zeigte sich, daß die Botschaften auf Chinesisch geschrieben waren. Die Laterne ging im allgemeinen in unterschiedlichen Rhythmen an und aus – drei kurz, drei lang, zwei lang, drei kurz –, und dann flammte hell die Deckenbeleuchtung auf und illuminierte das Zimmer wie einen Ausstellungsraum in einem Museum. Wir respektierten die Samtseile bei unserer kurzen Besichtigung der Einrichtung, die spätes zwanzigstes Jahrhundert war: am Bett ein Kopfbrett von Sears mit passendem Nachttisch; Thereses Apollo-11-Lampe, die Lux' lebensgroße Poster von Billy Jack mit Schlapphut und Navajo-Gürtel in Licht tauchte. Die Besichtigung dauerte nur dreißig Sekunden, dann wurde es im Zimmer von Lux und Therese dunkel. Danach wurde, wie zur Antwort darauf, zweimal das Zimmer von Bonnie und Mary hell. Keine Gestalten bewegten sich vor den Fenstern, und die Dauer der Illuminationen entsprach nicht irgendeiner gewohnheitsmäßigen Tätigkeit. Die Lichter der Mädchen gingen ohne für uns ersichtlichen Grund an und aus.

Jeden Abend versuchten wir, den Code zu knacken. Tim Winer zeichnete die Lichtsignale der Mädchen mit seinem Drehbleistift auf, aber irgendwie wußten wir, daß sie keinem gängigen Kommunikationsmodus entsprachen. An manchen Abenden hypnotisierten uns die Lichter, und wenn wir zu uns kamen, hatten wir vergessen, wo wir waren und was wir taten, und nur das Bordell-Licht von Lux' chinesischer Laterne erhellte die Hinterzimmer unserer Gehirne.

Es dauerte eine Weile, ehe uns die Lichter in Cecilias früherem Zimmer auffielen. Abgelenkt von den Signalen an beiden Enden des Hauses, sahen wir die roten und weißen Lichtpunkte nicht, die an dem Fenster glühten, aus dem sie zehn Monate zuvor gesprungen war. Und als wir sie bemerkten, konnten wir uns nicht darüber einigen, was es war. Einige glaubten, es seien Räucherstäbchen, die in einem geheimen Zeremoniell glühten; andere behaupteten, es seien nur Zigaretten. Die Zigarettentheorie brach zusammen, als wir mehr rote Lichter sahen, als Raucherinnen möglich waren, und als wir sechzehn zählten, verstanden wir wenigstens einen Teil des Geheimnisses: Die Mädchen hatten ihrer toten Schwester einen Gedenkschrein errichtet. Die, die regelmäßig zur Kirche gingen, sagten, das Fenster habe Ähnlichkeit mit der Grotte in der katholischen St. Paulskirche am See, doch anstelle akkurat abgestufter Reihen von Votivkerzen, die alle an Größe und Bedeutung gleich waren, genau wie die Seelen, denen sie leuchteten, hatten die Mädchen eine Phantasmagorie von Leuchtfeuern geschaffen. Sie hatten das herabtropfende Wachs von Tischkerzen zu einem einzigen großen Paraffinbündel verschmolzen, das mit seinem eigenen Docht geschnürt war. Sie hatten aus einer psychedelischen »Künstlerkerze«, die Cecilia auf einem Straßenmarkt für Kunsthandwerk gekauft hatte, zehn Fackeln geformt. Sie hatten die sechs dicken Notkerzen angezündet, die Mr. Lisbon für den Fall eines Stromausfalls in einer Schachtel oben im Schrank aufbewahrte. Sie hatten drei Hülsen mit Marys Lippenstift angezündet, der überraschend gut brannte. Auf dem Fensterbrett, in Bechern, die an Kleiderbügeln hingen, in alten Blumentöpfen, in aufgeschnittenen Milchkartons brannten die Kerzen. Abends sahen wir Bonnie als Hüterin der Flammen. Manchmal, wenn sie sah, daß Kerzen in ihrem eigenen Wachs zu ertrinken drohten, grub sie Ablaufgräben mit einer Schere; aber meistens starrte sie nur auf die Lichter, als sei im Schicksal der Kerzen ihr eigenes geborgen, wenn sie beinahe erloschen, aber dann, durch eine Gier nach Oxygen, doch weiterbrannten.

Außer zu Gott flehten die Kerzen zu uns. Die chinesische Laterne sandte ihr unübersetzbares SOS aus. Die Deckenbeleuchtung zeigte uns den heruntergekommenen Zustand des Lisbon-Hauses und zeigte uns Billy Jack, der die Vergewaltigung seiner Freundin mit Karate rächte. Die Signale der Mädchen erreichten uns und sonst niemand, wie ein Rundfunksender, der nur über unsere Zahnspangen zu empfangen war. Nachts flimmerten Nachbilder auf der Innenseite unserer Lider oder schwebten über unseren Betten wie ein Schwarm Leuchtkäfer. Unsere Unfähigkeit zu antworten machte die Signale nur um so wichtiger. Jeden Abend sahen wir uns die Vorstellung an, immer kurz davor, den Schlüssel zu entdecken, und Joe Larson versuchte sogar, mit seinem Schlafzimmerlicht zurückzufunken, aber daraufhin wurde das Lisbon-Haus dunkel, und wir fühlten uns zurechtgewiesen.

Der erste Brief kam am siebenten Mai. Er war mit der übrigen Post des Tages in Chase Buells Briefkasten geschmuggelt worden und trug weder Briefmarke noch Absender, aber als wir ihn aufmachten, erkannten wir sofort den dunkelroten Flair-Füller, mit dem Lux gern schrieb.

Lieber Wer-auch-immer,
Sag Trip, daß ich mit ihm fertig bin.
Er ist ein mieser Typ.
Rat mal wer.

Das war alles, was drinstand. In den folgenden Wochen kamen weitere Briefe, die unterschiedliche Stimmungen ausdrückten. Jeder wurde in tiefster Nacht von den Mädchen selbst zu unseren Häusern gebracht. Die Vorstellung, daß sie sich nachts aus dem Haus schlichen und durch unsere Straße geisterten, erregte uns, und ein paarmal versuchten wir, lange genug aufzubleiben, um sie zu sehen. Aber immer erwachten wir morgens mit der Erkenntnis, daß wir auf unseren Posten eingeschlafen waren. Und im Briefkasten wartete – wie ein Vierteldollar, den die Zahnfee uns aufs Kopfkissen gelegt hatte – ein Brief. Insgesamt bekamen wir acht Briefe. Nicht alle waren von Lux geschrieben. Alle waren ohne Unterschrift. Alle waren kurz. In einem Brief hieß es: »Erinnert Ihr Euch an uns?« In einem anderen: »Nieder mit widerlichen Jungs.« Und ein andermal: »Achtet auf unsere Lichter!« Der längste Brief lautete: »In dieser Finsternis wird es Licht werden. Wollt Ihr uns helfen?«

Bei Tag sah das Lisbon-Haus leer aus. Der Müll, den die Familie einmal die Woche hinausstellte (ebenfalls mitten in der Nacht; keiner nämlich sah sie, nicht einmal Onkel Tucker), sah zunehmend nach dem Abfall von Leuten aus, die sich auf eine lange Belagerung eingestellt hatten. Sie aßen Limabohnen aus der Dose. Sie würzten Reis mit Soßenfix. Abends, wenn die Lichter blinkten, zerbrachen wir uns den Kopf nach einer Möglichkeit, mit den Mädchen Kontakt aufzunehmen. Tom Faheem schlug vor, wir sollten einen Drachen mit einer Nachricht am Haus steigen lassen; aber das wurde aus logistischen Gründen niedergestimmt. Der kleine Johnny Buell meinte, man könnte dieselbe Nachricht um einen Stein gewickelt bei den Mädchen zum Fenster hineinwerfen, aber wir fürchteten, das Klirren des Glases würde Mrs. Lisbon aufmerksam machen. Die Lösung war so einfach, daß wir eine Woche brauchten, um auf sie zu kommen.

Wir riefen sie an.

Im sonnengebleichten Telefonbuch der Larsons fanden wir zwischen Licker und Little den unversehrten Eintrag für Lisbon, Ronald A. Er befand sich auf der rechten Seite, etwa in der Mitte, durch kein Codewort oder Zeichen markiert, nicht einmal mit einem Sternchen, das auf eine Fußnote des Schmerzes hinwies. Eine ganze Welle starrten wir ihn an. Dann wählten wir, drei Zeigefinger auf einmal.

Es läutete einmal, ehe Mr. Lisbon sich meldete. »Was haben Sie uns denn heute zu sagen?« fragte er sofort mit müder Stimme. Er nuschelte beim Sprechen. Wir hielten die Sprechmuschel zu und sagten nichts.

»Ich warte. Heute werde ich mir Ihren ganzen Mist mal anhören.«

Es knackte in der Leitung, ein Geräusch, als würde eine Tür zu einem langen öden Korridor geöffnet.

»Lassen Sie uns doch in Ruhe«, nuschelte Mr. Lisbon.

Dann war es still. Diverse Atemgeräusche, maschinell verzerrt, trafen im elektronischen Raum zusammen. Dann sprach Mr. Lisbon mit einer Stimme, die seiner nicht ähnlich war, mit einem schrillen Kreischen – Mrs. Lisbon hatte den Hörer an sich gerissen. »Warum lassen Sie uns nicht endlich in Frieden!« schrie sie und knallte den Hörer auf.

Wir blieben dran. Nach fünf Sekunden blies ihr wütender Atem durch die Drähte, aber genau wie wir erwartet hatten, blieb die Leitung offen. Am anderen Ende wartete jemand.

Wir riefen versuchsweise: »Hallo.« Eine schwache, leblose Stimme erwiderte: »Hi.«

Wir hatten die Lisbon-Mädchen lange nicht sprechen hören, aber diese Stimme weckte keine Erinnerungen. Sie klang – vielleicht, weil die Sprecherin flüsterte – irreparabel verändert, geschrumpft wie die

Stimme eines Kindes, das in einen Brunnen gefallen ist. Wir wußten nicht, welches der Mädchen gesprochen hatte, und wir wußten nicht, was wir sagen sollten. Dennoch blieben wir alle zusammen dran – sie und wir –, und irgendwo an einem nahegelegenen Knotenpunkt des Bell-Telefonsystems kam eine neue Verbindung zustande. Ein Mann begann mit Unterwasserstimme mit einer Frau zu sprechen. Wir konnten ihr Gespräch zur Hälfte hören (»Ich dachte, vielleicht ein Salat ...« – »Ein Salat? Du machst mich noch wahnsinnig mit diesen Salaten!«), aber dann wurde wohl ein anderer Anschluß frei, denn das Paar wurde plötzlich abgewürgt. Uns blieb summendes Schweigen, und die Stimme sagte jetzt kräftiger: »Mist. Bis bald.« Dann wurde aufgelegt.

Am nächsten Tag riefen wir wieder an, um die gleiche Zeit, und schon beim ersten Läuten wurde abgehoben. Wir warteten sicherheitshalber einen Moment, dann schritten wir zur Ausführung des Plans, den wir uns am Abend vorher ausgedacht hatten. Wir hielten den Hörer dicht vor einen von Mr. Larsons Lautsprechern und spielten das Lied ab, das den Lisbon-Mädchen unsere Gefühle am genauesten übermittelte. Wir können uns nicht mehr an den Titel des Liedes erinnern, und eine ausgiebige Suche in den Platten jener Zeit ist erfolglos geblieben. Aber wir erinnern uns der wesentlichen Gedanken, die von harten Tagen und langen Nächten erzählten, von einem Mann, der vor einem demolierten Telefonhäuschen wartete und hoffte, das Telefon würde irgendwie zu läuten anfangen, und von Regen und Regenbogen. Es war größtenteils Gitarrenmusik, bis auf ein Zwischenspiel mit weichem Cellosound. Das spielten wir ins Telefon, dann nannte Chase Buell unsere Nummer, und wir legten auf.

Am folgenden Tag um die gleiche Zeit läutete bei uns das Telefon. Wir gingen sofort hin, und nach einigem Durcheinander (jemand ließ den Hörer fallen) hörten wir erst das Krachen der Nadel, die auf eine Platte aufgesetzt wurde, und dann Gilbert O'Sullivan, der unter Kratzern sang. Sie erinnern sich vielleicht an das Lied, eine Ballade über die Mißgeschicke im Leben eines jungen Mannes (seine Eltern sterben und seine Verlobte läßt ihn vor dem Altar abblitzen), der von Strophe zu Strophe tiefer in Einsamkeit versinkt. Es war Mrs. Eugenes Lieblingslied, und wir kannten es gut, weil sie es beim Kochen immer zum Zischen ihrer Töpfe sang. Uns bedeutete es nicht viel, da es von einem Alter handelte, das wir noch nicht erreicht hatten, aber als wir es dünn und blechern aus dem Telefon hörten, machte es, da wir wußten, daß es von den Lisbon-Mädchen kam, einen tiefen Eindruck. Gilbert O'Sullivans unwirkliche Stimme klang so hoch, sie hätte einem der Mädchen gehören können. Die Worte hätten Tagebucheintragungen sein können, die uns die Mädchen ins Ohr flüsterten. Obwohl es nicht ihre Stimmen waren, die wir hörten, beschwor das Lied ihr Bild lebhafter denn je herauf. Wir konnten sie am anderen Ende fühlen – wie sie Staub von der Nadel bliesen, den Hörer über die sich drehende schwarze Scheibe hielten, die Lautstärke herunterdrehten, um nicht gehört zu werden.

Als das Lied zu Ende war, rutschte die Nadel über den inneren Ring und brachte dabei ein sich rhythmisch wiederholendes Knacken hervor (als würde derselbe Moment immer wieder gelebt). Joe Larson hatte unsere Antwort schon bereit, und nachdem wir sie abgespielt hatten, spielten die Lisbon-Mädchen die ihre, und so ging es den Abend weiter. Die meisten Lieder haben wir vergessen, aber ein Teil dieses kontrapunktischen Zwiegesprächs ist erhalten, in Demo Karafilis' ›Tea for the Tillerman‹ niedergeschrieben. Wir geben ihn hier wieder:

Die Lisbon-Mädchen: ›Alone Again Naturally‹, Gilbert O'Sullivan
Wir: ›You've Got a Friend‹, James Taylor
Die Lisbon-Mädchen: ›Where Do the Children Play‹, Cat Stevens
Wir: ›Dear Prudence‹, The Beatles
Die Lisbon-Mädchen: ›Candles in the Wind‹, Elton John
Wir: ›Wild Horses‹, The Rolling Stones
Die Lisbon-Mädchen: ›At Seventeen‹, Janice Ian
Wir: ›Time in a Bottle‹, Jim Croce
Die Lisbon-Mädchen: ›So Far Away‹, Carole King

Wir sind nicht sicher, ob die Reihenfolge stimmt. Demo Karafilis hat die Titel auf gut Glück hingekritzelt. Aber die oben wiedergegebene Reihenfolge vermittelt doch ein Bild von der Entwicklung unseres musikalischen Gesprächs. Da Lux ihre Hardrock-Platten verbrannt hatte, waren unter den Liedern der Mädchen vor allem Country-Stücke. Stimmen, die in ihrer Klage ans Herz gingen, suchten Gleichheit und Gerechtigkeit. Eine gelegentliche schnelle Fiedel beschwor das Land herauf, das dies Land einst gewesen war. Die Sänger hatten Pickel und trugen Stiefel. Jedes Lied war durchpulst von heimlichem Schmerz. Wir reichten den klebrigen Hörer von Ohr zu Ohr; so rhythmisch war der Schlag der Trommeln, daß wir uns hätten einbilden können, unser Ohr an die Herzen der Mädchen zu drücken. Ab und zu glaubten wir, sie mitsingen zu hören, und es war beinahe so, als säßen wir mit ihnen in einem Konzert. Unsere Stücke waren größtenteils Liebeslieder. Jedes war ein Versuch, das Gespräch in vertraulichere Bahnen zu lenken. Aber die Lisbon-Mädchen blieben bei den unpersönlichen Themen. (Wir schoben uns dazwischen und machten eine

Bemerkung über ihr Parfum. Sie sagten, es seien wahrscheinlich die Magnolien.) Nach einer Weile wurden unsere Lieder immer trauriger und rührseliger. Und da spielten die Mädchen dann ›So Far Away‹ ab. Wir bemerkten den Umschwung sofort (sie hatten einen Moment lang ihre Hand auf unser Handgelenk gelegt) und gaben ›Bridge over Troubled Waters‹, wobei wir den Apparat lauter stellten, weil dieses Lied besser als alle anderen ausdrückte, was wir für die Mädchen empfanden, wie gern wir ihnen helfen wollten. Als es zu Ende war, warteten wir auf ihre Antwort. Nach einer langen Pause begann ihr Plattenspieler wieder zu knistern, und wir hörten das Lied, bei dem wir selbst heute noch, wenn wir es im Musiksalat der Einkaufszentren serviert bekommen, innehalten und in eine verlorene Zeit zurückblicken.

Hey, have you ever tried
Really reaching out for the other side
I may be climbing on rainbows,
But, baby, here goes:
Dreams they're for those who sleep
Life, it's for us to keep
And if you're wondering what this song is
   leading to
I want to make it with you.

Jetzt wurde aufgelegt. (Ohne Warnung hatten die Mädchen ihre Arme um uns geworfen, ein heißes Geständnis in unser Ohr geflüstert und waren aus dem Zimmer geflohen.) Minutenlang standen wir reglos da und lauschten dem Rauschen im Hörer. Dann folgte ein wütendes Piepsen, und eine Automatenstimme befahl uns aufzulegen, und zwar sofort.

Wir hatten uns nicht träumen lassen, daß die Mädchen unsere Liebe erwidern könnten. Bei der Vorstellung wurde uns ganz schwindlig, und wir legten uns auf dem Teppich der Larsons nieder, der nach Haustierspray roch und tiefer unten nach Haustier. Lange Zeit sagte keiner etwas. Aber ganz allmählich, während wir kleine Details in unserem Hirn wälzten, sahen wir die Dinge in einem neuen Licht. Hatten uns nicht die Mädchen letztes Jahr zu ihrer Party eingeladen? Hatten sie nicht unsere Namen und Adressen gewußt? Hatten sie nicht Gucklöcher in schmutzige Fensterscheiben gewischt, hatten sie nicht herausgeschaut, um uns zu sehen? Wir vergaßen uns und faßten uns an den Händen und lächelten mit geschlossenen Augen. Auf dem Plattenspieler lief Garfunkel zu seinen hohen Tönen auf, und wir dachten nicht an Cecilia. Wir dachten nur an Mary, Bonnie, Lux und Therese, im Leben gestrandet, bis jetzt nicht in der Lage, mit uns zu sprechen, und wenn, dann nur auf diese ungenaue, schüchterne Art. Wir riefen uns ihre letzten Monate in der Schule ins Gedächtnis und brachten neue Erinnerungen zum Vorschein. Lux hatte eines Tages ihr Mathebuch vergessen und mußte bei Tom Faheem mit hineinschauen. An den Rand hatte sie geschrieben: »Ich möchte hier raus.« Wie weit ging dieser Wunsch? In dieser Rückschau kamen wir zu dem Schluß, daß die Mädchen schon die ganze Zeit versucht hatten, mit uns zu reden, uns um Hilfe zu bitten, aber wir waren zu vernarrt gewesen, um es zu bemerken. Wir hatten uns bei unserer Beobachtung so sehr konzentriert, daß uns nichts entgangen war, außer einem einfachen erwiderten Blick. An wen sonst konnten sie sich wenden? Nicht an ihre Eltern. Nicht an die Nachbarn. Im Innern ihres Hauses waren sie Gefangene; außerhalb Aussätzige. Und darum versteckten sie sich vor der Welt und warteten auf jemand – auf uns –, der sie rettete.

Doch in den folgenden Tagen versuchten wir ohne Erfolg, die Mädchen anzurufen. Das Telefon läutete hoffnungslos, verzweifelt. Wir stellten uns vor, wie das

Ding unter Kissen schrillte, während die Mädchen vergebens danach zu greifen suchten. Da wir nicht durchkamen, kauften wir uns ›The Best of Bread‹ und spielten immer wieder ›Make It with You‹. Es wurde großartig von Tunneln geredet, von der Möglichkeit, im Keller der Larsons zu graben und unter der Straße durchzustoßen. Das Erdreich konnte in unseren Hosenbeinen fortgetragen und bei Spaziergängen abgeworfen werden wie in ›The Great Escape‹. Die Dramatik des Ganzen begeisterte uns so, daß wir vorübergehend vergaßen, daß unser Tunnel ja schon gegraben war: die Überlaufrohre. Aber als wir sie überprüften, fanden wir sie voll Wasser. Der See war in diesem Jahr wieder gestiegen. Es machte nichts. Mr. Buell hatte eine ausziehbare Leiter, die wir leicht vor den Fenstern der Mädchen anlehnen konnten. »Wie bei einer Brautentführung«, sagte Eugie Kent, und bei den Worten wanderten unsere Gedanken zu einem rotgesichtigen Kleinstadt-Friedensrichter und einem Schlafwagenabteil in einem Zug, der nachts durch blaue Weizenfelder ratterte. Wir stellten uns alles mögliche vor, während wir auf ein Zeichen der Mädchen warteten.

Nichts von alledem – das Abspielen der Schallplatten, die Lichtsignale, die Marienbildchen – gelangte natürlich je in die Zeitung. Für uns war unsere Kommunikation mit den Lisbon-Mädchen ein heiliges Geheimnis, auch dann noch, als solche Treue keinen Sinn mehr hatte. Miss Perl (die später ein Buch veröffentlichte, in dem ein Kapitel den Lisbon-Mädchen gewidmet war) beschrieb es so, als sei ihr Lebenswille in unvermeidlicher Progression immer schwächer geworden. Sie zeigt ihre erbarmungswürdigen letzten Versuche, sich ein Leben zu schaffen – Bonnies Sorge um den Gedenkschrein, Marys Gewohnheit, bunte Pullis zu tragen –, aber jeder Stein, mit dem die Mädchen an einem Schutzraum bauten, hat für Miss Perl eine Kehrseite voller Schmutz. Die Kerzen waren ein

Doppelspiegel zwischen den Welten: Sie riefen Cecilia zurück, riefen aber gleichzeitig die Schwestern zu ihr. Marys hübsche Pullis zeugten nur von einem hoffnungslosen Jungmädchenwunsch, hübsch auszusehen, während Thereses formlose Sweatshirts einen »Mangel an Selbstachtung« zeigten.

Wir wußten es besser. Drei Tage nach dem Abspielen der Schallplatten sahen wir Bonnie abends einen großen schwarzen Koffer in ihr Schlafzimmer tragen. Sie stellte ihn auf ihr Bett und machte sich daran, ihn mit Kleidern und Büchern zu füllen, Mary kam und warf ihren Klimaspiegel hinein. Sie stritten um den Inhalt des Koffers, und beleidigt nahm Bonnie einige Dinge heraus, die sie hineingepackt hatte, um Mary für ihre Sachen mehr Platz zu lassen: einen Kassettenrecorder, einen Fön und jenen Gegenstand, dessen Bedeutung wir erst später verstanden, einen Türanschlag aus Eisen. Wir hatten keine Ahnung, was die Mädchen da taten, aber die Veränderung in ihrem ganzen Verhalten fiel uns sofort auf. Sie bewegten sich mit einer neuen Entschlußkraft. Die Ziellosigkeit war verschwunden. Paul Baldino interpretierte uns ihr Handeln:

»Die scheinen türmen zu wollen«, sagte er, als er den Feldstecher niederlegte. Er zog diese Schlußfolgerung so selbstsicher wie jemand, der erlebt hatte, wie Verwandte nach Sizilien oder Südamerika verschwunden waren, und wir glaubten ihm sofort. »Wetten, daß die Mädchen spätestens Ende der Woche hier weg sind.«

Er hatte recht, wenn auch nicht in dem Sinn, wie er es gemeint hatte. Das letzte Briefchen, auf die Rückseite eines Marienbildchens geschrieben, lag am vierzehnten Juni in Chase Buells Briefkasten. Darin stand nur: »Morgen. Mitternacht. Wartet auf unser Zeichen.«

In dieser Zeit des Jahres lagen die Fliegen so dick auf unseren Fenstern, daß man kaum hinaussehen konnte. Am nächsten Abend trafen wir uns auf dem unbebauten Grundstück neben Joe Larsons Haus. Die Sonne war hinter dem Horizont versunken, erhellte aber den Himmel noch mit einem Streifen Chemie-Orange, der schöner war als die Natur. Das Lisbon-Haus auf der anderen Straßenseite war dunkel, fast versteckt, bis auf den roten Dunst von Cecilias Gedenkschrein. Von unten konnten wir das obere Stockwerk nicht richtig erkennen und wollten darum bei den Larsons aufs Dach steigen. Aber Mr. Larson erlaubte es nicht. »Ich hab's gerade neu geteert«, sagte er. Wir gingen wieder zu dem leeren Grundstück zurück und dann zur Straße hinaus, wo wir unsere Hände auf den Asphalt legten, der noch warm von der Tagessonne war. Der naßfaulige Geruch vom Haus der Lisbons wehte uns an und verging, so daß wir glaubten, wir hätten ihn uns eingebildet. Joe Hill Conley begann wie immer, auf Bäume zu klettern, obwohl wir anderen darüber längst hinaus waren. Wir sahen zu, wie er sich an einem jungen Ahornbaum hinaufzog. Weit kam er nicht, weil die dünnen Äste sein Gewicht nicht hielten. Dennoch rief Chase Buell zu ihm hinauf: »Siehst du was?« Joe Hill Conley kniff die Augen zusammen, zog dann die Haut an den Augenwinkeln straff, weil er meinte, das nütze mehr als Augenzusammenziehen, schüttelte aber schließlich den Kopf. Immerhin kamen wir dadurch auf eine Idee und gingen zu unserem alten Baumhaus. Wir sahen durch das Laub hinauf, um seinen Zustand festzustellen. Ein Teil des Daches war vor Jahren bei einem Sturm abgerissen worden, und unser ganzer Stolz, der Türknauf, fehlte, aber sonst sah der Bau noch bewohnbar aus.

Wir stiegen auf demselben Weg wie früher zum Baumhaus hinauf. Erst schoben wir den Fuß in das Astloch, dann traten wir auf das genagelte Brett, dann auf zwei verbogene Nägel und umfaßten schließlich das ausgefranste Seil, um uns durch die Falltür hochzuziehen. Wir waren inzwischen so gewachsen, daß wir uns kaum durchzwängen konnten, und als wir drin waren, bog sich der Sperrholzboden unter unserem Gewicht. Das ovale Fenster, das wir vor Jahren mit der Handsäge ausgeschnitten hatten, blickte immer noch auf die Front des Lisbon-Hauses. Neben ihm hingen, mit rostigen Reißzwecken befestigt, fünf fleckige Fotos der Lisbon-Mädchen. Wir erinnerten uns nicht, sie aufgehängt zu haben, aber da waren sie: von Zeit und Wetter getrübt, so daß wir nur noch die phosphoreszierenden Konturen der Mädchenkörper ausmachen konnten, jeder ein anderer leuchtender Buchstabe eines unbekannten Alphabets. Unten waren ein paar Leute herausgekommen, um Rasen oder Blumenbeete zu sprengen. Aus einem Dutzend Radios schallte die Schnellfeuerstimme unseres lokalen Baseballreporters herauf, der ein sich langsam entfaltendes Drama beschrieb, das wir nicht sehen konnten, ebenso erreichten uns Jubelschreie über einen *home run,* die über den Bäumen aufeinanderprallten und sich dann zerstreuten. Es wurde dunkler. Die Leute gingen in die Häuser. Wir versuchten unser Glück mit dem Docht der alten Petroleumlampe, der tatsächlich brannte, von irgendeinem unsichtbaren Rest gespeist. Aber innerhalb einer Minute kamen Fliegenschwärme zum Fenster herein, und wir machten die Lampe aus. Wir hörten ihre Leiber wie Hagel gegen die Straßenlampen schlagen und unter den Reifen vorüberfahrender Autos zerknallen. Ein paar Insekten platzten, als wir uns an die Wand des Baumhauses lehnten. Bewegungslos, wenn man sie in Ruhe ließ, flatterten sie wie wild zwischen unseren Fingern und flogen dann davon, um sich irgendwo wieder festzukleben. Die Schlacke ihrer toten oder sterbenden Leiber verdunkelte Straßenlampen und Autolichter und machte die Fenster in den Häusern zu Scheinwerferklappen wie beim Theater, die das Licht ausblendeten. Wir machten es uns bequem, zogen am Seil ein warmes Sechserpack herauf und tranken und warteten.

Jeder von uns hatte zu Hause gesagt, er übernachte bei einem Freund; wir hatten also die ganze Nacht Zeit zu sitzen und zu trinken, von keinem Erwachsenen belästigt. Aber weder in der Dämmerung noch danach sahen wir im Haus der Lisbons irgendwelche Lichter außer den Kerzen. Sie schienen nur trübe zu brennen, und wir vermuteten, daß den Mädchen trotz aller Fürsorge das Wachs ausging. Cecilias Fenster schimmerte beschlagen wie ein schmutziges Aquarium. Nachdem wir Carl Tagels Teleskop aus dem Baumhausfenster ausgefahren hatten, konnten wir den pockennarbigen Mond sehen, der lautlos durchs Weltall sauste, dann die blaue Venus, aber als wir das Teleskop auf Lux' Fenster richteten, führte es uns so nahe heran, daß wir überhaupt nichts sehen konnten. Was zunächst das im Bett gekrümmte Xylophon ihrer Wirbelsäule zu sein schien, entpuppte sich als ein Stück Zierleiste. Ein faseriger Pfirsichkern, der aus einer Zeit, als es noch frisches Essen gegeben hatte, auf ihrem Nachttisch liegen geblieben war, gab Anlaß zu einer Anzahl schauerlicher Mutmaßungen. Jedesmal, wenn wir sie in den Blick bekamen oder etwas, das sich bewegte, war das Stück zu klein, um das Puzzle zusammenzusetzen, und schließlich gaben wir auf, zogen das Teleskop ein und verließen uns auf unsere Augen.

Mitternacht zog in tiefer Stille vorüber. Der Mond ging unter. Eine Flasche Erdbeerwein tauchte auf, wurde herumgereicht und auf einem Ast abgestellt. Tom Bogus wälzte sich zur Baumhaustür und verschwand. Eine Minute später hörten wir ihn im Gebüsch des unbebauten Grundstücks würgen. Wir blieben lange genug auf, um Onkel Tucker herauskommen zu sehen, in der Hand ein Stück Linoleum der mittlerweile dreizehnten Schicht, die er legte, um sein Leben auszufüllen. Nachdem er sich aus dem Kühlschrank in der Garage ein Bier geholt hatte, ging er nach vorn und hielt Umschau in seinem nächtlichen Revier. Er trat hinter einen Baum und wartete, daß Bonnie mit dem Rosenkranz in der Hand erscheinen würde. Von seinem Beobachtungsposten konnte er die Taschenlampe nicht sehen, die in einem Schlafzimmerfenster aufflammte, und er war schon wieder ins Haus gegangen, als wir hörten, wie das Fenster geöffnet wurde. Wir hatten es da schon fest im Auge. Das Licht der Taschenlampe winkte aus der Dunkelheit. Dann wurde es dreimal schnell hintereinander an- und ausgemacht.

Ein leichter Wind kam auf. In der Schwärze der Nacht begannen die Blätter unseres Baumes zu rascheln, und die Atmosphäre füllte sich mit dem frühmorgendlichen Geruch des Lisbon-Hauses. Keiner von uns erinnerte sich, irgend etwas gedacht oder beschlossen zu haben; in diesem Moment hatten unsere Hirne zu arbeiten aufgehört und uns so den einzigen Frieden beschert, den wir je erfahren haben. Wir waren oben, über der Straße, auf gleicher Höhe wie die Lisbon-Mädchen in ihren bröckelnden Zimmern, und sie riefen uns. Wir hörten Holz knarren. Dann sahen wir sie einen Augenblick – Lux, Bonnie, Mary und Therese –, von einem Fenster umrahmt. Sie sahen in unsere Richtung, sahen uns durch die Leere an. Mary warf einen Handkuß oder wischte sich den Mund. Die Taschenlampe erlosch. Das Fenster wurde geschlossen. Und sie waren weg.

Wir nahmen uns nicht einmal Zeit, es zu besprechen. Einer nach dem anderen, wie Fallschirmspringer, ließen wir uns aus dem Baum fallen. Es war ein leichter Sprung, aber erst beim Aufprall merkten wir, wie nahe der Erdboden war: nicht mehr als drei Meter. Wenn wir im Gras hochsprangen, konnten wir beinahe den Boden des Baumhauses berühren. Unsere neue Größe verblüffte uns, und später sagten viele, das hätte zu unserem Entschluß beigetragen, weil wir uns nämlich zum erstenmal überhaupt wie Männer fühlten.

Wir näherten uns dem Haus aus verschiedenen

Richtungen und hielten uns dabei im Schatten überlebender Bäume. Je näher wir kamen, einige robbend wie Soldaten, andere noch aufrecht auf ihren zwei Beinen, um so stärker wurde der Geruch. Die Luft verdichtete sich. Bald erreichten wir eine unsichtbare Grenze: Niemand war dem Lisbon-Haus seit Monaten so nahe gekommen. Wir zögerten, dann gab Paul Baldino mit erhobener Hand das Signal, und wir pirschten uns näher heran. Wir drückten uns an die Backsteinmauern, duckten uns unter Fenstern und bekamen Spinnweben ins Haar. Wir tappten in den feuchten Matsch des hinteren Gartens. Kevin Head stolperte über das Vogelhäuschen, das immer noch dort herumlag. Es zerbrach, und der Rest der Körner verteilte sich auf dem Boden. Wir erstarrten, aber nirgends ging ein Licht an. Nach einer Minute schlichen wir uns näher. Mücken sausten im Sturzflug an unseren Ohren vorbei, aber wir beachteten sie nicht. Wir waren zu sehr damit beschäftigt, in der Finsternis nach einem Seil aus zusammengeknoteten Laken Ausschau zu halten, an dem ein Nachthemd herabglitt. Wir sahen nichts. Das Haus erhob sich vor uns. In seinen Fenstern spiegelte sich dunkel das Laub. Flüsternd erinnerte uns Chase Buell daran, daß er gerade seinen Führerschein gemacht hatte, und hielt den Schlüssel zum Cougar seiner Mutter hoch. »Wir können mein Auto nehmen«, sagte er. Tom Faheem suchte in den verwilderten Blumenbeeten nach Steinchen, um sie an die Fenster der Mädchen zu werfen. Jeden Moment konnte sich oben ein Fenster öffnen, die Fliegenverkleisterung aufbrechen, und ein Gesicht würde den Rest unseres Lebens zu uns herabblicken.

Am hinteren Fenster wurden wir mutig genug, hineinzuspähen. Durch ein Gestrüpp toter Zimmerpflanzen machten wir das Innere des Hauses aus: eine Meereslandschaft verschwommener Gegenstände, die vorwärtstrieben und wieder zurückwichen, während unsere Augen sich an die Beleuchtung gewöhnten. Mr. Lisbons Schwingsessel rollte vorwärts, die Fußstütze in die Höhe gereckt wie eine Schneeschaufel. Das braune Kunstledersofa kauerte sich hinten an die Wand. Und als sie sich trennten, schien sich der Boden zu heben wie auf einer hydraulischen Bühne, und im Licht einer kleinen Lampe, der einzigen Lichtquelle im Zimmer, sahen wir Lux. Sie lag zurückgelehnt in einem Beanbag-Sessel, die Knie hochgezogen und gespreizt, und ihr Oberkörper war halb in den Sessel eingesunken, der sich über ihr schloß wie eine Zwangsjacke. Sie hatte Blue jeans an und Wildlederclogs. Ihr langes Haar fiel über die Schultern. Sie hatte eine Zigarette im Mund, deren Asche jeden Moment herunterfallen mußte.

Wir wußten nicht, was wir als nächstes tun sollten. Wir hatten keine Anleitung. Wir drückten unsere Gesichter an die Fenster und schirmten unsere Augen mit den Händen ab. Die Glasscheiben übertragen Schallschwingungen, und während wir vorgebeugt dastanden, nahmen wir die Bewegungen der anderen Mädchen wahr, die über uns umherliefen. Irgend etwas schleifte, war still, schleifte wieder. Irgend etwas holperte. Wir entfernten unsere Gesichter, und alles wurde still. Dann kehrten wir wieder an das vibrierende Glas zurück.

Lux tastete jetzt nach einem Aschenbecher. Als sie keinen in Reichweite fand, schnippte sie die Asche auf ihre Blue jeans und verrieb sie mit der Hand. Dabei erhob sie sich ein Stück aus dem Beanbag, und wir sahen, daß sie ein rückenfreies Top trug. Die dünnen Träger, die in ihrem Nacken zu einer Schleife gebunden waren, liefen über ihre blassen Schultern und die hervorstehenden Schlüsselbeine zu zwei schwellenden gelben Halbmonden hinunter. Das Top saß auf der rechten Seite etwas schief und enthüllte eine weiche weiße Fülle, als sie sich streckte. »Juli vor zwei Jahren«, sagte

Joe Hill Conley, um uns an den Tag zu erinnern, an dem wir das Top zum letztenmal gesehen hatten. An einem sehr heißen Tag hatte Lux es draußen fünf Minuten lang angehabt, ehe ihre Mutter sie hereingerufen und gezwungen hatte, sich umzuziehen. Jetzt erinnerte das Kleidungsstück an die Zeit, die inzwischen vergangen war, an alles, was geschehen war. Vor allem aber sagte es uns, daß die Mädchen im Begriff waren fortzugehen und daß sie von jetzt an anziehen würden, was ihnen beliebte.

»Vielleicht sollten wir klopfen«, flüsterte Kevin Head, aber keiner von uns tat es. Lux lehnte sich wieder in den Beanbag-Sessel zurück. Sie trat ihre Zigarette auf dem Boden aus. Hinter ihr an der Wand schwoll ein Schatten. Sie drehte sich abrupt um und lächelte dann, als eine Katze, die wir nie zuvor gesehen hatten, auf ihren Schoß kletterte. Sie drückte das abweisende Tier an sich, bis es sich befreite. (Das müssen wir auch noch hinzufügen: Bis ganz zum Schluß liebte Lux die streunende Katze. Dann lief diese davon, fort aus diesem Bericht.) Lux zündete sich eine neue Zigarette an. Im Feuerschein des Streichholzes sah sie zum Fenster hinauf. Sie hob das Kinn, so daß wir glaubten, sie hätte uns gesehen, aber dann fuhr sie sich mit der Hand durch das Haar. Sie musterte nur ihr Spiegelbild. Das Licht im Innern des Hauses machte uns draußen unsichtbar. Wir standen Zentimeter vom Fenster entfernt, aber unbemerkt, als schauten wir von einer anderen Daseinsebene zu Lux hinein. Der schwache Schein des Fensters flimmerte auf unseren Gesichtern. Unsere Körper und Beine tauchten ins Dunkel hinunter. Auf dem See dröhnte ein Nebelhorn in nebelfreier Nacht. Ein zweites, tieferes antwortete. Dieses Top hätte man mit einem schnellen Ruck herunterreißen können.

Tom Faheem machte den Anfang und bewies damit, daß er zu Unrecht als schüchtern galt. Er kletterte auf die hintere Veranda, öffnete leise die Tür und ließ uns alle, endlich wieder, ins Lisbon-Haus hinein.

»Wir sind hier«, war alles, was er sagte.

Lux sah hoch, stand aber nicht aus dem Sessel auf. Ihre schläfrigen Augen zeigten keine Überraschung, daß wir da waren, aber am Ansatz ihres weißen Halses breitete sich Röte aus. »Wurde auch Zeit«, sagte sie. »Wir haben auf euch gewartet.« Sie zog an ihrer Zigarette.

»Wir haben einen Wagen«, fuhr Tom Faheem fort. »Vollgetankt. Wir fahren euch, wohin ihr wollt.«

»Es ist nur ein Cougar«, sagte Chase Buell, »aber er hat einen ziemlich großen Kofferraum.«

»Kann ich vorn sitzen?« fragte Lux und verzog den Mund, um den Rauch zur Seite zu blasen, höflich von uns weg.

»Klar.«

»Und wer von euch Traummännern setzt sich zu mir nach vorn?«

Sie legte den Kopf in den Nacken und blies eine Kette von Rauchringen zur Decke. Wir beobachteten, wie sie aufstiegen, aber diesmal rannte Joe Hill Conley nicht hin, um seinen Finger durchzustecken. Zum erstenmal sahen wir uns im Haus um. Jetzt, da wir drin waren, nahmen wir den Geruch intensiver wahr denn je. Es war der Geruch von feuchtem Mauerwerk, von Abflüssen voller endlos verklumpter Mädchenhaare, von schimmeligen Küchenschränken und tropfenden Rohren. Farbkanister standen noch unter den Lecks, randvolle Notlösungen aus anderen Zeiten. Das Wohnzimmer sah aus wie geplündert: Der Fernsehapparat stand schief ohne Bildschirm da, davor Mr. Lisbons offener Werkzeugkasten. An Sesseln fehlten Armlehnen oder Beine, als hätten die Lisbons sie als Feuerholz gebraucht.

»Wo sind deine Eltern?«

»Schlafen.«

»Und deine Schwestern?«

»Kommen gleich.«

Unten krachte etwas. Wir zogen uns zur Hintertür zurück. »Komm«, sagte Chase Buell. »Verschwinden wir lieber. Es ist spät.« Aber Lux blies nur eine neue Rauchwolke in die Luft und schüttelte den Kopf. Sie zog einen Träger von ihrer Haut. Er hatte einen roten Striemen hinterlassen. Alles war wieder still. »Wartet«, sagte sie. »Noch fünf Minuten. Wir haben noch nicht fertig gepackt. Wir mußten warten, bis meine Eltern eingeschlafen waren. Die brauchen ewig. Besonders meine Mutter. Sie leidet an Schlaflosigkeit. Wahrscheinlich ist sie genau jetzt wach.«

Dann stand sie auf. Wir sahen, wie sie sich aus dem Beanbag-Sessel hochstemmte und sich vorbeugte, um Schwung zu holen. Das Oberteil an seinen dünnen Trägern fiel weit nach vorn, so daß wir die dunkle Luft zwischen Stoff und Haut sahen und dann den weichen Schimmer ihrer mit Mehl bestäubten Brüste.

»Meine Füße sind ganz geschwollen«, sagte sie. »So was Verrücktes. Deshalb hab ich Clogs an. Gefallen sie euch?« Sie ließ den einen an ihren Zehenspitzen baumeln.

»Ja.«

Jetzt stand sie voll aufgerichtet. Groß war sie nicht. Wir mußten uns immer wieder sagen, daß dies alles wirklich geschah, daß dies wirklich Lux Lisbon war, daß wir mit ihr im selben Raum waren. Sie sah an sich hinunter, zog das Oberteil gerade und schob mit einem Daumen das nackte Fleisch auf der rechten Seite unter den Stoff. Dann sah sie wieder auf, als blickte sie jedem von uns zu gleicher Zeit in die Augen, und ging langsam vorwärts. Sie schlurfte in den Clogs, als sie ins Dunkle trat, und wir hörten, wie sie auf dem staubigen Boden ihre Abdrücke hinterließ. Aus der Dunkelheit sagte sie: »Wir passen doch gar nicht alle in den Cougar.« Sie machte noch einen Schritt, und ihr Gesicht tauchte erneut auf. Eine Sekunde lang schien es nicht lebendig zu sein: Es war zu weiß, die Wangen zu vollkommen gemeißelt, die geschwungenen Augenbrauen aufgemalt, die vollen Lippen aus Wachs geformt. Aber dann kam sie näher, und wir sahen in ihren Augen das Licht, das wir seither suchen.

»Es ist besser, wenn wir den Wagen von meiner Mutter nehmen, meint ihr nicht? Der ist größer. Wer von euch kann fahren?«

Chase Buell hob die Hand.

»Glaubst du, du kannst einen Kombi fahren?«
»Klar.« Und dann: »Er hat doch Automatik, oder?«
»Ja.«
»Gut. Kein Problem.«
»Läßt du mich auch mal lenken?«
»Klar. Aber wir sollten hier jetzt verschwinden. Ich hab eben was gehört. Vielleicht war das deine Mutter.«

Sie ging auf Chase Buell zu. Sie kam ihm so nahe, daß ihr Atem sein Haar bewegte. Und vor uns allen machte Lux seinen Gürtel auf. Sie brauchte nicht einmal hinunterzusehen. Ihre Finger fanden den Weg von allein, und nur einmal hakte etwas, worauf sie den Kopf schüttelte wie ein Musiker, der bei einer einfachen Note gepatzt hat. Die ganze Zeit starrte sie ihm in die Augen, während sie sich langsam auf ihre Zehenspitzen hob, und in der Stille des Hauses hörten wir, wie seine Hose aufging. Der Reißverschluß öffnete sich unseren Rücken hinunter. Keiner von uns rührte sich. Chase Buell rührte sich nicht. Lux' Augen, brennend und samtig, leuchteten im dämmrigen Zimmer. Eine Ader an ihrem Hals pulsierte leicht, jene, welche man aus diesem Grund parfümiert. Sie tat es mit Chase Buell, aber wir fühlten alle, daß sie es mit uns tat, daß sie nach uns griff und uns nahm, wie sie wußte, daß sie uns nehmen konnte. Erst in letzter Sekunde hörten wir von unten einen weiteren leisen Schlag. Oben hustete Mr. Lisbon im Schlaf. Lux hielt inne. Sie sah weg, überlegte einen Augenblick und sagte dann: »Wir können es jetzt nicht tun.«

Sie ließ Chase Buells Gürtel los und ging zur Hintertür. »Ich brauch frische Luft. Ihr habt mich ganz heiß gemacht, Jungs.«

Sie lächelte, ein schlaffes, unbeholfenes Lächeln, völlig unhübsch. »Ich geh raus und warte im Auto. Wartet ihr hier auf meine Schwestern. Wir haben einen Haufen Sachen.« Sie holte aus einer Schale neben der Hintertür die Autoschlüssel. Sie wollte gehen, hielt aber noch einmal inne.

»Wohin fahren wir?«

»Florida«, sagte Chase Buell.

»Cool«, sagte Lux. »Florida.«

Eine Minute später hörten, wir in der Garage eine Autotür zufallen. Einige von uns erinnern sich, in der Stille der Nacht die gedämpften Klänge eines Popsongs gehört zu haben, was uns sagte, daß sie das Radio eingeschaltet hatte. Wir warteten. Wir wußten nicht, wo die anderen Mädchen waren. Von oben konnten wir Geräusche hören, eine Schranktür wurde geöffnet, ein Koffer wippte quietschend auf Sprungfedern. Schritte oben und unten. Etwas wurde über den Kellerboden geschleift. Die eigentliche Natur der Geräusche blieb uns unklar, aber eine gewisse Präzision war zu bemerken; jede Bewegung schien exakt zu sein, Teil eines ausgeklügelten Fluchtplans. Wir begriffen, daß wir in dieser Strategie nur Schachfiguren waren, lediglich eine Weile von Nutzen, aber das dämpfte unseren Überschwang nicht. Wir wußten, daß wir bald mit den Mädchen im Auto sitzen und sie aus unserem grünen Viertel hinausfahren würden in die reine, freie Einsamkeit abgelegener Straßen, die wir noch nicht einmal kannten. Wir knobelten, um zu entscheiden, wer mitfahren und wer zurückbleiben würde. Die ganze Zeit über erfüllte uns das Wissen, daß die Mädchen bald bei uns sein würden, mit einem

Gefühl stillen Glücks. Wer konnte wissen, wie sehr wir uns vielleicht an diese Geräusche gewöhnen würden? Das Zuschnappen von Taschenklappen an Koffern aus Elastiksatin. Das Klirren von Schmuck. Dieses Geräusch, wenn die Mädchen Koffer durch einen anonymen Korridor trugen, das wie das Humpeln eines Buckligen klang. Unbekannte Straßen nahmen in unserer Phantasie Gestalt an. Wir schlugen Schneisen in buschiges Schilf und brausten an Süßwasserbuchten und alten Bootswerften vorbei. An einer Tankstelle würden wir nach dem Schlüssel für die Damentoilette fragen, weil die Mädchen zu schüchtern dazu waren. Wir würden bei offenen Fenstern das Radio laufen lassen.

Irgendwann während dieser Träumereien wurde es still im Haus. Wir nahmen an, die Mädchen hätten fertiggepackt, Peter Sissen zog seine Minitaschenlampe heraus und machte einen kleinen Vorstoß ins Eßzimmer, aus dem er zurückkam, um uns zu melden: »Eine von ihnen ist noch unten. Auf der Treppe brennt Licht.«

Wir standen auf, wir schwenkten die Taschenlampe, wir warteten auf die Mädchen, aber niemand kam. Tom Faheem trat versuchsweise auf die unterste Treppenstufe, aber sie knarrte so laut, daß er sofort wieder herunterkam. Die Stille im Haus dröhnte in unseren Ohren. Ein Auto fuhr vorüber, warf einen flüchtigen Schatten über das Eßzimmer, erleuchtete vorübergehend das Gemälde mit den Pilgervätern. Auf dem Eßzimmertisch lagen Stapel von Wintermänteln, die in Plastikfolie eingeschlagen waren, daneben andere umfangreiche Bündel. Das Haus hatte die Atmosphäre eines Dachbodens, auf dem sich alter Kram ansammelt und umstürzlerische Beziehungen entstehen: der Toaster im Vogelkäfig oder Ballettschuhe, die aus einem Fischkorb herauslugen. Wir schlängelten uns durch das Durcheinander, gelangten in Räume, die für Spiele freigemacht worden waren – ein Backgammon-Brett, Dame –, drangen weiter vor in ein Dickicht aus Schneebesen und Gummistiefeln. Wir traten in die Küche. Es war zu dunkel, um etwas zu sehen, aber wir hörten ein feines Zischen, als seufze jemand. Eine Lichtraute wurde vom Keller heraufgeworfen. Wir gingen zur Treppe und lauschten. Dann machten wir uns auf den Weg zum Hobbyraum hinunter.

Chase Buell ging voraus, und während wir hinunterstiegen, einer die Hand am Gürtel des anderen, kehrten wir zu jenem Tag vor einem Jahr zurück, als wir dieselbe Treppe hinuntergestiegen waren, um an der einzigen Party teilzunehmen, die die Lisbon-Mädchen je steigen lassen durften. Als wir unten ankamen, hatten wir das Gefühl, tatsächlich in die Vergangenheit zurückgekehrt zu sein. Zwar bedeckten ungefähr zwei Zentimeter Flutwasser den Boden, sonst jedoch sah der Raum aus, wie wir ihn verlassen hatten: Nach Cecilias Party war niemals saubergemacht worden. Das Papiertischtuch, mit Mäusekot gesprenkelt, lag immer noch auf dem Klapptisch ausgebreitet. Ein bräunlicher Matsch übriggebliebener Bowle lag vertrocknet und von Fliegen durchsetzt in der Kristallbowle. Das Sorbet war lange geschmolzen, aber ein Löffel ragte noch aus dem klebrigen Schlamm heraus, und Becher, die von Staub und Spinnweben grau waren, standen gestapelt davor. Massenhaft verschrumpelte Ballons hingen an dünnen Bändern von der Decke. Das Dominospiel wartete immer noch auf eine Drei oder Sieben.

Wir wußten nicht, wohin die Mädchen verschwunden waren. Die Wasserfläche kräuselte sich, als wäre soeben etwas vorübergeschwommen oder untergetaucht. Der glucksende Abfluß rülpste in Abständen. Das Wasser leckte an den Wänden, spiegelte unsere rosigen Gesichter und die roten und blauen Luftschlangen über uns. Die Veränderungen im Raum – Wasserkäfer hingen an den Wänden, eine tote Maus lag im Wasser – ließen das, was sich nicht verändert hatte, nur um so stärker hervortreten. Wenn wir die Augen halb zumachten und uns die Nasen zuhielten, konnten wir uns einreden, die Party sei noch in vollem Gange. Buzz Romano watete zum Tisch, und während wir alle zusahen, begann er zu tanzen, einen Quickstep, den seine Mutter ihm in der fürstlichen Pracht ihres Wohnzimmers beigebracht hatte. Er hielt nur Luft im Arm, aber wir konnten sie sehen – alle fünf, von seinen Armen eingeschlossen. »Diese Mädchen machen mich ganz verrückt. Wenn ich doch nur eine mal anlangen könnte«, sagte er, während seine Schuhe sich mit Schlick füllten und wieder leerten. Durch sein Tanzen wurde der Kloakengeruch aufgewirbelt und danach, intensiver denn je, der Geruch, den wir nie wieder vergessen konnten. Da nämlich sahen wir über Buzz Romanos Kopf das einzige, das sich in dem Raum verändert hatte, seit wir ihn im Jahr zuvor verlassen hatten. Zwischen den geschrumpften Ballons hingen die beiden braun-weißen Schuhe Bonnies herab. Sie hatte den Strick am selben Balken festgemacht wie die Dekorationen.

Keiner von uns rührte sich. Buzz Romano, der nichts merkte, tanzte weiter. Bonnie, die in einem rosaroten Kleid über ihm hing, sah sauber und festlich aus, wie eine *piñata*. Es dauerte eine Weile, ehe es ins Bewußtsein drang. Wir sahen zu Bonnie hinauf, zu ihren dünnen Beinen in den weißen Konfirmationsstrümpfen, und die Scham, die nie wieder vergangen ist, überwältigte uns. Die Ärzte, die wir später aufsuchten, schrieben unsere Reaktion dem Schock zu. Aber es fühlte sich mehr wie Schuld an, so als sei man im letzten Moment und zu spät aufmerksam geworden, als spräche Bonnie flüsternd vom Geheimnis nicht nur ihres Todes, sondern ihres Lebens und des Lebens ihrer

Schwestern. Sie war so still. Sie hatte ein so ungeheures Gewicht. In die Sohlen ihrer nassen Schuhe waren kleine Glimmerstückchen eingedrückt. Sie tropften und blitzten.

Wir hatten sie nie gekannt. Sie hatten uns hierher kommen lassen, damit wir das erkennen konnten.

Wie lange wir so blieben, im Austausch mit ihrem entflohenen Geist, wissen wir nicht mehr. Aber doch so lange, daß unsere Atemzüge einen Lufthauch in Bewegung setzten, unter dem Bonnie sich an ihrem Strick drehte. Sie drehte sich langsam, und einmal brach ihr Gesicht durch das Gewirr von Ballons und zeigte uns die Realität des Todes, den sie gewählt hatte. Es war eine Welt, in der die Augenhöhlen schwarz wurden, das Blut sich in den unteren Extremitäten staute, die Gelenke steif wurden.

Schon wußten wir den Rest – wenn wir uns auch über den Ablauf der Ereignisse niemals sicher sein würden. Wir streiten heute noch darüber. Höchstwahrscheinlich starb Bonnie, während wir im Wohnzimmer saßen und von weiten Landstraßen träumten. Mary steckte kurz danach ihren Kopf ins Backrohr des Herdes, als sie hörte, wie Bonnie den Koffer unter sich wegstieß. Sie wollten einander helfen, falls es nötig sein sollte. Mary atmete vielleicht noch, als wir auf unserem Weg nach unten vorbeikamen, sie in der Dunkelheit um knapp einen halben Meter verfehlten, wie wir später nachmaßen. Therese, mit Schlaftabletten vollgestopft, die sie mit Gin hinuntergespült hatte, war um die Zeit, als wir das Haus betraten, schon so gut wie tot. Lux war die letzte, die starb, zwanzig oder dreißig Minuten, nachdem wir gegangen waren. Flüchtend, lautlos schreiend, vergaßen wir, in die Garage zu sehen, aus der noch Musik schallte. Sie fanden sie auf dem vorderen Sitz, mit grauem Gesicht und in heiterer Ruhe, in der Hand einen Zigarettenanzünder, dessen Windungen sich in ihre Handfläche eingebrannt hatten. Sie war im Wagen geflohen, genau wie wir erwartet hatten. Aber sie hatte uns, wie sich zeigte, die Hosen nur aufgeknöpft, um uns hinzuhalten, damit sie und ihre Schwestern in Frieden sterben konnten.

5

Wir kannten sie jetzt. Kannten die Fahrweise des Dünnen, das plötzliche Gasgeben auf der Hälfte der Strecke, sein vorsichtiges Abbiegen, seine Gewohnheit, die Einfahrt der Lisbons falsch einzuschätzen, so daß er immer über den Rasen holperte. Wir kannten den tiefer werdenden Ton, den eine Sirene beim Vorbeifahren hervorbrachte, ein Phänomen, das Therese richtig als den Doppler-Effekt identifizierte, als der Notwagen das drittemal kam; aber beim viertenmal nicht mehr, weil sie da selbst immer tiefer sank, sich in langsamen Spiralen in die Tiefe drehte, ein Gefühl, wie wenn man durch die eigenen Eingeweide gesogen wird. Wir wußten, daß der Dicke empfindliche Haut hatte und von Pickeln geplagt war, daß er einen Metallkeil auf dem Absatz seines Schuhs trug, weil sein linkes Bein kürzer war als sein rechtes, und daß er ein unregelmäßiges klickendes Geräusch machte, wenn er die Asphalteinfahrt hinaufhoppelte. Wir wußten, daß der Dünne zu fettigem Haar neigte, denn als sie kamen, um Cecilia zu holen, hatte sein langes Haar ausgesehen wie das von Bob Seeger, jetzt aber, ein Jahr später, war die ganze Fülle weg, und er sah aus wie eine gebadete Maus. Wir wußten immer noch nicht ihre richtigen Namen, aber allmählich konnten wir uns ihr Sanitäterleben vorstellen, den Geruch der Verbände und Sauerstoffmasken, den Geschmack des Unglücks auf beatmeten Mündern, das Gefühl, wie das Leben auf der anderen Seite ihrer eigenen keuchenden Gesichter verebbte, das Blut, die verspritzte Gehirnmasse, die hervorquellenden Augen und – in unserer eigenen Straße – die Serie toter Mädchen, die Kettenarmbänder mit Anhängern trugen und goldene Medaillons in Herzform.

Als sie das viertemal kamen, begannen sie langsam das Vertrauen zu verlieren. Der Wagen hielt so ruckartig an wie immer, die Reifen rutschten, die Türen flogen auf, aber als die beiden Sanitäter heraussprangen, hatten sie ihr beherztes Auftreten verloren und waren unverkennbar nur noch zwei Männer, die Angst hatten, gedemütigt zu werden. »Es sind wieder die zwei Männer«, sagte Zachary Larson, fünf. Der Dicke warf dem Dünnen einen Blick zu, und sie machten sich auf den Weg zum Haus, diesmal ohne Geräte. Mrs. Lisbon machte ihnen mit weißem Gesicht auf. Sie zeigte ins Haus hinein, ohne etwas zu sagen. Als die Sanitäter eintraten, blieb sie an der Tür stehen und zog den Gürtel ihres Morgenrocks fester. Sie rückte den Abtreter zweimal mit der Zehenspitze gerade. Bald kamen die Sanitäter wieder herausgerannt, verändert und wie elektrisiert, und holten die Trage. Eine Minute später trugen sie Therese hinaus, mit dem Gesicht nach unten. Das bis zur Taille hochgerutschte Kleid enthüllte ihre unvorteilhafte Unterwäsche, die die Farbe einer Sportbandage hatte. Die Knöpfe auf dem Rücken waren aufgegangen und zeigten ein Stück pilzfarbenen Rücken. Ihre Hand fiel immer wieder von der Trage, obwohl Mrs. Lisbon sie jedesmal wieder hinaufschob. »Bleib«, befahl sie, der Hand anscheinend. Aber die Hand hüpfte wieder weg. Mrs. Lisbon ließ es sein, ihre Schultern erschlafften, sie schien aufzugeben. In der nächsten Sekunde rannte sie neben Therese her, hielt ihren Arm und murmelte etwas, das manche Leute als »Nicht du auch noch« verstanden, und Mrs. O'Connor, die im College Theater gespielt hatte, als »Ach, allzu grausam«.

Wir waren zu dieser Zeit schon in unseren Betten und täuschten Schlaf vor. Draußen setzte sich Sheriff eine Sauerstoffmaske auf, um in die Garage zu gehen und die automatische Tür zu heben. Als sie sich öffnete (so erzählte man uns), kam nichts heraus, kein Qualm, wie alle erwartet hatten, nicht einmal eine Spur von Gas, in dem alles schimmerte wie eine Fata Morgana – der Kombi stand ratternd da, und weil Sheriff versehentlich noch auf einen anderen Schalter gedrückt hatte, liefen die Scheibenwischer wie verrückt. Der Dicke ging ins Haus, um Bonnie vom Balkon herunterzuholen, und stellte dabei einen Stuhl auf den anderen wie ein Zirkusakrobat. Mary fanden sie in der Küche, nicht tot, aber beinahe, Kopf und Oberkörper im Backrohr, als hätte sie es reinigen wollen. Ein zweiter Notwagen kam (das einzige Mal, daß dies geschah) und brachte zwei Sanitäter mit, die tüchtiger waren als Sheriff und der Dicke. Sie stürmten hinein und retteten Mary das Leben. Fürs erste.

Strenggenommen lebte Mary noch über einen Monat weiter, obwohl alle es anders empfanden. Nach dieser Nacht sprachen die Leute von den Lisbon-Mädchen in der Vergangenheit, und wenn sie Mary überhaupt erwähnten, so mit dem heimlichen Wunsch, sie möge sich doch beeilen und es hinter sich bringen. Tatsächlich überraschten die Selbstmorde am Ende nur wenige. Selbst wir, die wir versucht hatten, die Mädchen zu retten, hielten uns vorübergehend für verrückt. In der Rückschau verlor Bonnies verbeulter Koffer seine Assoziationen von Reise und Flucht und wurde zu dem, was er war: eine Fallvorrichtung beim Erhängen wie die Sandsäcke in alten Westernfilmen. Aber wenn auch alle darin übereinstimmten, daß die Selbstmorde so vorhersehbar gewesen waren wie die Jahreszeiten oder das Alter, konnten wir uns doch nie auf eine Erklärung für sie einigen. Die letzten Selbstmorde schienen Dr. Hornickers Theorie zu bestätigen, daß die Mädchen an posttraumatischem Streßsyndrom gelitten hatten, aber Dr. Hornicker selbst distanzierte sich später von dieser Schlußfolgerung. Cecilias Selbstmord mochte zur Nachahmung geführt haben, aber das erklärte nicht, warum sie sich überhaupt das Leben genommen hatte.

Bei einem in aller Eile zusammengerufenen Lions-Club-Treffen sprach Dr. Hornicker, als Gastreferent, die Möglichkeit eines chemischen Zusammenhangs an und berief sich dabei auf eine neue Studie über »Blutplättchen-Serotonin-Rezeptor-Indices bei suizidalen Kindern«. Dr. Kotbaum vom Western Psychiatric Institute hatte festgestellt, daß viele suizidgefährdete Personen einen Mangel an Serotonin aufwiesen, ein Neurotransmitter, der für die Stimmungsregulierung von wesentlicher Bedeutung ist. Da die Serotonin-Studie erst nach Cecilias Selbstmord veröffentlicht worden war, hatte Dr. Hornicker nie ihren Serotoninspiegel gemessen. Er untersuchte jedoch eine Blutprobe von Mary, die einen leichten Mangel an Serotonin zeigte. Sie bekam Medikamente, und nach zwei Wochen psychologischer Tests und intensiver Therapie wurde ihr Blut von neuem untersucht. Zu diesem Zeitpunkt zeigte sich ihr Serotoninspiegel normal.

Was die anderen Mädchen anging, so wurden sie gemäß dem Gesetz, das bei Todesfällen durch Selbstmord eine amtliche Untersuchung vorschreibt, alle obduziert. Der Gesetzgeber ließ der Polizei in solchen Fällen viel Spielraum, und die Tatsache, daß man bei Cecilia auf eine Autopsie verzichtete, veranlaßte viele zu glauben, man verdächtigte jetzt Mr. und Mrs. Lisbon eines Verbrechens oder wollte sie unter Druck setzen, damit sie aus dem Ort fortzogen. Ein Coroner, der mit zwei matten Assistenten aus der Stadt angereist kam, öffnete Hirne und Körperhöhlen der Mädchen und sah sich von innen das Geheimnis ihrer Hoffnungslosigkeit an. Sie arbeiteten nach der Fließbandmethode: Die Assistenten rollten jedes Mädchen an dem Arzt vorbei, und der rückte ihnen mit seiner Tischsäge, seinem Schlauch und seinem Staubsauger zu Leibe. Fotografien wurden gemacht, aber niemals freigegeben. Wir hätten es allerdings sowieso nicht fertiggebracht, sie uns anzusehen. Wir lasen jedoch den

Befund des Coroner, dessen farbiger Stil den Tod der Mädchen genauso irreal machte wie die Nachrichtenreportagen. Er schrieb von der unglaublichen Sauberkeit der Körper der Mädchen, den jüngsten Leichen, mit denen er je zu tun gehabt hatte, die keinerlei Zeichen von Verfall oder Alkoholismus zeigten. Ihre glatten blauen Herzen sahen aus wie Wasserballons, und ihre anderen Organe zeigten eine ähnlich lehrbuchhafte Reinheit. Bei älteren Menschen oder chronisch Kranken verlieren die Organe im allgemeinen ihre Form, sie vergrößern sich, verändern die Farbe, wachsen mit Organen zusammen, mit denen sie gar nichts zu tun haben, so daß die meisten Innereien, wie der Coroner es formulierte, aussehen, »wie eine Müllkippe«. Die Lisbon-Mädchen jedoch waren wie »etwas hinter Glas. Wie Ausstellungsstücke«. Es machte den Coroner traurig, diese makellosen Körper zerschneiden und durchbohren zu müssen, und mehrmals wurde er von Emotionen überwältigt. Einmal schrieb er eine Notiz für sich an den Rand: »Siebzehn Jahre in diesem Geschäft, und ich bin reif zum Körbeflechten.« Doch er hielt durch und fand den Klumpen halbverdauter Tabletten, der in Thereses Krummdarm festsaß, die abgeschnürte Stelle an Bonnies Speiseröhre, die Kohlenmonoxidschwemme in Lux' lauwarmem Blut.

Miss Perl, deren Story in der Abendzeitung erschien, wies als erste auf die Bedeutung des Datums hin. Die Mädchen hatten sich, wie sich zeigte, das Leben am sechzehnten Juni genommen, dem Jahrestag von Cecilias Versuch, durch Aufschneiden der Pulsadern Selbstmord zu verüben. Miss Perl maß dem große Bedeutung bei, sprach von »düsteren Omen, die ihre Schatten vorauswarfen« und von »unheimlichen Zusammentreffen« und löste so ganz ohne fremde Hilfe die steigende Spekulationssucht aus, die bis heute weiterbesteht. In ihren nachfolgenden Artikeln – alle zwei oder drei

Tage einer, zwei Wochen lang – stieg sie vom teilnahmsvollen Register der Mittrauernden auf die knallharte Präzision der Hintergrundberichterstatterin um, die sie all ihren Bemühungen zum Trotz nie wurde. Sie klapperte in ihrem blauen Pontiac das ganze Viertel ab und stückelte Reminiszenzen zu einer hieb- und stichfesten Schlußfolgerung zusammen, die weit weniger zutreffend war als die unsere, die voller Löcher ist. Unter der brechreizerzeugenden Wirkung von Miss Perls hartnäckigen Fragen würgte Amy Schraff, Cecilias alte Freundin, eine Erinnerung aus vorsuizidalen Tagen heraus: Eines langweiligen Nachmittags hatte Cecilia sie aufgefordert, sich auf ihr Bett unter das Tierkreiszeichen-Mobile zu legen. »Mach die Augen zu und mach sie nicht wieder auf«, hatte sie gesagt. Dann öffnete sich die Tür, und die anderen Schwestern kamen ins Zimmer. Sie legten ihre Hände auf Amys Gesicht und Körper. »Mit wem möchtest du Verbindung aufnehmen?« fragte Cecilia. »Mit meiner Großmutter«, antwortete Amy. Die Hände lagen kühl auf ihrem Gesicht. Jemand zündete ein Räucherstäbchen an. Ein Hund bellte. Nichts geschah.

Auf dieser Episode, die so wenig ein Beweis für Spiritismus ist wie das Auftauchen von Kaffeesatz in der Kaffeemaschine, begründete Miss Perl ihre Behauptung, bei den Selbstmorden handele es sich um ein esoterisches Ritual der Selbstopferung. Ihr dritter Artikel, mit der Überschrift ›Selbstmorde könnten auf Pakt beruht haben‹, skizzierte die typische Verschwörungstheorie, der zufolge die Mädchen die Selbstmorde in Übereinstimmung mit einem nicht näher bestimmten astrologischen Ereignis planten. Cecilia war lediglich zuerst aufgetreten, während ihre Schwestern in den Kulissen gewartet hatten. Kerzen erleuchteten die Bühne. Im Orchestergraben begann *Cruel Crux* zu heulen. Das Programm, das wir im Zuschauerraum hielten, zeigte ein Bild der Jungfrau Maria. Miss Perl choreografierte das alles sehr geschickt. Nur eines konnte sie nie erklären: Warum die Mädchen den Tag von Cecilias *versuchtem* Selbstmord wählten und nicht den ihres Todes drei Wochen später am neunten Juli.

Doch diese Diskrepanz störte niemanden. Nach den Selbstmorden stürzten sich die Medien geballt auf unser Viertel. Die drei lokalen Fernsehsender schickten Nachrichtenteams, und selbst ein nationaler Berichterstatter erschien mit seinem Wohnwagen. Er hatte in einer LKW-Raststätte am Südwestzipfel unseres Staates von den Selbstmorden gehört und war gleich hergefahren, um sich selbst umzusehen. »Ich glaube allerdings nicht, daß ich was schießen werde«, sagte er. Trotzdem stellte er seinen Wohnwagen unten an der Straße ab, und von da an sahen wir ihn entweder in seinen mit Schottenkaro bezogenen Sitzen flegeln oder auf dem Campingherd Hamburger braten. Unbeeindruckt vom angegriffenen Zustand der Eltern, brachten die lokalen Nachrichtenteams sofort Berichte. Da sahen wir dann die Aufnahmen des Lisbon-Hauses, die früher gemacht worden waren – ein langweiliger Schwenk über Dach und Haustür, Überleitung zu einer Zusammenfassung, die jeden Abend dieselben fünf Gesichter zeigte: Cecilias Foto aus dem Jahrbuch, gefolgt von ähnlichen ihrer Schwestern. Die Liveberichterstattung steckte zu jener Zeit noch in den Kinderschuhen, und es kam häufig vor, daß die Mikrofone ausfielen, Lampen ausbrannten, so daß die Reporter im Dunkeln sprechen mußten. Zuschauer, die das Fernsehen noch nicht langweilig fanden, kämpften darum, ihre Köpfe ins Bild zu bekommen. Jeden Tag versuchten die Reporter Mr. und Mrs. Lisbon zu interviewen, und jeden Tag scheiterten sie. Aber bis zur Sendezeit gelang es ihnen, sich Zutritt zu den Zimmern der Mädchen zu verschaffen, so schien es jedenfalls angesichts all der intimen Dinge, die sie mitbrachten. Ein Reporter hielt ein Hochzeitskleid hoch, das im selben

Jahr angefertigt war wie das Cecilias, und abgesehen von dem unversehrten Saum, konnten wir es nicht von dem Cecilias unterscheiden. Ein anderer Reporter schloß seinen Bericht mit dem Verlesen eines Briefes, den Therese an die Zulassungsstelle der Brown-Universität geschrieben hatte – »ironischerweise«, wie er es ausdrückte, »nur drei Tage bevor sie allen Träumen von einem Collegestudium oder irgend etwas anderem ein Ende bereitete«. Mit der Zeit fingen die Reporter an, die Lisbon-Mädchen beim Vornamen zu nennen, und unterließen es, medizinische Fachleute zu interviewen, statt dessen sammelten sie Reminiszenzen. Wie wir wurden sie zu Verwaltern des Lebens der Mädchen, und hätten sie die Aufgabe zu unserer Zufriedenheit erfüllt, so wären wir vielleicht nie gezwungen gewesen, endlos auf den Pfaden von »Hypothese und Erinnerung« herumzuirren. Aber immer seltener fragten die Reporter danach, warum die Mädchen sich das Leben genommen hatten. Statt dessen erzählten sie von den Hobbys und den schulischen Auszeichnungen der Mädchen. Wanda Brown von Channel Seven grub ein Foto von Lux aus, das sie im Bikini im Schwimmbad zeigt, wie sie sich von einem Rettungsschwimmer ihr Stupsnäschen mit Zinkoxid einreiben läßt. Jeden Abend bescherten uns die Reporter eine neue Anekdote oder ein neues Foto, aber ihre Entdeckungen hatten nichts mit dem zu tun, was die Wahrheit war, und nach einer Weile schien es uns, als berichteten sie von anderen Menschen. Pete Patillo von Channel Four sprach von Thereses »Liebe zu Pferden«, obwohl wir Therese niemals in der Nähe eines Pferdes gesehen hatten, und Tom Thomson auf Channel Two verwechselte immer wieder die Namen der Mädchen. Die Reporter trugen die zweifelhaftesten Behauptungen als Fakten vor und brachten Einzelheiten von Berichten durcheinander, die im Grunde richtig waren (auf diese Weise erschien Cecilias schwarze Unterwäsche auf der

Wachspuppe, die Pete Patillo den Leuten als Mary verkaufte). Die Erkenntnis, daß für alle in der Stadt die Nachrichten das Evangelium waren, demoralisierte uns nur noch tiefer. Leute, die unserer Meinung nach Außenseiter waren, hatten kein Recht, von Cecilia als der »Verrückten« zu sprechen. Denn sie hatten sich diese Schlagwörter ja nicht als Quintessenz sorgfältiger Destillation soliden Wissens aus erster Hand angeeignet. Zum erstenmal überhaupt empfanden wir so etwas wie Sympathie für den Präsidenten, weil wir sahen, welche unglaublichen Fehldarstellungen unseres Spezialgebiets sich Leute erlaubten, die gar nicht in der Lage waren, zu wissen, was vorging. Selbst unsere Eltern schienen zunehmend mit der Fernsehversion der Dinge übereinzustimmen. Sie hörten sich die Albernheiten der Reporter an, als könnten sie uns die Wahrheit über unser eigenes Leben sagen.

Nach dem »Freie Bahn für alle« gaben Mr. und Mrs. Lisbon jeden Versuch auf, ein normales Leben zu führen. Mrs. Lisbon ging nicht mehr zur Kirche, und als Pater Moody sie aufsuchen wollte, um sie zu trösten, öffnete ihm niemand. »Ich habe immer wieder geläutet«, erzählte er uns. »Nichts zu machen.« Während Marys Aufenthalt im Krankenhaus ließ Mrs. Lisbon sich nur ein einziges Mal sehen. Herb Pitzenberger beobachtete, wie sie mit einem Stapel Manuskriptblätter auf die hintere Veranda hinausging. Sie legte sie auf einen Haufen und zündete sie an. Wir erfuhren nie, was es mit ihnen auf sich hatte.

Ungefähr um diese Zeit erhielt Miss Carmina D'Angelo einen Anruf von Mr. Lisbon, der sie bat, das Haus wieder zum Verkauf anzubieten (er hatte das Angebot kurz nach Cecilias Selbstmord zurückgezogen). Miss D'Angelo machte ihn taktvoll darauf aufmerksam, daß der gegenwärtige Zustand des Hauses einen Verkauf nicht begünstigte, aber Mr. Lisbon sagte nur: »Das ist mir klar. Ich hab schon jemanden bestellt.«

Es zeigte sich, daß es Mr. Hedlie war, der Englischlehrer an unserer Schule. Den Sommer über ohne Arbeit, fuhr er in seinem VW Käfer vor, dessen Stoßstange noch ein Aufkleber zierte, der für den letzten durchgefallenen demokratischen Präsidentschaftskandidaten warb. Als er ausstieg, trug er nicht wie in der Schule Blazer und lange Hosen, sondern ein Dashiki in Knallgrün und Gelb sowie Eidechsensandalen. Sein Haar hing ihm über die Ohren, und er bewegte sich lässig schlaksig wie eben Lehrer in den Ferien, wenn sie wieder ein wildes Leben aufnehmen. Aber wenn er auch aussah wie der Sprecher einer Kommune, so machte er sich doch mit aller Ernsthaftigkeit an die Arbeit und schaffte innerhalb von drei Tagen Berge von Müll aus dem Lisbon-Haus heraus. Während Mr. und Mrs. Lisbon in ein Motel zogen, übernahm Mr. Hedlie das Regiment im Haus, warf Skier weg, Wasserfarben, Säcke voller Kleider, einen Hula-Hoop-Reifen. Er schleppte das durchgesessene braune Sofa nach draußen und sägte es einfach in der Mitte durch, als es nicht durch die Tür ging. Er füllte Müllsäcke mit Topflappen, alten Rabattmarken, Stapeln alter Krawatten, ausrangierten Schlüsseln. Wir sahen ihn der Wildnis jedes einzelnen Zimmers zu Leibe rücken und mit der Kehrschaufel dreinzuschlagen, und vom dritten Tag an begann er wegen des Staubs ein Mundtuch zu tragen. Er sprach uns nie mehr mit seinen obskuren griechischen Redewendungen an und zeigte kein Interesse an unseren Baseballspielen auf dem Spielplatz, sondern erschien jeden Morgen mit dem hoffnungslosen Blick eines Menschen, der einen Sumpf mit einem Löffel trockenlegen muß. Als er Teppiche herausriß und Handtücher wegwarf, entfesselte er ganze Geruchswellen im Haus, und viele Leute glaubten, er trüge das Mundtuch zum Schutz nicht vor dem Staub, sondern vor den Ausdünstungen der Lisbon-Mädchen, die noch in Bettzeug und Gardinen hingen, in den zerrissenen Tapeten, in den fleckigen Teppichen, die unter Kommoden und Nachttischen noch wie neu waren. Am ersten Tag beschränkte sich Mr. Hedlie auf das Erdgeschoß, aber am zweiten Tag wagte er sich in das geplünderte Serail der Mädchenzimmer, wo er knöcheltief in Kleidungsstücken watete, die die Musik einer vergangenen Zeit ausströmten. Als er hinter einem Bett Cecilias nepalesischen Schal hervorzog, begrüßte ihn an jedem gefransten Ende das Bimmeln grün angelaufener Glöckchen. Sprungfedern ächzten, als er die Betten hochkant stellte. Aus Kissen schneite es Schuppen toter Haut.

Er leerte sechs Borde des oberen Schranks, warf Stapel von Badetüchern und Waschlappen hinaus, ausgefranste Matratzenauflagen mit rosen- oder zitronenfarbenen Flecken, Decken, die vom Schlafatem der Mädchen durchtränkt waren. Auf dem obersten Bord fand er die Hausapotheke und warf alles, was dazugehörte, restlos weg – eine Wärmflasche von der Farbe entzündeter Haut, ein mitternachtsblaues Glas Wick VapoRub, innen mit Fingerabdrücken, einen Schuhkarton voll Salben gegen Fußpilz und Bindehautentzündung, Cremes für die unteren Regionen, Metalltuben, verbeult, ausgequetscht oder aufgerollt wie Scherzartikel. Außerdem: orangefarbene Aspirintabletten, die die Mädchen wie Bonbons lutschten, ein altes Thermometer (leider oral) im schwarzen Plastiketui, dazu eine Vielfalt anderer Instrumente, die auf oder in die Körper der Mädchen gelegt, gedrückt oder eingeführt worden waren. Kurz, all die irdischen Mixturen, die Mrs. Lisbon über die Jahre gebraucht hatte, um ihre Töchter am Leben und bei guter Gesundheit zu halten.

Damals fanden wir die Alben von den Grand Rapid Gospelers, Tyrone Little and the Believers und den Rest. Jeden Abend, wenn Mr. Hedlie, mit einem weißen Film bedeckt, der ihn dreißig Jahre älter machte, gegangen war, kramten wir das Allerlei aus Schätzen und wertlosem Zeug durch, das er am Bordstein abstellte. Es erstaunte uns, daß Mr. Lisbon ihm in solchem Maß freie Hand ließ; Mr. Hedlie warf nämlich nicht nur leicht ersetzbare Gegenstände wie Schuhkremdosen weg (bis auf den silbernen Grund ausgehöhlt), sondern auch Familienfotos, einen funktionierenden Füller und einen Streifen Packpapier, auf dem das jährliche Wachstum sämtlicher Lisbon-Töchter markiert war. Das letzte, was Mr. Hedlie hinausbrachte, war das ausgehöhlte Fernsehgerät, das Jim Crotter mit nach Hause nahm, nur um drinnen den Leguan zu finden, mit dem Therese Biologie unterrichtet hatte. Sein Schwanz war abgerissen, und die Klappe in seinem Bauch, durch die man diverse numerierte Plastikorgane begutachten konnte, fehlte. Wir nahmen natürlich die Familienfotos, und nachdem wir in unserem Baumhaus eine ständige Sammlung angelegt hatten, verteilten wir die restlichen, indem wir Strohhalme zogen. Die meisten Aufnahmen waren Jahre früher entstanden, in einer, wie es scheint, glücklicheren Zeit endloser Familiengrillfeste. Ein Foto zeigt die Mädchen im Schneidersitz auf der Gartenwippe (der Fotograf hält den Apparat schräg), die vom Gegengewicht eines rauchenden *hibachi* hochgehalten wird. (Leider haben wir kürzlich festgestellt, daß dieses Foto, Beweisstück Nr. 47, aus seinem Umschlag verschwunden ist.) Sehr gern haben wir auch die Serie Totempfahl-Fotos, die in einem Touristenzentrum aufgenommen wurden und auf denen jedes Mädchen sein Gesicht einem heiligen Tier leiht.

Aber trotz all dieser Zeugnisse vom Leben der Mädchen und auch vom plötzlichen Auseinanderfallen der Familie (ungefähr von dem Zeitpunkt an, als Therese zwölf wurde, gibt es praktisch keine Fotos mehr) erfuhren wir nur wenig mehr über die Mädchen, als wir schon wußten. Es war, als könnte das Haus bis in alle Ewigkeit Müll speien, eine Flutwelle nicht zusammengehöriger Schuhe und auf Bügeln vogelscheuchenhaft übereinandergestülpte Kleider, und wir wüßten, auch wenn wir alles durchgesiebt hätten, immer noch nichts. Doch der Strom hatte ein Ende. Drei Tage, nachdem Mr. Hedlie sich im Haus erste Bahn gebrochen hatte, kam er heraus, öffnete die Haustür und stieg die Vordertreppe hinunter, um neben dem Schild ›Zu verkaufen‹ ein zweites, kleines Schild mit der Aufschrift ›Flohmarkt‹ aufzustellen. An diesem und den zwei folgenden Tagen bot Mr. Hedlie einen Warenbestand an, zu dem nicht nur die angeschlagenen Tassen und Teller eines privaten Flohmarkts gehörten, sondern die soliden dauerhaften Stücke, die sonst bei einer Haushaltsauflösung angeboten werden. Alle gingen hin, nicht um zu kaufen, sondern nur, um in das Lisbon-Haus hineinzukommen, sauber und luftig jetzt, von Fichtennadelduft durchzogen. Mr. Hedlie hatte die ganze Bettwäsche weggeworfen, alles, was einmal den Mädchen gehört hatte, und alles, was beschädigt war, so daß nur Möbel geblieben waren, mit Leinöl eingeriebene Tische, Küchenstühle, Spiegel, Betten, und jedes Stück war mit einem ordentlichen weißen Schildchen versehen, das in seiner weibischen Handschrift den Preis auswies. Die Preise waren endgültig; auf Feilschen ließ er sich nicht ein. Wir wanderten durch das Haus, oben und unten, berührten die Betten, in denen die Mädchen nie wieder schlafen würden, und die Spiegel, die nie wieder ihr Bild zeigen würden. Unsere Eltern kauften keine gebrauchten Möbelstücke und schon gar nicht Möbelstücke, die mit Tod befleckt waren, aber sie sahen sich um wie die anderen, die auf die Zeitungsannonce kamen. Ein bärtiger griechisch-orthodoxer Priester erschien mit einer Gruppe molliger Witwen. Nachdem sie wie die Ziegen herumgemeckert und über alles die Nase gerümpft hatten, möblierten die Witwen das Schlafzimmer des Priesters im neuen Pfarrhaus mit Marys Himmelbett, Thereses Walnußkommode, Lux' chinesischer Laterne und Cecilias Kruzifix. Andere kamen und schafften das Mobiliar des Hauses Stück für Stück fort. Mrs. Krieger fand die Zahnspange ihres Sohnes Kyle auf einem Ausstellungstisch vor der Garage, und nachdem es ihr nicht gelungen war, Mr. Hedlie davon zu überzeugen, daß sie ihrem Sohn gehörte, kaufte sie sie für drei Dollar zurück. Das letzte, was wir sahen, war ein Mann mit einem Schnauzbart, der das Segelschiffmodell im Kofferraum seines Eldorado verfrachtete.

Wenn auch am Haus nichts repariert worden war, so war doch das Innere wieder vorzeigbar, und innerhalb der nächsten Wochen gelang es Miss D'Angelo, das Haus an das junge Ehepaar zu verkaufen, das noch heute dort lebt, allerdings nicht mehr jung genannt werden kann. Damals jedoch, in der ersten Begeisterung darüber, etwas Geld zu haben, machten die beiden ein Angebot, das Mr. Lisbon annahm, obwohl es weit unter dem Preis lag, den er selbst bezahlt hatte. Das Haus war mittlerweile fast völlig leer; das einzige, was noch da war, war Cecilias Gedenkschrein, eine formlose weiche Masse Kerzenwachs, die mit dem Fensterbrett verschmolzen war und die Mr. Hedlie aus Aberglauben nicht angerührt hatte. Wir dachten, wir würden Mr. und Mrs. Lisbon nie wiedersehen, und begannen da schon, das Unmögliche zu versuchen: sie zu vergessen. Unseren Eltern, die zu ihren Tennisplätzen und ihren Cocktail-Partys zurückkehrten, schien das besser zu gelingen. Sie reagierten auf die letzten Selbstmorde mit mildem Schock, als hätten sie sie ohnehin oder etwas Schlimmeres erwartet, als hätten sie das alles kommen sehen. Mr. Conley rückte die Tweedkrawatte zurecht, die er sogar beim Rasenmähen trug, und sagte: »Der Kapitalismus hat materiellen Wohlstand gebracht, aber geistigen Bankrott.« Gleich anschließend lieferte er uns noch einen Wohnzimmervortrag über menschliche Bedürfnisse und die verheerenden Wirkungen des Konkurrenzkampfes, und obwohl er der einzige Kommunist war, den wir kannten, unterschieden sich seine Ideen von denen aller anderen nur um Nuancen. Ein Übel, das am Herzen des Landes nagte, hatte die Mädchen infiziert. Unsere Eltern meinten, es hätte mit unserer Musik zu tun, unserer Gottlosigkeit oder der lockeren Einstellung zum Sex, den wir noch nicht einmal gehabt hatten. Mr. Hedlie erwähnte, daß es im Wien des *fin de siècle* eine ähnliche Selbstmordwelle unter Jugendlichen gegeben habe, und lastete dies dem Unglück an, in einem untergehenden Imperium zu leben. Das äußerte sich darin, daß die Post nicht pünktlich gebracht und die Schlaglöcher niemals repariert wurden, es äußerte sich in der Korruption im Rathaus oder den Rassenunruhen oder den 801 Bränden, die während der *Devil's Night* in der ganzen Stadt gelegt worden waren. Die Lisbon-Mädchen wurden zum Symbol dessen, was im Land schieflag, und zum Symbol des Leides, das dadurch selbst den unschuldigsten Bürgern zugefügt wurde, und um guten Willen zu zeigen, spendete eine Elterngruppe unserer Schule eine Bank zum Gedenken an die Mädchen. Ursprünglich nur zur Ehrung von Cecilias Andenken vorgesehen (das Projekt war acht Monate vorher, nach dem »Tag der Trauer«, angekurbelt worden), konnte die Bank doch noch rechtzeitig allen Mädchen zusammen gewidmet werden. Es war eine kleine Bank, aus einem Holz von der Oberen Halbinsel gefertigt. »Bestes einheimisches Holz«, sagte Mr. Krieger, der die Maschinen in seiner Luftfilterfabrik umgerüstet hatte, um die Bank herzustellen. Die Tafel trug die schlichte Inschrift: »Zum Andenken an die Lisbon-Mädchen, die Töchter dieser Gemeinde.«

Mary war natürlich zu dieser Zeit noch am Leben, aber diese Tatsache berücksichtigte das Täfelchen nicht. Sie kehrte einige Tage später, nach zweiwöchigem Aufenthalt, aus dem Krankenhaus zurück. Da Dr. Hornicker gewußt hatte, daß sie nicht kommen würden, hatte er Mr. und Mrs. Lisbon gar nicht erst aufgefordert, an den Therapiesitzungen teilzunehmen. Er unterzog Mary der gleichen Serie von Tests wie Cecilia, fand jedoch keinerlei Hinweise auf eine psychische Krankheit wie zum Beispiel Schizophrenie oder manisch-depressive Zustände. »Ihre Ergebnisse wiesen sie als eine relativ gut angepaßte Jugendliche aus. Sie hatte natürlich keine leuchtende Zukunft vor sich. Ich empfahl eine Weiterführung der Therapie zur Verarbeitung des Traumas. Aber wir hatten ihr Serotonin in die Höhe gebracht, und sie sah gut aus.«

Sie kam in ein Zuhause ohne Möbel. Mr. und Mrs. Lisbon, aus dem Motel zurück, kampierten im Elternschlafzimmer. Auch Mary bekam einen Schlafsack. Mr. Lisbon, der über die Tage unmittelbar nach den drei Selbstmorden verständlicherweise nicht gern reden wollte, erzählte uns wenig darüber, in welcher Verfassung Mary nach Hause kam. Elf Jahre zuvor, als die Mädchen noch klein gewesen waren, war die Familie eine Woche vor dem Möbelwagen im neuen Haus eingetroffen. Auch damals hatten sie notdürftig kampieren müssen. Sie hatten auf dem Boden geschlafen und im Licht einer Petroleumlampe Gutenacht-Geschichten gelesen, und merkwürdigerweise hatte Mr. Lisbon diese Erinnerung während der letzten Tage in dem Haus heimgesucht. »Manchmal bin ich mitten in der Nacht aufgewacht und hatte alles vergessen, was geschehen war. Ich bin dann durch den Flur gegangen, und einen Moment lang waren wir wieder gerade erst eingezogen. Die Mädchen schliefen in ihrem Zelt im Wohnzimmer.«

Am anderen Ende dieser Tage alleingelassen, lag Mary in ihrem Schlafsack auf dem harten Boden des Zimmers, das sie jetzt mit niemand mehr zu teilen brauchte. Der Schlafsack war einer von der alten Sorte, mit flauschigem Flanellfutter, das mit toten Enten über rotbemützten Jägern bedruckt war und einer springenden Forelle mit einem Haken im Maul. Obwohl Sommer war, zog sie den Reißverschluß so weit hinauf, daß nur die obere Hälfte ihres Gesichts zu sehen war. Sie schlief lange, sprach wenig und duschte sechsmal am Tag.

Unserem Empfinden nach mußte die Traurigkeit der Lisbons über alles Begriffsvermögen hinausgehen, und wenn wir sie damals, in jenen letzten Tagen sahen, erstaunte uns alles, was sie taten. Wie brachten sie es fertig, sich hinzusetzen und zu essen? Oder abends auf die Veranda hinauszugehen und das kühle Lüftchen zu genießen? Wie konnte Mrs. Lisbon, wie sie das eines Nachmittags tat, heraustorkeln und über ihren ungemähten Rasen laufen, um eines von Mrs. Bates' Löwenmäulchen zu pflücken? Sie hielt es unter ihre Nase, schien unzufrieden über den Duft, stopfte es in ihre Tasche wie ein gebrauchtes Kleenex und ging zur Straße, wo sie mit zusammengekniffenen Augen, da sie ihre Brille nicht aufhatte, um sich blickte. Und Mr. Lisbon parkte jeden Nachmittag den Kombi im Schatten und machte die Kühlerhaube auf, um sich grübelnd über den Motor zu beugen. »Man muß sich beschäftigen«, kommentierte Mr. Eugene dieses Verhalten. »Was bleibt einem denn anderes übrig?«

Mary ging die Straße hinunter und nahm bei Mr. Jessup eine Gesangsstunde, die erste nach einem Jahr. Sie hatte keinen Termin, aber Mr. Jessup konnte sie nicht abweisen. Er setzte sich ans Klavier, führte Mary durch die Tonleitern und steckte dann seinen Kopf in einen Metallpapierkorb, um zu demonstrieren, wie er unter seinem geschulten Vibrato in Schwingungen geriet. Mary sang das Nazilied aus ›Cabaret‹, das sie und Lux an dem Tag geübt hatten, als die Tragödie begann, und Mr. Jessup sagte, all ihr Kummer habe ihrer Stimme einen schmerzlichen Ausdruck und eine Reife verliehen, die weit über ihr Alter hinausgingen. »Sie ging, ohne für die Stunde zu bezahlen«, sagte er, »aber das war das mindeste, was ich tun konnte.«

Es war wieder Hochsommer, über ein Jahr war vergangen, seit Cecilia sich die Pulsadern aufgeschlitzt und das Gift verbreitet hatte. Ein Leck im River-Rouge-Werk erhöhte den Phosphatgehalt im See und brachte einen Abschaum von Algen hervor, der so dick war, daß er Außenbordmotore zum Stillstand brachte. Unser schöner See begann wie ein Seerosenteich auszusehen, bedeckt mit wogendem Schaum. Fischer warfen vom Ufer aus Steine hinein, um Löcher zu schlagen, durch die sie ihre Angelschnüre hinunterlassen konnten. Unerhört, der Morastgeruch, der sich mitten unter den gepflegten Herrenhäusern der Autodynastien mit erhöhten grünen Paddle-Tennisplätzen erhob, gerade jetzt, zu den Schulabschlußfeiern, die unter illuminierten Zelten veranstaltet wurden. Debütantinnen weinten über das Unglück, in einer Saison in die Gesellschaft eingeführt zu werden, die aller Welt wegen ihres üblen Geruchs im Gedächtnis bleiben würde. Die O'Connors jedoch kamen auf den genialen Einfall, dem Debütantinnenball zu Ehren ihrer Tochter Alice das Thema »Asphyxie« zu geben. Die Gäste kamen in Smoking und Gasmasken, Abendkleidern und Astronautenhelmen, und Mr. O'Connor selbst trug einen Tiefseetaucheranzug, dessen gläserne Gesichtsmaske er öffnete, um seinen Bourbon mit Wasser zu schlürfen. Auf dem Höhepunkt der Party, als Alice in einer Eisernen Lunge hinausgerollt wurde, die man für den Abend vom Henry-Ford-Krankenhaus (wo Mr. O'Connor im Aufsichtsrat saß) gemietet hatte, schien der Fäulnisgeruch in der Luft nur noch die Krönung der festlichen Atmosphäre zu sein.

Wie alle anderen gingen auch wir zu Alice O'Connors *Coming-out*-Party, um die Lisbon-Mädchen zu vergessen. Die schwarzen Barkeeper in roten Westen schenkten uns Alkohol ein, ohne nach dem Ausweis zu fragen, und dafür sagten wir auch nichts, als wir sie gegen drei Uhr morgens übriggebliebene Kästen mit Whisky im Kofferraum eines durchhängenden Cadillacs verstauen sahen. Drinnen lernten wir Mädchen kennen, die noch nie daran gedacht hatten, sich das Leben zu nehmen. Wir flößten ihnen Drinks ein, tanzten mit ihnen, bis sie nicht mehr sicher auf den Beinen waren, und führten sie auf die von Fliegengitter eingeschlossene Veranda hinaus. Sie verloren unterwegs ihre hohen Absätze, küßten uns in der schwülen Dunkelheit und huschten dann davon, um sich, wie es sich gehörte, draußen im Gebüsch zu übergeben. Ein paar von uns hielten ihnen den Kopf, als sie sich erbrachen, warteten, bis sie sich den Mund mit Bier ausgespült hatten, dann wurde weitergeküßt. Die Mädchen wirkten monströs in ihren Ballkleidern, die sich um Drahtkäfige herumbauschten. Massen von Haar türmten sich gutgesichert auf ihren Köpfen. Und sie alle, betrunken wie sie waren, ob sie uns küßten oder in einem Sessel bewußtlos wurden, waren auf dem Weg ins College, in die Ehe, in die Mutterschaft, in ein nur diffus wahrgenommenes Unglück – mit anderen Worten, auf dem Weg ins Leben.

In der Hitze des Festes wurden Erwachsenengesichter rot. Mrs. O'Connor fiel aus einem Ohrensessel, und ihr Reifrock schlug über ihrem Kopf zusammen. Mr. O'Connor verschleppte eine Freundin seiner Tochter ins Badezimmer. Alle aus dem Viertel waren in dieser Nacht im Haus der O'Connors, sangen die alten Lieder, die die glatzköpfige Band spielte, oder wanderten durch die Korridore, durch das verstaubte Spielzimmer oder in den Aufzug, der nicht mehr funktionierte. Die Leute hoben ihre Champagnergläser und tranken auf das Comeback unserer Industrie, unserer

Nation, unseres Lebensstils. Draußen lustwandelten Gäste unter venezianischen Lampen, die zum See hinunterleuchteten. Im Mondlicht sah der Algenschaum wie ein Teppich aus, der ganze See wie ein versenktes Wohnzimmer. Jemand fiel hinein, wurde gerettet und auf den Pier niedergelegt. »Ich hab genug«, sagte er lachend. »Leb wohl, grausame Welt.« Er wollte sich wieder in den See wälzen, aber seine Freunde hinderten ihn.

»Ihr versteht mich nicht«, sagte er. »Ich bin ein Teenager. Ich habe Probleme.«

»Sei still!« mahnte eine Frau. »Sie hören dich doch.«

Die Rückseite des Lisbon-Hauses war hinter Baumgruppen sichtbar, aber es brannten keine Lichter, wahrscheinlich weil da schon der Strom abgestellt worden war. Wir gingen wieder ins Haus, wo die Leute sich amüsierten. Die Kellner reichten kleine silberne Schalen mit grünem Eis herum. Auf der Tanzfläche wurde eine Tränengasbombe geöffnet, die harmlosen Dunst verbreitete. Mr. O'Connor tanzte mit Alice. Alle brachten einen Toast auf ihre Zukunft aus.

Wir blieben bis Tagesanbruch. Als wir in die erste alkoholgeschwängerte Morgendämmerung unseres Lebens hinaustraten, waren unsere Lippen vom Küssen geschwollen, und in unseren Mündern lag der Geschmack von Mädchen. Schon hatten wir in gewisser Weise Heirat und Scheidung hinter uns, und Tom Faheem fand in seiner Hosentasche einen Liebesbrief, den der letzte Mieter des Smokings darin vergessen hatte. Die Eintagsfliegen, die in der Nacht ausgeschlüpft waren, hingen noch zitternd an Bäumen und Straßenlampen und machten den Bürgersteig unter unseren Füßen so glitschig, daß es war, als stapften wir durch Süßkartoffeln. Der Tag drohte heiß und drückend zu werden. Wir zogen unsere Jacketts aus und trotteten weiter, die Straße der O'Connors hinauf, um die Ecke, unsere eigene hinunter. In der Ferne, vor dem Lisbon-Haus, stand der Notarztwagen mit blinkenden

Lichtern. Die Sirene hatten sie gar nicht erst eingeschaltet.

Das war der Morgen, an dem die Sanitäter zum letztenmal erschienen und sich unserer Meinung nach viel zu langsam bewegten; der Morgen, als der Dicke die Bemerkung machte, daß das nicht das Fernsehen sei. Sie waren mittlerweile so oft hier gewesen, daß sie gar nicht mehr an die Haustür klopften, sondern schnurstracks hineingingen, an dem Zaun vorbei, der nicht mehr da war, in die Küche, um nachzusehen, ob das Gas an war, dann in den Keller hinunter, wo sie den Balken sauber fanden, und schließlich nach oben, wo sie im zweiten Zimmer, in das sie hineinschauten, das fanden, was sie suchten: die letzte Lisbon-Tochter, in einem Schlafsack und voll mit Schlaftabletten.

Sie war so dick geschminkt, daß die Sanitäter das verrückte Gefühl hatten, sie sei schon vom Bestatter für die Ausstellung im Leichenhaus fertiggemacht worden, und dieser Eindruck hielt an, bis sie sahen, daß ihr Lippenstift und ihr Lidschatten verschmiert waren. Ganz am Ende hatte sie sich noch ein wenig in sich eingekrallt. Sie trug ein schwarzes Kleid und einen Schleier; es erinnerte manche Leute an Jackie Kennedys Trauerkleidung, und es stimmte: Der letzte Zug zur Haustür hinaus, mit den Sanitätern als Sargträgern, begleitet vom Krachen verspäteter Feiertagsraketen in der nächsten Straße, erinnerte tatsächlich an die feierliche Beisetzung einer Persönlichkeit von nationaler Bedeutung. Weder Mr. Lisbon noch Mrs. Lisbon ließen sich sehen, es war also an uns, ihr das letzte Geleit zu geben, und zum letztenmal kamen wir und standen Spalier. Vince Fusilli hielt sein Feuerzeug hoch wie bei einem Rock-Konzert. Eine bessere ewige Flamme hatten wir nicht.

Eine Zeitlang bemühten wir uns, die allgemeinen Erklärungen zu akzeptieren, die das Leiden der Lisbon-Mädchen als rein »historischer Natur« einstuften, gleichen Ursprungs wie andere Teenager-Selbstmorde, jeder Tod Teil eines Trends. Wir versuchten, unser altes Leben wiederaufzunehmen, die Mädchen in Frieden ruhen zu lassen, aber das Lisbon-Haus behielt etwas Gespenstisches, und immer wenn wir hinüberblickten, sahen wir eine Flammenform im Bogen vom Dach aufsteigen oder in einem der oberen Fenster schwanken. Viele von uns hatten weiterhin Träume, in denen uns die Lisbon-Mädchen wirklicher erschienen, als sie im Leben gewesen waren, und wir erwachten mit der Gewißheit, daß der Duft, der sie in jener anderen Welt umgab, noch an unseren Kissen haftete. Beinahe täglich trafen wir uns, um die Zeugnisse, die wir gesammelt hatten, noch einmal durchzusehen, und rezitierten dabei Teile aus Cecilias Tagebuch (die Beschreibung, wie Lux, einem Flamingo ähnelnd, mit hochgezogenem Knie ein kühles Meer testete, war damals bei uns besonders beliebt). Dennoch beendeten wir diese Sitzungen stets mit dem Gefühl, daß wir immer wieder denselben Weg gingen, der nirgendwo hinführte, und wir wurden immer verdrossener und frustrierter.

Wie das Schicksal es wollte, endete am Tag von Marys Selbstmord nach 409 Tagen schiedsgerichtlicher Verhandlungen der Totengräberstreik. Infolge der Länge des Streiks hatten sich die Leichenhäuser schon vor Monaten gefüllt, und die vielen Leichname, die jenseits der Staatsgrenzen auf Beisetzung warteten kamen jetzt in Kühlwagen oder per Flugzeug, je nach Vermögenslage des Verstorbenen, in unseren Staat zurück. Auf dem Chrysler Freeway hatte ein Kühlwagen einen Unfall und kippte um. Die Zeitung brachte daraufhin auf ihrer ersten Seite ein Foto von Metallsärgen, die wie Goldbarren aus dem Lastwagen fielen. An der Massenbeerdigung der Lisbon-Mädchen nahm niemand teil außer Mr. und Mrs. Lisbon, Mr. Calvin Honnicutt, ein Friedhofsarbeiter, der gerade seine

Arbeit wiederaufgenommen hatte, und Pater Moody. Da nur beschränkt Platz vorhanden war, wurden die Mädchen nicht Seite an Seite zur Ruhe gelegt, sondern weit verstreut, so daß die kleine Trauergemeinde im enervierenden Schneckentempo des Friedhofsverkehrs die Runde machen mußte, um von einem Grab zum anderen zu gelangen. Pater Moody behauptete, das dauernde Ein- und Aussteigen habe ihn ganz irre gemacht, so daß er am Ende nicht mehr wußte, welches Mädchen in welchem Grab lag. »Ich mußte die Abschiedsreden etwas allgemein halten«, sagte er. »An dem Tag herrschte auf dem Friedhof ein großes Durcheinander. Immerhin waren ja die Verstorbenen eines ganzen Jahres unterwegs. Überall war alles aufgerissen.« Was Mr. und Mrs. Lisbon anging, so hatte das Unglück sie zu stumpfer Gottergebenheit niedergeschmettert. Sie folgten dem Priester von Grabstätte zu Grabstätte und sprachen kaum etwas. Mrs. Lisbon, die unter Beruhigungsmitteln stand, schaute dauernd in den Himmel hinauf, als suchte sie nach Vögeln. Mr. Honnicutt erzählte uns: »Ich hatte da schon siebzehn Stunden Arbeit hinter mir. Ich hatte allein in dieser Schicht fünfzig Leute begraben. Trotzdem, als ich die Frau gesehen hab, hat's mir das Herz zerrissen.«

Wir sahen Mr. und Mrs. Lisbon, als sie vom Friedhof zurückkamen. Mit Würde stiegen sie aus der langen schwarzen Limousine und gingen zu ihrem Haus. Sie teilten die vorderen Büsche, um Zugang zu den Verandastufen zu finden, und bahnten sich ihren Weg zwischen den Schieferscherben. Zum erstenmal überhaupt bemerkten wir eine Ähnlichkeit zwischen Mrs. Lisbons Gesicht und den Gesichtern ihrer Töchter, aber das mag an dem schwarzen Schleier gelegen haben, den sie der Erinnerung einiger Leute nach trug. Wir selbst erinnern uns nicht an einen Schleier und halten dieses Detail für eine Ausschmückung romantischer Seelen. Dennoch haben wir das Bild vor Augen, wie Mrs. Lisbon sich zur Straße wandte und uns wie nie zuvor ihr Gesicht zeigte, uns allen, die wir hinter Eßzimmerfenstern knieten oder durch Stores linsten, die wir auf Pitzenbergers Dachboden schwitzten, hinter Autos oder Trögen hervorspähten – die als erstes, zweites und drittes Laufmal dienten –, hinter Grillapparaten kauerten oder vom höchsten Punkt einer schwingenden Schaukel herabblickten. Sie drehte sich herum und ließ ihren blauen Blick in alle Richtungen schweifen, einen Blick, der die gleiche Farbe hatte, wie der ihrer Töchter, eisig und gespenstisch und unergründlich, und dann machte sie kehrt und folgte ihrem Mann ins Haus.

Da keine Möbel mehr da waren, glaubten wir nicht, daß die Lisbons lange bleiben würden. Aber es vergingen drei Stunden, und sie erschienen nicht wieder. Chase Buell schlug einen Hakenball in ihren Garten, berichtete aber beim Zurückkommen, er habe keine Menschenseele drin gesehen. Später versuchte er, noch einen Hakenball zu schlagen, aber der blieb in den Bäumen hängen. Wir sahen Mr. und Mrs. Lisbon den ganzen Tag nicht herauskommen, und auch nicht am Abend. Sie fuhren erst mitten in der Nacht ab. Niemand außer Onkel Tucker sah sie wegfahren. Jahre später, als wir mit ihm sprachen, war er völlig nüchtern und von Jahrzehnten des Alkoholismus genesen, er sah im Gegensatz zu allen anderen, die das Leben ziemlich mitgenommen hatte – uns eingeschlossen –, weit besser aus als früher. Wir fragten ihn, ob er sich erinnern könnte, die Lisbons bei der Abfahrt gesehen zu haben, und er bejahte. »Ich war draußen und hab eine geraucht. Es war ungefähr zwei Uhr morgens. Ich hörte gegenüber eine Tür aufgehen, und dann kamen sie raus. Die Mutter sah total ausgepowert aus. Der Mann half ihr ins Auto. Und dann sind sie abgefahren. Schnell. Die wollten nur weg.«

Als wir am folgenden Morgen erwachten, war das

Lisbon-Haus leer. Es sah verwahrloster aus denn je und schien von innen zu kollabieren wie eine Lunge. Nachdem das junge Ehepaar das Haus in Besitz genommen hatte, ließ uns all das Abkratzen, Streichen und Dachdecken, das Ausreißen von Büschen und Pflanzen asiatischer Bodenkriecher Zeit, unsere Intuitionen und Theorien zu einer Geschichte zu verschmelzen, mit der wir leben konnten. Das junge Ehepaar ließ die vorderen Fenster herausnehmen (die noch unsere Finger- und Nasenabdrücke trugen) und ließ luftdicht verschließbare Schiebefenster aus Spiegelglas einbauen. Ein Team von Leuten in weißen Overalls und Mützen blies das Haus mit Sandstrahl ab und sprühte es in den folgenden zwei Wochen mit einer dicken weißen Paste. Der Vorarbeiter, auf dessen Namensschild »Mike« stand, erklärte uns, die »neue Kenitex-Methode« werde mit der Notwendigkeit regelmäßiger Neuanstriche ein für allemal Schluß machen. »Bald wird die ganze Welt kenitexen«, sagte er, während seine Leute mit ihren Spritzpistolen herumgingen und das Haus zukleisterten. Als sie fertig waren, hatte sich das Lisbon-Haus in eine gigantische, zuckergußtriefende Hochzeitstorte verwandelt, aber es dauerte nicht einmal ein Jahr, ehe die ersten Batzen Kenitex wie Klumpen von Vogelscheiße herunterfielen. Wir fanden das eine gerechte Strafe für das junge Ehepaar, das so zielstrebig alle Spuren von den Lisbon-Mädchen entfernt hatte, die uns noch teuer waren: das Schieferdach, auf dem Lux sich mit ihren Liebhabern getroffen hatte, wurde mit Schindeln gedeckt, die wie Sandpapier aussahen; das Blumenbeet hinten, dessen Erdreich Therese analysiert hatte, um seinen Bleigehalt festzustellen, wurde mit roten Platten umlegt, damit das junge Frauchen Blumen pflücken konnte, ohne sich die Füße naßzumachen; aus den Zimmern der Mädchen wurden eigene Räume für das junge Paar, in denen die beiden ihren individuellen Interessen nachgehen konnten – ein Schreibtisch und ein Computer im ehemaligen Zimmer von Lux und Therese, ein Webstuhl in dem Marys und Bonnies. Die Badewanne, in der einst unsere Najaden sich geaalt hatten, in der Lux ihre Zigaretten über Wasser gehalten hatte wie Schilfrohre zum Atmen, wurde herausgerissen, um einem Jacuzzi aus Glasfiber Platz zu machen. Wir betrachteten die Badewanne, die am Bordstein stand, und kämpften gegen den Impuls, hineinzusteigen. Die kleinen Kinder, die wirklich hineinsprangen, wußten die Bedeutung nicht zu würdigen. Das neue junge Ehepaar verwandelte das Haus in einen geleckten leeren Raum zu Meditation und heiterer Gelassenheit und verstellte die verschwommenen Erinnerungen an die Lisbon-Mädchen mit japanischen Wänden.

Aber nicht nur das Lisbon-Haus, sondern auch die Straße selbst veränderte sich. Die Parkverwaltung fällte weiterhin Bäume, entfernte eine erkrankte Ulme, um die restlichen zwanzig zu retten, entfernte eine weitere, um die restlichen neunzehn zu retten, und so weiter und so fort, bis nur noch der Baumkrüppel vor dem alten Haus der Lisbons stand. Niemand konnte es ertragen zuzusehen, als sie kamen, um ihn zu holen (Tim Winer verglich den Baum mit dem letzten Sprecher der Manx-Mundart), aber sie sägten ihn ab wie die anderen, um weiter entfernte Bäume in anderen Straßen zu retten. Alle blieben während der Hinrichtung des Baumes der Lisbons in ihren Häusern, aber selbst in unseren Hobbyräumen konnten wir wahrnehmen, wie blendend hell es draußen wurde, wie unser ganzes Viertel immer mehr einer überbelichteten Fotografie glich. Wir bekamen zu sehen, wie phantasielos unser Vorort in Wirklichkeit war, in einem akkuraten Gittermuster angelegt, dessen gleichgültige Einförmigkeit die Bäume verborgen hatten, und der alte Trick, die Häuser in unterschiedlichem Stil zu bauen, half nicht mehr, uns das Gefühl der Einzigartigkeit zu verleihen. Das Tudor der Kriegers, der französische Kolonialstil der Buells, das Frank-Lloyd-Wright-Imitat der Bucks – nichts weiter als Dächer, die unter der Sonne glühten.

Nicht lange danach nahm das FBI Sammy »the Shark« Baldino fest, der nicht mehr rechtzeitig zu seinem Fluchttunnel kam und nach einem langen Prozeß ins Zuchthaus wanderte. Er führte angeblich seine Verbrechergeschäfte hinter Gittern weiter, und die Familie Baldino blieb im Haus, aber die Männer in den kugelsicheren Limousinen kamen nicht mehr, um Sonntag nachmittags ihre Aufwartung zu machen. Die Lorbeerbäume blieben ungestutzt und wucherten ins Unharmonische, und die Angst vor der Familie verringerte sich von Tag zu Tag, bis jemand den Mut hatte, die steinernen Löwen neben der Vortreppe zu verunstalten. Paul Baldino sah nun wie jeder andere übergewichtige Junge mit Augenringen aus, und eines Tages rutschte er in der Schule im Duschraum aus, vielleicht wurde er auch gestoßen, und wir sahen ihn auf den Fliesen liegen und sich den Fuß halten. Die Verurteilungen anderer Familienangehöriger folgten, und schließlich zogen auch die Baldinos aus, ließen ihre Renaissancekunst und drei Pooltische in drei Möbelwagen abtransportieren. Ein obskurer Millionär kaufte das Haus. Er ließ den Zaun dreißig Zentimeter höher ziehen.

Jeder, mit dem wir sprachen, brachte den Tod unseres Viertels in Verbindung mit dem Selbstmord der Lisbon-Mädchen. Anfangs gaben die Leute ihnen die Schuld, allmählich aber trat ein Umschwung ein, und die Mädchen wurden nicht mehr als Sündenböcke gesehen, sondern als Hellsichtige. In zunehmendem Maß vergaßen die Leute die einzelnen Gründe, die möglicherweise für den Selbstmord der Mädchen verantwortlich waren, die Streßsyndrome und den Neurotransmittermangel, und schrieben statt dessen die

Tode der Hellsichtigkeit der Mädchen zu, die den Verfall vorausgesehen hatten. Man sah die Bestätigung ihrer Klarsichtigkeit in der Ausrottung der Ulmen, dem grellen Sonnenlicht, dem anhaltenden Niedergang unserer Autoindustrie. Dieser Sinneswandel blieb jedoch weitgehend unbemerkt, weil wir uns nur noch selten trafen. Ohne Bäume gab es kein Laub, das geharkt, keine Blätterhaufen, die verbrannt werden mußten. Die winterlichen Schneefälle blieben enttäuschend. Wir hatten keine Lisbon-Mädchen, die wir bespitzeln konnten. Hin und wieder natürlich, während wir langsam in die melancholische Neige unseres Lebens hineinglitten (ein Ort, den die Lisbon-Mädchen, in weiser Voraussicht, wie es jetzt schien, nie hatten sehen wollen), hielten wir inne, meist allein, um zu dem weißleuchtenden Grabmal des früheren Lisbon-Hauses hinüberzublicken.

Die Lisbon-Mädchen machten uns den Selbstmord zu etwas Vertrautem. Später, als andere Freunde sich entschieden, ihrem Leben ein Ende zu setzen – manchmal, nachdem sie sich noch am Tag vorher ein Buch ausgeliehen hatten –, stellten wir uns immer vor, sie zögen schwere Stiefel aus, um in die beziehungsreiche, muffige Atmosphäre eines Sommerhauses der Familie auf einer Düne mit Blick auf das Meer einzutreten. Jeder von ihnen hatte die Zeichen des Leidens gelesen, die die alte Mrs. Karafilis auf Griechisch in die Wolken geschrieben hatte. Auf unterschiedlichen Wegen, mit andersfarbigen Augen oder andersartigen Kopfbewegungen hatten sie das Geheimnis von Feigheit oder Mut, was immer es war, entziffert. Und immer waren die Lisbon-Mädchen vor ihnen da. Sie hatten sich wegen unserer sterbenden Wälder getötet, wegen Seekühen, die von Propellern verkrüppelt wurden, wenn sie an die Oberfläche kamen, um aus Gartenschläuchen zu trinken; sie hatten sich wegen des Anblicks ungebrauchter Reifen, die höher als die Pyramiden gestapelt waren, getötet; sie hatten sich wegen des vergeblichen Bemühens getötet, eine Liebe zu finden, die keiner von uns je sein konnte. Letztlich wiesen die Qualen, die die Lisbon-Mädchen zerrissen hatten, auf eine einfache, überlegte Weigerung, die Welt so zu akzeptieren, wie sie ihnen übergeben worden war, so voller Makel.

Aber das kam später. Unmittelbar nach den Selbstmorden, als unser Vorort sich seines flüchtigen traurigen Ruhms erfreute, wurden die Lisbon-Mädchen beinahe zum Tabuthema. »Es war eine Weile wie Leichenfledderei«, sagte Mr. Eugene. »Und die Entstellungen der liberalen Presse machten alles nur noch schlimmer. Rettet die Lisbon-Mädchen. Rettet den Seeadler. Bockmist.« Familien zogen fort oder brachen auseinander, als jeder sein Glück in sonnigeren Breiten versuchen wollte, und eine Zeitlang schien es, als sollte unser einziges Vermächtnis das Fortgehen sein. Nachdem wir aus der Stadt fortgegangen waren, um ihrer Fäulnis zu entkommen, gingen wir jetzt von den grünen Ufern unserer von Wasser umgebenen Landzunge fort, die französische Forscher die ›Dicke Spitze‹ getauft hatten, ein dreihundert Jahre alter schmutziger Witz, den nie jemand kapiert hat. Der Exodus jedoch war nur von kurzer Dauer. Einer nach dem anderen kehrten die Leute von ihren Aufenthalten in anderen Gemeinden zurück und fügten so das lückenhafte Erinnerungsgeflecht wieder zusammen, auf das wir uns bei dieser Untersuchung gestützt haben. Vor zwei Jahren wurde das letzte große Herrenhaus einer Autodynastie abgerissen, weil dort ein Zweigwerk errichtet werden sollte. Der italienische Marmor des Foyers – ein seltener Roséton, den man nur in einem einzigen Marmorbruch auf der Welt findet – wurde in Blöcke zerhackt und stückweise verkauft, genau wie die vergoldeten Badezimmerarmaturen und die Deckenfresken. Da nun auch die Ulmen fort sind, bleiben nur die minderwertigen Ersatzbäume. Und wir. Wir dürfen nicht einmal mehr im Garten grillen (Umweltschutzvorschrift), aber wenn wir es dürften, würden wir, wer weiß, vielleicht ein paar von uns zusammenbringen, um Erinnerungen an das Lisbon-Haus zu tauschen und an die Mädchen, deren Haar, in Bürsten verfilzt, die wir treu bewahren, immer mehr künstlichem Tierhaar in einem Naturkundemuseum gleicht. Alles geht dahin – Beweisstücke Nr. 1 bis Nr. 97 in fünf verschiedenen Koffern verteilt, von denen jeder wie ein koptischer Grabstein eine Fotografie der Verstorbenen trägt und die in unserem renovierten Baumhaus in einem unserer letzten Bäume aufbewahrt werden: (Nr. 1) Miss D'Angelos Polaroidaufnahme des Hauses, getrübt von einer grünlichen Patina, die wie Moos aussieht; (Nr. 18) Marys alte Kosmetika, die langsam austrocknen und sich in beigefarbenen Staub verwandeln; (Nr. 32) Cecilias Basketballstiefel aus Leinen, so vergilbt, daß auch Zahnbürste und Seifenlauge nicht mehr helfen; (Nr. 57) Bonnies Votivkerzen, allnächtlich von Mäusen angenagt; (Nr. 62) Thereses Objektträger, die neue Eindringlinge von Bakterien zeigen; (Nr. 81) Lux' Büstenhalter (Peter Sissen stahl ihn damals von dem Kruzifix, das können wir jetzt ruhig zugeben), der so steif und prothesenartig wurde wie etwas, was eine Großmutter anzieht. Wir haben unsere Grabstätte nicht luftdicht abgeschlossen, und unsere heiligen Gegenstände verderben.

Am Ende hatten wir Teile des Puzzles, aber ganz gleich, wie wir sie zusammensetzten, es blieben immer Lücken, seltsam geformte leere Flecken, umrissen durch das, was sie umgab, wie Länder, die wir nicht benennen konnten. »Alle Weisheit endet im Paradox«, sagte Mr. Buell, kurz bevor wir ihn nach unserem letzten Gespräch verließen, und wir hatten den Eindruck, er wollte uns sagen, wir sollten die Mädchen vergessen, sie in Gottes Hand lassen. Wir wußten, daß Cecilia sich das Leben genommen hatte, weil sie nicht in diese Welt paßte, weil das Jenseits nach ihr rief, und wir wußten, daß ihre Schwestern, einmal verlassen, ihren Ruf aus dieser Welt hörten. Aber noch während wir diese Schlußfolgerungen ziehen, fühlen wir, wie unsere Kehlen sich verschließen, weil sie sowohl wahr als auch unwahr sind. So viel ist in den Zeitungen über die Mädchen geschrieben worden, so viel ist über Gartenzäune hinweg gesagt oder über die Jahre in psychiatrischen Praxen gesprochen worden, daß wir nur eines mit Sicherheit wissen: wie unzureichend alle Erklärungen bleiben. Mr. Eugene, der uns erzählte, Wissenschaftler stünden kurz vor der Entdeckung der »schlechten Gene«, die Krebs, Depression und andere Leiden verursachen, gab seiner Hoffnung Ausdruck, daß sie bald »auch das Gen für Selbstmord entdecken« würden. Im Gegensatz zu Mr. Hedlie sah er die Selbstmorde nicht als eine Antwort auf unseren historischen Augenblick. »So ein Quatsch«, sagte er. »Worüber brauchen sich denn die jungen Leute von heute Sorgen zu machen? Die sollten mal in Bangladesh leben!«

»Es war eine Kombination vieler Faktoren«, schrieb Dr. Hornicker in seinem letzten Bericht, der nicht aus wissenschaftlichen Gründen abgefaßt wurde, sondern nur, weil ihm die Mädchen nicht aus dem Kopf gingen. »Bei den meisten Leuten«, schrieb er, »gleicht der Selbstmord dem russischen Roulette. Nur in einer Kammer ist eine Kugel. Bei den Lisbon-Mädchen war der Revolver geladen. Eine Kugel für Mißhandlung in der Familie. Eine Kugel für genetische Veranlagung. Eine Kugel für historische Malaise. Eine Kugel für unausweichliche Steigerung. Die anderen beiden Kugeln sind unmöglich zu benennen, aber das heißt nicht, daß die Kammern leer waren.«

Aber das sind alles müßige Spekulationen. Das Wesentliche dieser Selbstmorde war nicht Traurigkeit oder Mysterium, sondern schlichter Egoismus. Die Mädchen nahmen Entscheidungen in die eigene Hand, die man besser Gott überläßt. Sie wurden zu hochmütig, unter uns zu leben, zu selbstbezogen, zu visionär, zu blind. Nach ihnen blieb nicht Leben, das immer den natürlichen Tod überwindet, sondern die trivialste Liste prosaischer Fakten: eine Uhr, die an der Wand tickt; ein Zimmer, das mittags dämmerig ist; und die Unerhörtheit, daß ein Mensch nur an sich selbst denkt. Daß sein Geist unempfänglich wird für alles andere, aber an den Brennpunkten des Schmerzes, der persönlichen Verletzung, der verlorenen Träume aufflammt. Daß alle anderen geliebten Menschen sich entfernen wie auf einer treibenden Eisscholle, zu immer kleineren schwarzen Punkten schrumpfen, die mit winzigen Armen winken und längst außer Hörweite sind. Dann den Strick über den Balken geworfen, die Schlaftablette in die Hand mit der lügnerisch langen Lebenslinie geschüttet, das Fenster aufgestoßen, den Herd eingeschaltet, was auch immer. Sie zwangen uns, an ihrem Wahnsinn zu partizipieren, weil wir nicht anders konnten, als ihre Schritte nachzugehen, ihre Gedanken nachzudenken und zu erkennen, daß keiner von ihnen zu uns führte. Wir konnten uns die Leere eines Geschöpfes nicht vorstellen, das eine Rasierklinge an seine Handgelenke legte und sich die Adern öffnete, die Leere und die innere Stille. Und wir mußten wie Hunde ihre letzten Spuren erschnüffeln, an Schmutzabdrücken auf dem Boden, an Koffern, die unter ihren Füßen weggestoßen worden waren, wir mußten für immer die Luft der Zimmer atmen, in denen sie sich töteten. Am Ende spielte es keine Rolle, wie alt sie gewesen waren oder daß sie Mädchen gewesen waren, von Bedeutung war einzig, daß wir sie geliebt hatten und sie uns nicht rufen gehört hatten, uns auch jetzt nicht hören, wenn wir mit unserem schütteren Haar und unseren schlaffen Bäuchen sie von hier oben, im

Baumhaus, aus jenen Räumen zurückrufen, in die sie davongegangen sind, um für alle Zeiten allein zu sein, allein im Selbstmord, der tiefer ist als der Tod und in dem wir niemals die Stücke finden werden, sie wieder zusammenzufügen.

Matt Ruff:
Fool on the Hill

Nicht zu fassen, was an amerikanischen Universitäten alles passiert, jedenfalls wenn man diesem haarsträubenden Campus-Roman glauben darf, in dem der junge Schriftsteller S. T. George einen Drachen steigen läßt und sich in die schönste Frau der Welt verliebt, der Kobold Puck der Elfe Zephyr nachjagt und Blackjack und Luther in den Himmel für Katzen und Hunde aufbrechen. Ein Märchen? Eine Love-Story? Ein Heldenepos für Freunde von Hobbits und Kobolden? Eine Shakespeare-Parodie? Ein Schauerroman? All das und noch viel mehr ist der »Narr auf dem Hügel«.

dtv 11737

Jacques Roubaud im dtv

Die schöne Hortense
Roman · dtv 11665

Ein Kriminalroman, ein Liebesroman und ein Katzenroman. Und zugleich die Parodie all dessen: ein Feuerwerk an Einfällen, ein literarisches Puzzle, ein Zahlenspiel. Schon das Verbrechen ist seltsam genug. Fünfunddreißigmal haben rätselhafte Täter nachts ein Haushaltwarengeschäft überfallen, dreiundfünfzig Töpfe zu Fall gebracht, allen Besen die Haare ausgerissen und sämtliche Putzmittel zusammengegossen. Keine leichte Aufgabe für die Ermittler Blognard und Arapède, zumal es da einen Kater gibt – Alexander Wladimirowitsch –, der absichtlich die Spuren verwischt.

Foto: Peter-Andreas Hassiepen

Die Entführung der schönen Hortense
Roman · dtv 11725

Es ist Mitternacht. Die Kirchturmuhr von Sainte-Gudule schlägt dreiunddreißigmal. Da fällt ein tödlicher Schuß aus dem Hinterhalt. Der Ermordete ist Balbastre, der Hund des alten Sinouls. Wenige Tage später wird auf einem Ball die schöne Hortense, die Geliebte des Poldevenprinzen Gormanskoi, entführt. Inspektor Blognard und sein Gehilfe Arapède nehmen die Ermittlungen auf, unterstützt von einem poldevischen Detektiv mit dem unaussprechlichen Namen Sheralockiszyku Holamesidjudjy.

Das Exil der schönen Hortense
Roman · dtv 11794

»›O nein!‹ dachte Hortense, ›not again‹ (fügte sie in ihrer Verwirrung und auf englisch innerlich hinzu); denn der Neuankömmling, ein Prinz mit Sicherheit, ein grüngekleideter Prinz, sah Gormanskoi zum Verwechseln ähnlich; er glich ihm so sehr, daß ihr davon schwindlig wurde; war er der Gute? War er der Böse? Ihr Instinkt sagte ihr nichts, ihre Liebe schickte ihr keine eindeutige Botschaft.« Gerade erst einer Entführung entkommen, gerät die schöne Hortense durch die Machenschaften des Prinzen Augre auch im poldevischen Exil wieder in Gefahr.

dtv Crime Ladies

Toni Brill:
Verleger im freien Fall
dtv 11948
Doktor, Doktor
dtv 12028

Agatha Christie:
16 Uhr 50 ab Paddington
dtv 11687

Amanda Cross:
Albertas Schatten
dtv 11203
Gefährliche Praxis
dtv 11243
In besten Kreisen
dtv 11348
Eine feine Gesellschaft
dtv 11513
Schule für höhere Töchter
dtv 11632
Tödliches Erbe
dtv 11683
Süßer Tod
dtv 11812

Amanda Cross:
Der Sturz aus dem Fenster
dtv 11913
Die Tote von Harvard
dtv 11984
Verschwörung der Frauen
dtv 12056

Maria Rosa Cutrufelli:
Die unwillkommene Komplizin
dtv 11805

Fran Dorf:
Die Totdenkerin
dtv 11858

Frances Fyfield:
Schatten im Spiegel
dtv 11371
Feuerfüchse
dtv 11451
Dieses kleine, tödliche Messer
dtv 11536
Tiefer Schlaf
dtv 11786

Jennie Gallant:
Die Konfettifrau
dtv 11521

Ruby Horansky:
Die Polizistin
dtv 11874

Alexa Juniper:
Matthew's Mutter
dtv 11686

Li Ang:
Gattenmord
dtv 11213

Sharyn McCrumb:
Lieblich bis auf die Knochen
dtv 11813

Nancy Pickard:
Alles andere als ein Unfall
dtv 11685
Aber sterben will ich da nicht
dtv 11971

Marissa Piesman:
Kontaktanzeigen
dtv 11682
Leiche in bester Lage
dtv 11875

Zelda Popkin:
Rendezvous nach Ladenschluß
dtv 11559
Karrierefrauen leben schneller
dtv 11640
Die Tote nebenan
dtv 11804
Ein teuflisches Testament
dtv 12038

Suzanne Prou:
Die Schöne
dtv 11349

Joan Smith:
Schmutziges Wochenende
dtv 11387

Joan Smith:
Wer wohnt schon noch bei seinem Mann
dtv 11466
Ein häßlicher Verdacht
dtv 11550
Was Männer sagen
dtv 11978

Rosamond Smith:
Der Andere
dtv 11370
Das Frühlingsopfer
dtv 11859
Dein Tod – mein Leben
dtv 12001

Hannah Wakefield:
Die Journalistin
dtv 11542
Die Anwältin
dtv 11681

Hanneke Wijgh:
Tödliche Leidenschaften
dtv 12011

Margarete Zigan:
Möwenfutter
dtv 11684

Anthologien:

MordsFrauen
dtv 11377

Alle meine Mordgelüste
dtv 11647

Da werden Weiber zu Hyänen
dtv 11787

Mord am Fjord
dtv 11902

Blut in der Bassena
dtv 12018

John Steinbeck
im dtv

Früchte des Zorns
Roman
dtv 10474

Autobus auf Seitenwegen
Roman
dtv 10475

Der rote Pony
und andere Erzählungen
dtv 10613

Die Straße der Ölsardinen
Roman
dtv 10625

Das Tal des Himmels
Roman
dtv 10675

Die Perle
Roman
dtv 10690

Tagebuch eines Romans
dtv 10717

Tortilla Flat
Roman
dtv 10764

Wonniger Donnerstag
Roman
dtv 10776

Eine Handvoll Gold
Roman
dtv 10786

Von Mäusen und Menschen
Roman
dtv 10797

Jenseits von Eden
Roman
dtv 10810

Meine Reise mit Charley
Auf der Suche nach Amerika
dtv 10879

**König Artus und die
Heldentaten der Ritter seiner
Tafelrunde**
dtv 11490

An den Pforten der Hölle
Kriegstagebuch 1943
dtv 11712

Gabriel García Márquez im dtv

Laubsturm
Roman
dtv 1432

Der Herbst des Patriarchen
Roman
dtv 1537

Der Oberst hat niemand, der ihm schreibt
Roman
dtv 1601

Die böse Stunde
Roman
dtv 1717

Augen eines blauen Hundes
Erzählungen
dtv 10154

Hundert Jahre Einsamkeit
Die Geschichte vom Aufstieg und Niedergang der Familie Buendía und ihres Dorfes Macondo.
dtv 10249

Die Geiselnahme
Ein sandinistisches Guerillakommando preßt politische Gefangene aus den Folterkammern des Somoza-Regimes frei.
dtv 10295

Chronik eines angekündigten Todes
Roman
dtv 10564

Die unglaubliche und traurige Geschichte von der einfältigen Eréndira und ihrer herzlosen Großmutter
dtv 10881

Die Giraffe von Barranquilla
Journalistische Arbeiten
1948 – 1952
dtv 11355

Die Liebe in den Zeiten der Cholera
Roman
dtv 11360

Der Beobachter aus Bogotá
Journalistische Arbeiten
1954 – 1955
dtv 11459

Oscar Collazos:
Gabriel García Márquez
Sein Leben und sein Werk
dtv 11108

»Es ist wieder Zeit, Männer zu mögen.«

Margaret Atwood

dtv 11720

»MannsBilder« – gesehen von Frauen, zum Beispiel von Isabel Allende, Margaret Atwood, Gioconda Belli, Benoîte Groult, Elke Heidenreich, Tama Janowitz, Elfriede Jelinek, Erica Jong, Esther Vilar, Christa Wolf u.a.

dtv 11721

»MannsBilder« – gesehen von Männern, zum Beispiel von Madison Smartt Bell, Robert Bly, Heinrich Böll, Ernest Bornemann, Bruce Chatwin, J. W. Goethe, Sam Keene, Erich Loest, Klaus Theweleit, Wolfram von Eschenbach u.a.